应运而生　奋楫远航

——聊城大学运河学研究院建院十周年年鉴

（2012—2022）

聊城大学运河学研究院　编

中国海洋大学出版社

· 青岛 ·

图书在版编目（CIP）数据

应运而生　奋楫远航：聊城大学运河学研究院建院
十周年年鉴：2012—2022 / 聊城大学运河学研究院编
．－－青岛：中国海洋大学出版社，2023.5
　　ISBN 978-7-5670-3483-9

　　Ⅰ．①应…　Ⅱ．①聊…　Ⅲ．①聊城大学运河学研究院
－校史－ 2012-2022　Ⅳ．① G649.285.23

中国国家版本馆 CIP 数据核字（2023）第 067437 号

YINGYUN'ERSHENG FENJIYUANHANG——LIAOCHENG DAXUE YUNHEXUE
YANJIUYUAN JIANYUAN SHI ZHOUNIAN NIANJIAN

出版发行	中国海洋大学出版社			
社　　址	青岛市香港东路 23 号		邮政编码	266071
出 版 人	刘文菁			
网　　址	http://pub.ouc.edu.cn			
订购电话	0532-82032573（传真）			
责任编辑	滕俊平		电　　话	0532-85902342
印　　制	青岛国彩印刷股份有限公司			
版　　次	2023 年 5 月第 1 版			
印　　次	2023 年 5 月第 1 次印刷			
成品尺寸	170 mm×230 mm			
印　　张	19.25			
字　　数	363 千			
印　　数	1—1000			
定　　价	88.00 元			

发现印装质量问题，请致电 0532-58700166，由印刷厂负责调换。

聊城大学运河学研究院成立十周年合影

2007 年 7 月,聊城大学运河文化考察队考察德州四女寺枢纽

2012 年 9 月,李泉、吴欣陪同香港中文大学教授科大卫、贺喜在济宁东大寺研读碑刻

2013年6月,研究院全体人员考察阳谷荆门上闸修复现场

2015年4月,李泉、丁延峰等考察杭州西兴镇码头遗址

2011年6月，香港中文大学教授科大卫、张瑞威、贺喜来运河文化研究中心交流

2015年12月，王云、吴欣、胡克诚赴香港中文大学参加AoE会议并做学术报告

2017 年 5 月，丁延峰访书日本石川武美纪念图书馆

2014 年 8 月，举办"运河与区域社会研究国际学术研讨会"

2015 年 9 月，同香港中文大学明清研究中心联合举办"运河学研究学术论坛"

2020 年 9 月，举办"山东省大运河国家文化公园建设路径及对策座谈会"

2018 年 11 月，《运河学研究》荣获社会科学文献出版社"2018 年度优秀新刊"

2019 年 6 月，召开大运河文化数据平台、《中国大运河蓝皮书（2019）》发布会
暨"大运河文化学术研讨会"

2022 年 9 月,举行聊城大学、聊城市文化和旅游局战略合作签约揭牌仪式

2022 年 11 月,召开《中国大运河年鉴(2022)》和《中国大运河发展报告(2022)》新书发布会

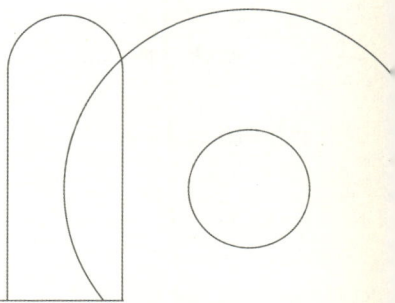

CONTENTS 目 录

蓦然回首已十年

——聊城大学运河学研究院学术研究的回顾与展望

李　泉

　　日前,聊城大学运河学研究院(简称"研究院")院长丁延峰君找到我,希望我写点东西,纪念研究院成立十周年。听了丁院长的话,我还真有点吃惊,聊城大学运河学研究院筹备成立,乃运河研究之大事,许多事情历历在目,仿佛就在眼前,不想她已经走过了十个年头!研究院创设,诸事皆我亲身经历,作为研究院首任院长,我确实应该写点东西纪念她。但我毕竟卸任院长多年,研究院近年成就斐然,我虽略知一二,但做一系统总结,非我所能胜任。丁院长执意让我做关于这十年的回顾与展望,盛情难却,我只好答应下来。幸好研究院诸君研究成果等资料详列于兹,略加编辑,便可一目了然。在这里,我除谈谈研究院的筹备创立过程及最初几年的一些做法外,对研究院十年来取得的成果,也顺便做一下总结。

一、研究院创立

　　聊城大学坐落在国家级历史文化名城聊城市区的古运河畔,这里有丰厚的历史文化积淀和运河研究资源。20世纪后半叶,聊城大学几位教师关注区域社会历史文化研究,遂将运河区域纳入研究范围。1997年,"全国运河文化研讨会"在聊城召开,带动了聊城大学运河研究的开展。此后,山东师范大学安作璋教授主持"中国运河文化史"项目研究,我们应邀参加,运河及其区域社会研究随之深入。2001年之后,我们先后申报获批"明清运河区域社会变迁""京杭运河文献整理与研究"(王云教授主持)等国家社会科学基金项目。2006年12月,山东省教育厅批准本学科为"省级'十一五'人文社科重点研究基地(运河文化研究基地)"。2008年3月,为整合全校运河文化研究力量,推进运河文化研究深入开展,根据学科建设与发展需要,学校以运河文化研究基地为依托，成立了聊城大学运河文化研究中心（简称"研究中心"，挂靠在历史文化学院，王云教授任中心主任），为聊城大学运河文化研究构筑起全新的、高水平的学术研究平台。不久，该中心获批"山东省社科规划重点研究基地"。

研究中心（基地）是一个运河研究的跨学科综合性学术机构。她充分利用聊城大学系科齐全的学科优势，以专门史（区域社会史和运河文化史）、中国古代史、中国近现代史等硕士点为支撑，以运河文化研究领域一系列重大课题为切入点，整合文学院、环境规划学院、艺术学院、图书馆等单位教学科研人员，延聘外校高水平研究专家，发挥各专业学科优势，开展历史学、社会史、文学、历史地理学、自然地理学、民俗学等多学科合作研究；建立起一支年龄、职称、学历结构合理，研究方向相对齐全，研究力量较为雄厚的学术研究队伍。研究中心下设运河史、运河区域社会经济发展、运河文化三个研究方向，各研究方向的学术带头人均为长期从事运河研究的教授学者，具有较强的组织协调能力和教学科研能力，有多次主持和参与高层次集体研究项目的经验。运河史研究方向侧重于运河河道演变、河道工程、运河河政、运河区域环境变迁等方面的研究；运河区域社会经济发展方向主要从事历史时期运河区域产业结构、运河城镇、商人商帮、运河区域社会组织形态及其变迁的研究；运河文化研究主要集中在运河区域的学术文化、民风民俗、宗教信仰、运河文献（传统文献及民间文献）资料的研究、搜集与整理等方面。

研究中心成立前后，从事运河研究的诸位教授陆续出版了多部学术专著。例如，王云：《明清山东运河区域社会变迁》（人民出版社，2006）；李泉、王云：《山东运河文化研究》（齐鲁书社，2007）；吴欣：《清代民事诉讼与社会秩序》（中华书局，2007）；马亮宽：《傅斯年社会政治思想与实践》（中国社会科学出版社，2008）；李泉：《一本书读懂中国史》（中华书局，2009）；李泉、王云：《中国运河——区域社会与文化变迁》（山东省地图出版社，2010）；丁延峰：《海源阁研究论集》（中国社会科学出版社，2010）；王云、李泉等：《中国运河文献书目提要》（人民出版社，2012）；丁延峰：《海源阁藏书研究》（商务印书馆，2012）；丁延峰：《古籍文献丛考》（黄山书社，2012）。在《光明日报》《文献》《东岳论丛》《社会科学》《中国典籍与文化》《戏曲研究》等刊物上发表相关论文数十篇。获山东省社科优秀成果一等奖一项、二等奖两项、三等奖两项，获省教育厅社科优秀成果奖多项。

为加强与国内外相关学术机构的联系与合作，为运河沿线地方社会经济发展服务，研究中心积极举办、参与高层次学术研讨会，参加运河城市举办的讨论会、建设开发论证会等，研究中心主要研究人员曾被江苏省淮安市、山东省枣庄市聘为文化顾问。研究中心筹备、召开了"中国社会史学会年会暨'运河交通与社会发展'学术研讨会"。研究中心的教师还为本科生开设"中国运河史专题"课程,组织学生沿运河做田野调查,搜集民间文献资料。学校不断加大对研究中心的人力财力投入,引进研究人员,购置图书资料及设备,鼓励、组织研究人员从事重大课题立项与研究,不断提升研究中心的学术水平和研究能力;鼓励研究中心加强与各级政府部门及相关机构的联系交流,注重学术研究与现实需要相结合,积极服务于地方社会,为运河区域经济社会发展和文化建设献计献策。研究中心的同仁们励志力行,决心尽快将聊城大学运河文化研究中心建设成全国性的运河文化研究中心、信息资料中心和咨询服务中心,为运河研究及运河区域社会发展做出贡献。

运河文化研究中心成立后,运转良好,成果丰硕,在学术界异军突起,独树一帜。2012 年 5 月 24 日,学校下发《关于成立聊城大学运河学研究院的通知》(聊城大校发〔2012〕70 号),"决定成立聊城大学运河学研究院,为我校独立设置的研究机构"。同时下发《关于成立运河学研究院的实施意见》(聊大校发〔2012〕71 号),就成立运河学研究院的具体问题做了规定和说明。

关于"运河学"这个概念,学术界早就有学者提出来。21 世纪初,王国平多次提出建立运河学;2009 年以后,土建专家罗哲文在几次会议发言中都提议建立运河学(罗哲文《运河申遗应建立运河学》,《中国文化遗产》2011 年第 2期)。此后,学界经常有人撰写文章表示赞同,并讨论运河学的研究内容、研究方法等问题。2009 年 10 月,山东省古典文学学会在聊城大学召开"运河文化与中国古代文学"学术讨论会,我应邀做大会发言。头天晚上,适逢几位老友聚会,聊到很晚。第二天早晨起来,头还有些晕,只好硬着头皮参加了会议。我本来向大会提交了《谈迁〈北游录〉中的清初运河史料》论文,当时觉得这篇论文专业性太强,与会者未必感兴趣,于是灵机一动,讲起了自己对大运河的看法及研究心得。本来大会规定发言时间是 15 分钟,我讲到高兴处,未免"手之舞之,足之蹈之",哪里还管时间长短,结果低头一看表,已过了 20 分钟。我急忙停止发言并表示道歉。可主持会议的山东大学杜泽逊教授马上说,不要管时间,请务必讲完。与会的专家均表现出对运河的浓厚兴趣。会议总结时,杜教授对我的发言表示赞赏,并建议聊城大学从事运河研究。当时几位学校领导参加了会议,可能受到了一些启发。后来,进行运河研究的呼声日益高涨,学校领导感觉运河研究大有可为,于是提议将原来全部由兼职人员组成的"运河文化研究中心"改建为由专职研究人员构成的"运河学研究院"。

校发 71 号文件指出,本校自成立运河文化研究中心以来,在相关研究领域取得了较为丰硕的研究成果,形成了较为鲜明的学科特色,在国内外学术界产生了一定影响。为深入贯彻《教育部财政部关于实施高等学校创新能力提升计划的意见》精神,推进我校运河学研究相关学科的协同创新,提升运河学研究水平,学校决定成立聊城大学运河学研究院。聊城大学运河学研究院不再挂靠某一个学院或单位,而是一个与各个学院平行的由学校直接管理的机构。她是聊城大学历史上第一个独立设置的专门学术研究机构,也是全国率先设立的以中国运河为研究对象的专门学术研究机构。

文件下发后,学校即成立运河学研究院建设工作小组,由分管科研工作的副校长任组长,校办主任和学科建设处处长任副组长,相关学院院长和各职能部门领导人为成员。关于管理人员聘用,工作小组做出规定:研究院设院长、常务副院长。院长应是相关研究领域具有较大影响的资深专家、学者,且具有较强的决策、领导与协调能力,能够统筹、规划、引领研究院的发展。常务副院长应是相关研究领域的专家,具有博士学位,具有全面负责研究院各项工作的能力。当时学校领导瞩意吴欣博士担任常务副院长,丁延峰博士担任副院长,关于院长的人选则颇费周折。王云教授曾兼任运河文化研究中心主任多年,研究能力强,成果丰富,且年龄相当,由她来做研究院院长比较合适。但当时她已由图书馆馆长改任党委统战部部长,再来兼任运河学研究院院长,她本人深感不妥。研究院是一个独立的研究单位,创建伊始,庶务繁剧;统战部是学校党委的重要部门,各项工作也不能耽搁。二者是工作性质完全不同的岗位,工作内容无任何关联。一身二任,一心二用,研究院工作肯定会受影响。她坚辞不允,学校一时难以找到合适的院长人选。另外,运河文化研究中心虽然向省教育厅备过案,但要成立研究院,配备几个院级(处级)、副院级领导干部,需要省人事厅下达编制,这也是一个不易解决的问题。这两个问题没有好的解决方案,研究院建立之事就此搁置。

李喆教授时任学校党委书记,我们经常就学术研究的一些问题交换看法,成立运河学研究院是他的意见,文件下发后的执行情况他格外关注。听说事情卡在院长人选问题上,他于是提出了让我做院长的建议。我即刻提出异议,主要原因是我已退休,而研究院是一个处级实体单位,研究院院长相当于二级学院院长,要负责研究、教学及行政事务。上对校长负责,要完成各党政机关安排布置的工作任务;下要协调研究院领导班子成员之间的关系,要面对每一个研究人员的种种诉求。当时我刚刚退休(因工作需要我已延迟退休三年),心想终于可以含饴弄孙,安享几年清福了,闲适时做点学问,也是十分惬意的事。如果答应当院长,又要面临繁纷复杂的行政事务,想想真有点儿头大。再说,将一位退休人员安排到这么重要的位置上,名不正言不顺,如何开展工作? 见我这么说,学校领导都来做我的工作,学科建设处处长张祥云是我的学生,他劝我说:"经过多年努力,研究中心已经取得了很多研究成果,建立了高水平的研究团队,成立运河学研究院后,运河研究工作便能进一步推进,您不出任院长,研究院无法建立,整个运河研究都受损失,运河研究难以进步,您肯定不愿意看到这种状况;再说,研究院还设有常务副院长、副院长两人,具体事您不用做,只坐镇指挥、安排部署就行了,不会耽误您做研究的。"他让我先把院长的名头应下,把研究院建起来,过个一年半载,让常务副院长吴欣接替院长就行了(不想后来吴欣生了一场病,故我2017年9月才从院长职位上退下来)。我这人凡事不愿让人为难,尤其不好当面驳人面子,于是便答应了下来。我已经退休,自然不需要什么级别,吴欣、丁延峰都已任教授多年,对行政级别也不感兴趣。于是学校宣布,由我任运河学研究院院长,吴欣博士任常务副院长,丁延峰博士任副院长,孙元国同志任办公室主任。我们三人均无行政级别,只有孙元国为科级干部。这时距学校下发成立运河学研究院的文件已过了半年多时间。聊城大学运河学研究院筹备工作就此开始,当时亟待办理的事情有三项。

其一,确定研究人员。我曾任教务处长多年,对各学院情况比较熟悉,院长们也多是老朋友。以前研究中心的研究人员主要来自历史文化学院,研究院成立前,历史文化学院每年都引进运河研究方面的博士毕业生,学校决定在研究中心基础上成立运河学研究院,历史文化学院全力支持,当即表示可将五名研究人员(吴欣、李德楠、朱年志、胡克诚、郭福亮)调入运河学研究院。文学院丁延峰博士刚刚完成博士后学业,学校决定将其调来运河学研究院任副院长,文学院表示同意。然后我们去了美术学院,商调一位从事美学研究的青年博士(刘玉梅),从环境规划学院商调从事东平湖、南四湖研究的一位教授(陈诗越),两学院均表支持。环境规划学院院长张二勋的表态尤其让我感动,他说:"成立运河学研究院是关乎学校长期发展的大事,只要你们看中了,想要谁我们就放谁。"我们又从图书馆调入一位有研究能力的资料员(崔建利)。这样,共调入研究人员九名,办公室主任一名,到2013年5月,所有研究人员的调入手续都已办完。我已退休,不占编制名额,王云教授的编制仍属统战部,故研究院实有人员12名。

其二,办公用房及图书、设备。当年运河文化研究中心在西校老办公楼三层建起了一个两间的资料室,相关书籍均系从学校图书馆调拨而来。2007年,我从党委统战部部长职位上退居二线,名义上仍是运河文化研究中心兼职研究人员,但实际上我把精力全部用在了运河文化研究中心的工作上。这两间资料室三面摆满书架,靠窗的一面放我的办公桌,于是我既是运河文化研究中心唯一的"专职"研究人员(我的编制仍在党委统战部),又是硕士生导师(我一直在历史文化学院带专门史研究生),同时也是资料管理员。成立运河学研究院后,这两间房显然不够用了。学校的意见是将运河文化研究中心所在的老办公楼一至三层西半面的 20 多间房子全部归研究院使用。原先这 20 多间房子为学校好几个单位占用,让他们全部搬出,十分困难,我们协调了几次都无效果。学校领导很重视这件事,提出各单位应克服困难,保证研究院用房需求,党委书记李喆到西校运河文化研究中心资料室召开现场协调会,解决相关单位用房困难,指示一个星期内务必将房舍腾出,交付运河学研究院。2013 年 3 月下旬,我们请人将这些房屋刷新装修,装饰门楣、走廊,一楼建起中国运河文物文献展览馆和图书资料室,二、三楼用作办公室、会议室和研究室,同时购置电脑、打印机、复印机、扫描仪、投影仪、相机、摄像机、录音笔等设备。为了将运河学研究院建成全国性文献资料中心,学校规定,运河学研究院所需大型纸本书籍及电子图书由图书馆出资购买,此外每年划拨固定经费,由运河学研究院自行购买图书资料。我们还与财务处商定,运河学研究院可以使用图书资料费购买网络上出售的纸本旧书及民间文献,这一点也为其他学校的同行们所羡慕。

其三,建章立制。要想使研究院进入良性运转轨道并持续发展,必须建立完备的规章制度,用以规范领导者和研究人员的行为,协调人际关系,调动大家的积极性,形成良好的研究风气。研究院除执行校纪校规及相关单位制定的管理制度外,还拟定了本院岗位职责、津贴发放办法、经费使用、科研资助等方面的管理制度。我们学校虽然有不少研究机构,但均挂靠在各学院,人事管理从属于挂靠单位,无须制定相关管理制度。运河学研究院地位与各学院平等,人员比各学院少,但管理权限相同,须制定自己的规章制度。为此,我和吴欣等人去山东师范大学齐鲁文化研究院、山东理工大学齐文化研究院等单位学习交流,了解其他兄弟院校独立研究机构的管理制度,经过反复讨论,制定了本单位各项规章制度。

2013 年 6 月 30 日,眼看要放暑假,研究院人员已全部调入,当天下午,我们召开了全院研究人员会议,明确了研究院领导分工,宣布了三个研究中心的负责人及科研秘书与图书管理、网站管理等方面的负责人名单。暑假里,我们组织部分研究人员赴苏北地区的中运河、里运河考察。8 月 23 日,开学伊始,办公用房装修完毕,办公设备准备齐全,我们再次召开会议,宣布研究院各项工作进入正常运转轨道。

二、研究状况

经过多年努力,聊城大学运河文化研究中心取得了不少成绩,怎样在此基础上更上一层楼,把运河研究推向新的高度?我们没有办独立研究机构的经验,怎样保证运河学研究院正常运转?研究院领导经常就此讨论商议,我们主要做了以下几个方面的工作。

1. 确定研究方向

经过反复研究,我们决定沿用运河文化研究中心的做法,研究院下设三个研究中心:运河史研究中心,主要研究运河河道演变、河道工程、运河河政、运河交通、运河区域环境变迁等,由我来主持这项工作。运河区域社会经济发展研究中心,主要研究历史时期运河区域产业结构变化(农业、手工业)、运河城镇形成兴衰、商业与商人商帮、运河漕运、税关仓储、社会组织形态、社会变迁、社会流动、宗族家族、民风民俗、宗教信仰等等,主持人是吴欣教授。运河文化研究中心,主要研究与运河及区域社会有关的历史文献与民间文献、运河及区域文化、运河文化遗产及保护等,主持人是丁延峰教授。后来,各研究中心主任改由年轻教授、博士担任,并增加了一个社会服务中心。另外,还有由校内兼职研究人员组成的比较松散的三个研究团队:运河区域中国民间音乐研究(音乐学院)、运河区域中国传统体育研究(体育学院)、运河与文学艺术研究(文学院)。

为了推动学术研究的快速开展,我们主要做了以下几个方面的工作。

(1)提倡"占山为王"。运河研究是一片有待开发的处女地,虽然前人在很多方面开展了工作,但尚未开辟的研究领域很多,尚未研究的问题也很多,我们要求所有研究人员尽快确定自己的研究领域,特别是刚毕业的博士,应将研究目光转移到运河学方面来,根据自己原来所从事的专业,重新确定自己的具体研究方向,找准"地盘","立起山头,占山为王"。等再过 10 年或 20 年,提起运河研究的某一领域来,全省乃至全国的同仁们都会跷起大拇指,说聊城大学运河学研究院的某某人开创了这个研究领域,研究最富成效,水平最高,这样我们就成功了。在起初的几年里,我经常在全体研究人员会议上就这个话题发表意见,敦促每个年轻研究人员明确研究方向,迅速找到自己的"地盘"。现在回过头来看看,当初的做法更加增强了我们的信心:许多年轻研究人员在运河研究领域已小有名气——如漕仓研究、河工费用研究、运河区域民间信仰、运河区域

7

生态环境变迁、运河文献研究——在这些领域中我们年轻的研究人员虽还不能"称王"，但在学术圈里也有了一定影响力。

（2）创新研究方法。学校领导多次强调运河学研究院一定要有特点，办出自己的特色。全国的专门学术研究机构甚多，如何在这些研究机构中脱颖而出？除了要有高水平的研究成果外，还要有自己的特色。如何办出特色呢？第一是要发掘新材料。除整理传统文献外，我们还努力搜求民间文献。民间文献大都是新材料，这一点下文还要详细解说，兹不赘述。第二是创新研究方法。在这方面，我们的突破口是将文献研究和田野调查相结合，将相关学科的研究方法引入运河学研究中来。我们通过吴欣和香港中文大学历史人类学家科大卫及其团队取得联系，参与他们的研究项目，同时专门请科大卫来聊城，向年轻研究人员和研究生讲述历史人类学田野调查的方法。我和吴欣也参与了科大卫、张瑞威一行在山东运河聊城以南段的田野考察，学习他们民间访谈、搜集族谱碑刻等民间资料的具体做法。在运河学研究院筹备阶段，我们便组织了几次自己的田野考察，我和两位副院长、办公室主任带领几位年轻研究人员、研究生参加，收获颇丰。注重田野调查是我们研究院的特色，也成为研究院的传统。在这十年当中，我们考察过京杭大运河、隋唐运河（关中地区除外）的所有水利工程及运河附属设施，走遍了山东运河沿线的每个城镇乡村，每位年轻教师都掌握了田野调查的基本方法，并将获取的材料运用于学术研究。

（3）积极组织申报各类课题。在筹备建立研究院以前，几位中、老年研究人员大都有国家社会科学基金或自然科学基金课题，研究院建立后，我们又提出新的要求——所有研究人员进入研究院五年以内必须获得省级以上课题。我在开会时多次强调申报课题的重要性：其一，可以获得研究经费，为学术研究提供必要条件。其二，可以凝练研究方向，特别是年轻研究人员，在获得高等级立项后围绕课题进行研究，大体上可以确立自己的研究领域。其三，迫使自己读书、学习和思考，给自己压力。其四，申报课题的过程，是一个学习和提高的过程，获得课题立项后，立项者的学术水平往往有大幅度提高。我们的具体做法是：凡无在研国家级课题者，均须拟定题目，申报国家级或省部级课题。首先自己填写申请书，进行认真论证，印发给大家。然后以学术沙龙的形式组织报告会，广泛征求意见，会后综合大家的意见修改申请书。必要时须组织第二次或第三次学术沙龙（报告会），讲述修改情况并让大家提意见，直至与会者满意为止。有时一个题目要组织几次沙龙。研究院的每位研究人员都必须参加学术沙龙，并且提出自己的修改建议。大家的意见、建议涉及申报书的各个环节，大到题目立意和框架结构，小到字句标点等细微之处，均有人提出意见。研究院成立后,我们的研究人员几乎每年都有人获得国家级或教育部课题。大家颇为感慨地说,研究院的课题虽是个人申报的,但蕴含着集体的见解和智慧。我们除申报国家级及省部级课题外,还积极争取横向课题,一方面使我们的研究经费更加充足,另一方面也提高了研究院的知名度,在社会服务方面尽量多做贡献。

2. 搜集整理研究资料

早在运河文化研究中心时期,我们就十分注重运河研究资料的搜集整理。研究院成立后,我们又反复强调,一个研究机构能否获得成功,关键是看能不能获得新材料,"一分材料出一分货,十分材料出十分货,没有材料便不出货"(傅斯年语)。新材料怎么获得?

首先,我们对传统文献进行研究整理。研究院成立前后,我们围绕国家社会科学基金课题"京杭运河文献整理与研究"开展传统文献资料的搜集和整理工作,梳理元代以前散见于各种古籍中的运河文献资料,搜集元代以后关于运河的文章书籍。购置《中国山水志丛刊》《中国水利志丛刊》及《中国地方志集成》中运河流经各府州县志。我们多方求购古版旧书,除日常从旧书网上购买许多旧版图书外,还多次赴德州等地古书市场,洽购某些旧版书籍。我和副院长丁延峰、曾在日本留学的吕德廷博士去日本,购得明清版本古籍10余种近百本,丰富了研究院的图书馆藏。在此基础上,我们写成《中国运河文献书目提要》,并利用国家图书馆所藏各种版本抄本,影印出版了有关中国运河水利的书籍共80本《中国大运河历史文献集成》(国家图书馆出版社,2014)。同时将各种有关运河的文献资料数据化,和超星数字图书馆合作,建成了"中国运河文献数据库",挂在运河学研究院和学校图书馆网站上。我们利用与凤凰出版传媒集团合作编写《中国运河志》的机会,编辑整理了近千万字的运河史料,出版了3大本《中国运河志·文献》(江苏凤凰科学技术出版社,2019)。运河学研究院的所有人员都参与了传统文献资料的搜集整理。我们一再告诫大家,做运河史研究和运河区域社会研究,与做其他研究一样,必须对传统文献资料做全面梳理,熟知传统文献资料,才能发现和运用文献资料之外的新材料。

其次,广泛搜求民间资料。我们搜集民间资料的渠道主要有两个。一是做田野调查,这是主要渠道。我们通过"请进来,走出去"的办法,学习田野调查的基本方法,请我国香港中文大学、香港科技大学科大卫、张瑞威、廖迪生等诸位学者来讲学、辅导,派吴欣博士、胡克诚博士等去香港中文大学做访问学者,参加赵世瑜、刘志伟等人组织的区域社会史、历史人类学会议和田野调查,使年轻研究人员尽快掌握田野调查的理论和方法。研究院明确规定,每年组织1～2次集体田野考察(近年因疫情影响没能成行),每次6～10人,时间7～10天,主要考察运河河道、水工设施、历史建筑及运河区域社会结构、民间习俗、宗教信仰等。考察的主要形式是访谈、寻找碑刻资料、考察历史建筑、寻求族谱和各种民间文献及获取文字、录音、影像等方面的资料。我们专门请来拓碑师傅,购买了做拓片的工具,让年轻研究人员掌握拓碑技术。通过田野调查,我们获取了大量民间资料。二是购买。与热心搜集民间资料的组织、个人取得联系,从他们手中购买碑刻拓片、房契地契、家谱及民间账簿等资料。我们还多次去各地古玩市场,购买有价值的实物及文字资料。后来学院花费很大精力财力创建"中国运河民间文献数据库"(现已并入"大运河文化数据平台"),将获取的民间资料照相扫描、研究整理,以便于查找使用。经过筛选加工的民间资料是我们获取的新资料,它们对于今后的研究意义重大。

3. 培养运河研究人才

　　研究院能否发展壮大,能否在全省乃至全国居于领先地位,关键看能否培养出高水平的研究人才。聊城大学僻居鲁西,不是全国重点大学,引进高水平人才比较困难。再说,运河学研究刚刚起步,全国范围内也没有多少研究人才可以引进。在过去十年时间里,我们从其他高校引进了几位研究人员,但集聚研究人才的主要渠道还是接收新近毕业的博士,通过培养使其成才。研究院成立时,我们总共有研究人员12人(其中一人为兼职,一人为退休返聘),学校71号文件中规定的研究人员为20名(后来这个限额有所放宽),我们的研究队伍编制还有大量空余名额,每年可引进科研人员2～3名。由于各学校还没有设立以运河为研究对象的博士生培养方向,所以我们只能引进相近专业方向的应届博士生。这十年来,我们新接收的博士生研究方向为历史学(中国古代史、社会史、环境史、历史地理学)、民族学、人类学、文献学、自然地理等。这些博士生来研究院后,大都面临这样的问题:他们读硕士、博士期间接触运河学的东西很少,须尽快转到运河学方向上来。我们的具体做法是:首先安排他们阅读运河学文献,让他们对运河学有大致的了解,掌握基本资料。同时让他们参加各类课题的研究,我们在做国家社科项目"京杭运河文献整理与研究"、做民政部地名所合作项目"运河地名文化数据库"、做凤凰出版传媒集团《中国运河志》项目的时候,都吸收刚来院工作的博士毕业生参加,让他们在做研究项目过程中得到锻炼。另外,结合他们所学专业,选择熟悉并感兴趣的课题申报各类项目。十年来,来研究院工作的年轻博士们大都获得了国家社科或教育部社科立项。

为了完成项目,他们阅读有关著作,查证大量资料,反复钻研探究,研究水平提高很快,确立了与运河相关的研究方向。

运河学研究院成立三年后,我们的研究人员便已接近 20 人,形成了一个年龄结构、职称结构及专业方向均较为合理的研究团队。当时我已 60 多岁,王云教授退居二线后从党委统战部调来运河学研究院,另有 40 多岁的教授、副教授多人,更多的是 40 岁以下的年轻博士。从职称结构来看,当时有教授 4 人,其中吴欣、丁延峰两位是二级教授,"山东省有突出贡献的中青年专家";有副教授 2 人;其余都是最近几年来研究院工作的博士。从学历结构来看,除了我是本科毕业,资料员和办公室主任是硕士毕业外,其余人员都有博士学位。从专业结构来看,大家的研究方向除历史学以外,还有文献学、民族学、人类学、美学等。此后几年中,研究院又相继引进了文献学、自然地理、环境史等方向的研究人员及博士毕业生,研究队伍有所扩大。这样一支研究队伍,能够从不同学科、不同维度对运河及区域社会进行研究;不同的学科背景、不同的研究方法相互交融,取长补短,促进了年轻学者研究水平的提高,加速了他们的成长。

另外,运河学研究院每年在历史文化学院历史专业专门史方向招收 3 ~ 5 名硕士研究生,这些学生均以运河史为主攻方向,毕业论文和科研训练均围绕这个主题开展。他们毕业后,有些继续深造,博士毕业后从事运河学研究工作,有些进入政府机关或各类学校,提高了整个社会对运河的认知,对运河及文化遗产保护也起到了促进作用。

4. 搭建运河研究平台

学校领导一再强调,我们组建运河学研究院,不只是要建立一个研究实体,而是要搭建一个研究平台,它是聊城大学的运河研究平台,也是全国的运河研究平台。建院没几年这个研究平台的作用便已凸显。

运河学研究院成立后,我们很快形成制度,每个星期举行一次学术沙龙。沙龙是开放式的,我们预先下发通知,公布学术沙龙的主讲人及演讲题目,感兴趣者均可参加,校内校外人员都可以。通过这种方式,我们和本校相关学院建立起紧密的学术联系。后来,体育学院、音乐学院和历史文化学院旅游管理专业都有人获批了运河主题的国家社会科学基金课题,我们的研究平台起到了一定作用。

我们建院的宗旨是建设全国性的运河资料中心,使我们的运河研究平台为全国从事运河研究的组织和个人服务。研究院成立没几年,各地从事运河研究的相关人员便和我们取得了联系,并建立起各种合作关系。例如,民政部地名研究所与我们合作进行运河沿线地名研究并制作数据库;凤凰出版传媒集团邀请我们参与《中国运河志》的编写工作,全书共 11 册,由运河学研究院同仁编写的内容就有 4 册;香港中文大学"中国社会的历史人类学"课题组(香港特别行政区政府研究资助局资助的卓越学科领域计划,科大卫教授主持)邀请我们参与北方运河区域的田野调查与研究;中国商业史学会专门在聊城大学召开学术会议并和我们共同研究历史上的运河商业问题;世界运河历史文化城市合作组织(简称"WCCO",秘书处设在江苏扬州)依托我们的平台,与我们合作出版《中国运河发展报告》(吴欣教授主编)。以个人名义来我们研究院咨询或查阅资料的人更多。聊城大学运河学研究院作为研究平台的全国性社会效应逐步彰显出来。

学术会议和学术沙龙。为了广交学术朋友,加强学术交流,扩大学术影响,更好地发挥研究平台的作用,研究院定期邀请国内外运河研究专家及相关方面专业人员,前来参加学术讨论会。

2014 年 8 月,我们发起召开了"运河与区域社会研究国际学术研讨会",邀请了中国社会科学院、北京大学、香港中文大学、南京大学、南开大学、中山大学、暨南大学及韩国高丽大学等高校及其他研究单位的 80 余名专家前来参加会议。大家就运河学及其文化内涵、运河交通、漕运水利、区域民间信仰、运河城镇及社会文化等方面的问题进行学术讨论,对运河申遗成功后运河文化遗产的保护与开发提出了很多好的意见和建议。这次会议促进了国内运河研究人员的沟通交流,密切了不同研究领域学者之间的联系,对运河学的发展起到了明显的促进作用。这是我们建院以后的第一届"运河学论坛"。2015 年 10 月,我们和香港中文大学明清研究中心联合召开了聊城大学第二届"运河学论坛",来自我国香港中文大学、香港科技大学、中山大学、山东大学、聊城大学和日本大阪大学的教师和学生 30 多人齐聚聊城大学运河学研究院,就运河漕运、城镇、水利和区域水灾、河神信仰等诸多问题展开讨论。大会期间,我国香港科技大学廖迪生教授、日本大阪大学田口宏二朗教授分别做了学术报告。参加这次会议的有资深的大学教授、研究人员,也有博士生、硕士生,这是一种新的研究讨论模式,教师、学生都有很大收获。2016 年 5 月,我们召开第三届"运河学论坛",邀请国内知名专家学者前来探讨运河学的有关问题。参加会议的有复旦大学历史地理研究所邹逸麟教授、北京大学历史地理研究所李孝聪教授、辽宁师范大学历史文化旅游学院赵毅教授,还有来自中国社会科学院、浙江大学、山东大学和国家图书馆的几位学者,大家围绕运河学学科建设问题畅所欲言,各抒己见,从各自的专业角度谈了看法,留下了许多宝贵的意见,对于构建运河学学科、完备研究内容、丰富研究方法都有重要的意义。2017年和2018年，我们又分别召开了第四、五届"运河学论坛"，这两次论坛的核心议题与前不同，参加人员从事的工作也不同，既有专家学者，也有从事水利水运、运河建设管理、文物管理等方面的一线工作人员。我们和其他研究机构在聊城联合召开的学术讨论会还有：2013年和民政部地名研究所联合召开"运河地名文化座谈会"；2014年和中国商业史学会联合召开了"京杭运河商贸价值学术研讨会"；2015年参与中国史学会、山东大学、聊城市和聊城大学共同承办"第22届国际历史科学大会聊城卫星会议"；2017年与中国教育技术协会联合主办"VR＋运河文化遗存与推动农村教育改革研讨会"；2018年和世界运河历史文化城市合作组织（WCCO）、社会科学文献出版社联合召开"《中国大运河蓝皮书：中国大运河发展报告（2018）》发布会暨大运河文化带研讨会"；2019年与世界运河历史文化城市合作组织（WCCO）、社会科学文献出版社、山东佳诺软件科技有限公司共同举办"大运河文化数据平台、《中国大运河蓝皮书：中国大运河发展报告（2019）》发布会暨大运河文化学术研讨会"；2020年主办或联合主办"山东省大运河国家文化公园建设路径及对策座谈会""大运河山东段建设研讨会""山东社科智库沙龙专家咨询研讨会"；2021年与中国地理信息产业协会大运河工作委员会、中国网议库研究室、中国网大运河频道主办，与首都师范大学北京文化带研究院、水资源安全北京实验室联合举办"2021年大运河文化带建设专题研讨会"；2022年与社会科学文献出版社、世界运河历史文化城市合作组织（WCCO）联合举办"《中国大运河年鉴2022》《中国大运河发展报告2022》新书发布会暨大运河文化研讨会"。通过这些会议，我们和政府相关部门及从事运河研究、运河水利交通工作第一线的机构和人员建立了广泛联系，丰富了研究内容，扩大了研究院的知名度。

举办学术沙龙是我们引以为傲的制度。我们是一个研究方向集中但学科分布较宽泛的研究单位，虽然研究的都是运河，但关注点不同、学科门类不同、研究方法不同。我们有共同的话题，但支撑论题的材料和研究途径不一样，相互之间的沟通借鉴尤为重要。研究院成立之初，我们便决定每个周五（后改为周四）的下午举行学术沙龙。学术沙龙由一个人或几个人主讲，大家提问讨论；主讲一般不超过一个小时，提问和讨论约一个小时。我们明确提出务必革除国内学术研讨会的某些弊端，即主讲人自说自话，不管别人是否听、是否听懂；虽有点评和讨论，但往往流于形式，或虚与委蛇，或多溢美之词。我们的沙龙的讨论环节，每位听众都要发言，而且规定"不虚美、不隐恶"，不说套话，以提出疑问或做出批评（请名家主讲的沙龙不做此要求）为主。所以，来我们研究院做学术沙龙的主讲人,皆倍加用心,不仅要精心准备讲述内容,还要做好接受质疑和批评的准备。听众的批评十分尖锐,有时弄得主讲人面红耳赤,下不了台。大家认为,这样的沙龙或学术报告,主持人(报告人)和听众均有收获。自 2013 年 10 月 11 日第一场沙龙算起,到 2022 年 11 月 10 日止,我们共举办学术沙龙或学术讲座 259 场(由于疫情原因,近年沙龙多改为线上)。校内许多知名学者及与运河相关的研究人员都来主持过沙龙。研究院刚刚成立,我们便邀请体育学院张春燕副教授主讲"京杭运河体育非物质文化遗产保护研究"、音乐学院何丽丽博士主讲"明清俗曲与运河文化互动关系研究"、文学院苗菁院长主讲"京杭运河与明清文学"、环境与规划学院陈永金博士主讲"会通河水源管理及其效应"、历史文化学院赵树好教授主讲"晚清教案与运河区域文化研究"。后来主持学术沙龙的还有马克思主义学院刘卫东院长、文学院李庆立教授、体育学院陈永虎教授及历史文化学院的李增洪院长、胡其柱副教授和刘建峰副教授等。我们也请外校的学者主讲学术沙龙。台湾"中央研究院"近代史研究所研究员潘光哲做过"关于新文化史与近代中国史研究的一些想法"的演讲,香港科技大学教授廖迪生主讲过"非物质文化遗产的保护和利用"。国内许多知名学者,如邹逸麟、朱士光、李孝聪、赵世瑜、赵毅、许檀、王学典、范金民、张佩国、孙竞昊、吴滔、马俊亚、樊如森、宫辉力、路伟东、张献忠,都做过学术报告或主持过学术沙龙。我们也请外籍学者来做学术报告,如美国布朗大学教授包筠雅做过"文本的帝国:明清时期的出版格局与书籍分售网络"的报告,日本大阪大学教授田口宏二朗做过"畿辅、漕运、南北中国:明代河北农业经济与大运河"的报告。学术沙龙提高了研究院同仁的研究水平,也扩大了研究院的影响。

5. 服务社会

研究院成立之际,大运河申报世界文化遗产活动已开展多年,风靡全国的运河热,促使学术界很多人把目光投向运河及区域社会,地方政府也以空前的热情建设运河城镇、修复运河工程、打造运河文化风景区。我们的许多研究与社会现实密切相关,具有直接服务社会的功能。我们一再强调,学术研究应尽可能地与社会现实联系起来,只有扎根在社会现实的沃土中它才有生命力。在运河学研究中,运河水利、区域生态环境变迁、区域社会及经济发展、运河城镇等直接涉及现实问题或对现实有影响,而运河文化——不管是潜在于人们意识中的精神文化,还是物化地存在于水利建筑中的遗产文化,都是社会存在的有机构成部分。现在各级政府热衷的运河文化带、运河国家文化公园建设,与我们的研究也密切相关。就是说,我们的许多研究可以直接服务于运河文化建设。

　　运河学研究院成立前后,我们积极参与运河沿线城镇规划建设。我和王云教授多次前往台儿庄,参与古城建设规划讨论,并被聘请为枣庄市文化顾问,向枣庄市政府提供了大量关于台儿庄运河开挖、古城历史状况、城市布局、重要建筑方面的历史资料,深得古城建设单位的好评。台儿庄古城建设集团及枣庄市电视台等单位也来聊城大学咨询了解历史上台儿庄运河及古城的情况,征求我们关于古城建设的意见。另外,我们还参与聊城、济宁古城规划,参与讨论四女寺文化旅游区建设及江苏泰州运河历史状况讨论,为建设单位提供尽可能详细的历史资料。研究院的学者参与国家发改委《大运河国家文化公园建设保护规划》的论证和评审;受山东省发改委委托编制完成《山东省大运河国家文化公园建设保护规划方案(送审稿)》;成功获批山东社科智库沙龙重大调研咨询项目,结项报告《山东省大运河国家文化公园建设存在问题与对策建议》(《山东社科成果专报》2020年第18期)获山东省原省委书记刘家义的肯定性批示,并转省文旅厅等部门调研落实。我们在《光明日报》《中国社会科报》《大众日报》《齐鲁晚报》等报纸上撰写关于运河的文章,向广大民众宣讲运河及运河文化。我们接受中央电视台、山东省电视台、聊城电视台、枣庄电视台、嘉兴电视台等媒体采访,或参与节目制作,讲述运河的历史和现状,呼吁全社会重视运河文化,保护运河文化遗产。

　　为了使社会各界了解聊城大学运河学研究院,增强研究为社会服务的功能,我们还建起了"聊城大学运河学研究院网站"和"运河研究咨询"微信公众号,开辟《工作动态》《学术研究》《学术论坛》《〈运河学研究〉集刊》等栏目,及时公布我们的研究状况和研究成果。2018年,我们受山东省委宣传部委托,在原有"中国运河文献数据库"和"中国运河民间文献数据库"基础上,创建了"大运河文化数据平台",这也是全国首个运河文化资讯、学术成果与文献资料的信息共享平台。

　　自2018年开始,运河学研究院与世界运河历史文化城市合作组织联合编写《中国大运河蓝皮书:中国大运河发展报告》(社会科学文献出版社,吴欣主编)。本书从水利航运、旅游开发、学术文化、遗产保护、文化带建设、运河城镇等方面,利用官方数据和实地调查材料,对中国大运河各项事业的发展状况做出细致的考察和梳理,分析当前存在的问题,提出相应的对策建议,以期为相关部门提供参考与借鉴。这是一本直接服务于社会,介绍中国大运河现状,为各级政府决策提供依据的著作。该蓝皮书每年出版一本,今已出版五本。2022年,研究院组织编写了《中国大运河年鉴》(社会科学文献出版社,丁延峰主编),充分考虑和借鉴其他年鉴的编纂体例,结合大运河特色,设定了政策法规、水利工程、航道运输、文化旅游、生态保护、学术研究、大事记等七个板块,体现了大运河年度动态和运河学研究特色。

2018 年,运河学研究院还创办了学术刊物《运河学研究》(社会科学文献出版社,李泉主编)。本书是专注于运河及其相关问题的综合性学术集刊,主要专栏有:《理论研究》,着力进行运河学及相关研究方向的学科理论、研究方法探讨;《专题研究》,探讨运河发展史、运河区域社会变迁、运河文化等各个方面的问题;《新书评介》,点评近年出版的学术著作,向读者介绍其价值及阅读路径;《研究综述》,评介当年运河学方面的研究成果、学术活动,总结过往,为读者提供学术资讯。本刊物一年两辑,今已出版至第九辑。

值得一提的还有我们创办的中国运河文物文献展览馆。我们在办公楼一楼拿出 13 间房屋开办了这个展览,目的是向运河研究人员和关注运河的人们展示运河研究的文物与文献资料。展览馆开辟了传统文献、民间文献、碑刻拓片、契约族谱、运河名家、民间工艺品等专门展室。展览馆被确定为聊大文化驿站、山东省爱国主义教育基地,先后接待过全国人大常委会原副委员长何鲁丽、全国政协原副主席王家瑞、外交部原部长李肇星及省委省政府的领导同志,接待过来自全国及世界各地的专家学者,前来参观考察的各高校及有关单位的人员更多。通过参观,他们更加知晓中国运河的历史面貌,也了解了目前聊城大学运河学的研究资料和研究状况。

6. 良好的院风

如果说规章制度是一种强制性行为规范的话,良好的风气则是一种非强制性的行为规范。它能使人们自觉地遵从行为准则,其影响无时不有、无处不在,作用或大于成文的规章制度。风气并非起于一人一事,非成于一朝一夕,是在长期工作和生活中,由群体意识、行为形成的风尚和习惯。风气具有传承性,一旦形成便会全面、长期地主导群体的发展。研究院建立伊始,我们便提出建设良好院风的主张。

运河学研究院的良好院风主要表现在如下几个方面。其一,勤勉笃行。运河学研究院的学者们在勤勉笃行方面是全校闻名的。大家心无旁骛,把精力全用在了做学问上。夏夜很多人在校园里散步,走过老办公楼时,总能看到三层许多办公室亮着灯,那是运河学研究院的学者们在刻苦研究。在研究院的同仁们眼里,基本上没有周末和节假日的概念。每年的正月初二我都会到办公室去看书,一次看到郑民德博士的房间开着门,我很惊奇地问他:"过年也不休息?"他说:"昨天我就来办公室了!"周末和节假日来运河学研究院,会看到很多人在读书写文章,和平常没什么两样。其二,专心治学。很多人说,运河学研究院是个适合做学问的地方。在这里,虽然也存在着领导和群众、老师和学生、同门和好友等各种复杂的社会关系,但各人只要用心做学问就行了,根本不用花费心思协调人际关系,根本没有人为生活琐事花费精力。这里没有人拉帮结派,没有人遇事搞小动作,也没有什么暗箱操作,几乎所有的事情都摆在桌面上。坦坦荡荡,正气充盈,团结一致,共同努力,这是学术研究机构中最应倡导的风气。其三,奉献精神。我们经常在研究院会议上讲,运河学研究院的健康发展,离不开大家的集体观念和集体荣誉感,每个人都要有奉献精神,要做好科研之外的各种事务性工作。从组织序列来看,研究院属于比较小的行政单位,但麻雀虽小,五脏俱全,学校安排布置的各项工作,都要有人负责落实。诸如教学安排(按学校规定,研究人员承担的教学任务为一般教师的三分之一)、科研管理、网站管理、刊物编辑、民间文献整理、文物文献展览解说,事务繁杂,工作量很大。多年来,大家分头承担各类事务性工作,没有什么怨言。另外,几乎每位研究人员都同时承担着好几个科研项目,这些项目都要求按期完成,压力很大。在这样的情况下,大家还经常要完成集体项目,如与民政部合作建设"运河地名文化数据库"、参与凤凰出版传媒集团组织撰写出版的《中国运河志》、编写山东省史志办立项的《京杭大运河山东段志》书稿等,运河学研究院的所有研究人员都参加进来。这些都是几百万字的大项目,每一个参加者都要完成几十万字的书稿,工作量很大,但大家都能如期完成。这种集体观念和乐于奉献的精神也是良好院风的重要体现。

建设良好院风,院领导是关键。首先,院领导要带头做出表率。律己者方可律人,要求别人做到的,领导者要带头做。我和两位副院长都是做学问出身,特别是两位副院长(后来他们相继担任了研究院院长职务),是有关方面的专家,是我们学校为数不多的二级教授,在全国学术界也有一定的地位。他们做学问严谨认真,时间也抓得很紧,在勤勉方面是大家的表率。我们三人都是节假日照常工作,而且多年如一日,这对研究院风气的形成至关重要。其次,院领导处事公正,不搞派系。我们提倡做学问"树立山头,占山为王",但处理人际关系不搞一言堂,凡事群策群力,尽量做到"五湖四海"。在私人交往中要有情商,同学、师生、朋友之间来往密切,这方面研究院从不干涉。但处理工作关系时,尽量公平公正,绝对不能分亲疏远近。只要院领导平等对待每位研究人员,不搞派系,不拉山头,研究人员自然不会拉帮结派。运河学研究院自成立至今,几届院领导之间都是推诚相见,研究人员之间也都是君子之交。这样的处事方式是形成良好院风的重要条件。

三、研究成果

聊城大学运河学研究院成立十年来取得的研究成果,上文已略有述及,今仅就著作、论文及科研立项几个方面展开叙说如下。

1. 著作

2012年至2022年的十年间,研究院教师共出版各类著作40余部,今择要分类介绍如下。

运河工程　王玉朋著《清代山东运河河工经费研究》(中国社会科学出版社,2021)一书广泛搜集正史、政书、档案、方志、文集中之史料,对清代山东运河河工运作机制及河工经费筹支运作加以细致研究,对山东运河河工的运作机制得失做出评价。王玉朋著《明清山东运河区域社会生态变迁研究》(中国社会科学出版社,2022)一书对明清时期(1411—1901)山东运河的开挖维护、运河贯通引发的自然环境变迁、运河与区域社会的互动博弈及内生性社会力量的演变形态等问题进行了深入研究,引证史料丰富,新见颇多。

仓储研究　郑民德著《明清京杭运河沿线漕运仓储系统研究》(中国社会科学出版社,2015)对运河粮仓的存储、供给、转运功能、建置沿革、管理运作、仓弊整顿做了全面分析,揭示了明清时期漕运变革与国家政治、经济、区域社会之间的关系。郑民德著《明清运河漕运仓储与区域社会研究》(人民出版社,2020)在叙述漕仓历史沿革、种类、管理、运作的基础上,深刻探讨了明清运河漕仓与区域社会之间的互动关系,分析了京杭大运河对政治与社会的辐射影响。苏新红著《太仓库与明代财政制度演变研究》(中国社会科学出版社,2021)以太仓库收支制度的演变为主线,对皇室财政与国家公共财政的关系,中央与地方财政关系,边军镇军饷供应制度,税收征收体系与白银、纸钞货币制度的关系等进行研究,动态呈现了明代财政制度的整体演变。

区域经济　胡克诚著《逋赋治理与明代江南财赋管理体制的变迁》(科学出版社,2019)围绕永乐北迁与明代货币财政体制变迁两条线索,探索明朝不同时期各级政府和主管部门对江南等地出现的逋赋问题的基本认识、应对措施、治理办法、实施效果以及由此引发的一系列制度变迁。

运河文献　王云、李泉等著《中国运河文献书目提要》(人民出版社,2012)选取元代以来中国运河著作百余种,分作"治黄保运""运河工程""运河水利""漕运关志"四大类,写成内容提要。介绍作者生平事迹、写作背景,概括各书主要内容,提示史料价值,并说明其版本及流传情况。周广骞著《山东方志运河文献研究》(中国社会科学出版社,2020)探究山东运河区域方志的纂修特色,从运河本体、河务、文化、建筑等角度,对山东方志运河文献进行解读,并对其文献价值及现实作用进行了探究。丁延峰、周广骞著《杨以增奏稿校注》《杨以增年谱》(中国社会科学出版社,2017),首次将江南河道总督杨以增的奏稿整理面世,并其对生平进行编年,使我们可以全面了解杨以增的治河宦历与人生风貌。这方面的研究还有周广骞著《海源阁杨氏诗文校注》(国家图书馆出版社,2020)和《山东运河区域方志序跋校注(聊城卷)》(中国社会科学出版社,2022)。

文化遗产　胡梦飞著《山东运河文化遗产保护、传承与利用研究》(中国社会科学出版社,2021)提出运河文化遗产保护和传承的具体路径,探寻开发和利用的方法。这方面的著作还有吴欣著《大运河商业市镇地名》(中国社会出版社,2016),胡克诚著《京杭运河桥梁遗产与地名》(中国社会出版社,2016),胡梦飞著《聊城运河文化遗产概论》(中国海洋大学出版社,2021)和《山东运河区域非物质文化遗产调查与研究》(中国海洋大学出版社,2022)。

民间信仰　胡梦飞著《明清时期京杭运河区域水神信仰研究》(江苏凤凰科学技术出版社,2017)、《中国运河水神》(山东大学出版社,2018)及《明清时期山东运河区域民间信仰研究》(社会科学文献出版社,2019)等书,对民间信仰的种类、特点、功能及影响进行了跨学科、多角度、综合而细致的研究。

区域文化　李泉著《运河文化》(山东大学出版社,2013)从"历史的河""社会的河""文化的河""游览运河"四个方面展示运河文化的形成、表现形态及其影响。丁延峰著《海源阁藏书研究》(商务印书馆,2012)以文献聚散史、文化学术史的交织理路,对海源阁的形成、发展过程、衰亡原因进行了深入探讨;对其藏书的收集、保藏、抄刻、利用、亡佚情况做了全面、系统、深入的研究;对杨氏在目录版本学、经史治学方面的贡献进行了梳理总结。李泉著《聊城傅氏家族文化研究》(中华书局,2013)、丁延峰著《清代聊城杨氏藏书世家研究》(中华书局,2013)为"山东文化世家研究书系"中之二种。马亮宽著《傅斯年评传》(中国社会科学出版社,2014)对傅斯年的教育思想与实践、学术理念与贡献、爱国思想与民族意识、参政议政与政治改革思想等进行了论述。另外,这方面的研究著作还有马亮宽著《聊城文化史》(中国社会科学出版社,2015)、马亮宽著《张自忠传论》(中国社会科学出版社,2018)等。

运河志书　聊城大学运河学研究院参与编撰的《中国运河志》是"十三五"国家重点出版规划项目,全书共9卷11册1400万字,2019年由江苏凤凰科学技术出版社正式出版。其中王云主编《人物》卷(一册)。收录中国历代运河的规划与开凿者、河工水利建设者、漕运管理者、运河著述与旅行记录者,介绍其生平、经历及与运河关系等。李泉主编《文献》卷(三册),按照突出重点、兼顾全面的原则,选录具有重要价值的中国运河文献史料,力求展示各个历史时期运河的全貌及运河研究资料的来源。李泉主编《大事记》(与《总述》合为一册)以时间为线索,简要记述自古迄今与中国运河有关的重要事项,勾画中国运河的历史轨迹,展现运河发展的脉络。受中共山东省委党史研究院(山东省地方史志研究院)委托,运河学研究院同仁编纂的《京杭大运河山东段志》(李泉、吴欣主持编写,中华书局,2021)分上、下两卷,计230余万字,全面记述了运河区域的自然环境、河道变迁、水工设施、管理制度、与运河相关的重要事件、区域经济发展、文化现象及文化遗存、与运河相关的人物、重要文献等,全面记述了京杭大运河山东段的发展历史。

2. 论文

2012年以来,研究院同仁发表论文数百篇,内容涉及面很广,兹择要介绍如下。

运河学理论　吴欣《运河学研究的理论、方法与知识体系》(《人文杂志》2019年第6期)指出,运河学是归纳、理解、抽象与运河相关的人类活动及其经验后形成的知识体系,是围绕运河形成的一整套研究、保护、利用的理论与方法。李泉《运河学发微》(《运河学研究》第1辑,社会科学文献出版社,2018)指出,运河学研究的内容包括运河本体研究和运河与区域社会研究两个方面,涉及诸多学科和研究领域。运河学的理论和方法是多学科理论和方法的汇集综合。这方面的论文还有王云、崔建利的《大运河与故宫学》(《故宫学刊》2014年总第11期),吴欣的《大运河研究的学术进程及问题意识》(《运河学研究》第2辑,社会科学文献出版社,2018)等。

河道工程　李泉《汴河及其在中国运河开发史上的地位》(《运河学研究》第5辑,社会科学文献出版社,2020)指出,北宋政府采用木岸狭河、变更水源和设置水柜等创新举措,保证了汴渠的畅通。其经验为明清会通河、中河水工建设及管理提供了重要借鉴。高元杰《环境史视野下清代河工用秸影响研究》(《史学月刊》2019年第2期)指出,河工物料在派料、运输、交料各环节均存在弊端,是民众生产生活的沉重负担,严重影响了民众生计,造成了尖锐的社会矛盾,最终导致河工地区生态和社会走向了衰败境地。高元杰《清代运河水柜微山湖水位控制与管理运作——基于湖口闸志桩收水尺寸数据的分析》(《中国农史》2022年第1期)指出,通过对微山湖收水尺寸数据的整理和分析,可以获知不同时期微山湖盈缩情况及其变化缘由和历史时期面积、容积变化规律，为分析湖区生态环境、农业生产、社会风俗的演变提供了坚实的数据资料支撑。高元杰《明代运河"水脊"的形成及其意义》（《历史地理研究》2022 年第 3 期）指出，南旺"水脊"形成于明代中叶，是汶水泥沙淤积和人工挑浚堆积的结果。崔建利《北洋政府时期的苏北运河治理》（《运河学研究》第 2 辑，社会科学文献出版社，2018）指出，北洋政府先后设置堤工事务所、筹浚江北运河工程局、督办江苏运河工程总局等机构对苏北运河进行管理和治理，由于时局动荡，经费短缺，成效甚微。王玉朋《清代山东运河冬挑经费研究》（《农业考古》2021 年第 6 期）对清代各朝山东运河冬挑用工及夫役金派进行考证说明，指出嘉、道年间，运河冬挑成本暴涨，最终陷入困境。陈诗越、吴金甲、侯占方《东平湖变迁对大运河会通河段沿革的影响》（《运河学研究》第 2 辑，社会科学文献出版社，2018）论述了从安山湖到东平湖的水域变迁及对会通河段的影响。

区域经济　京杭大运河对区域经济发展起到了明显的促进作用，在以前的研究中，关于运河与区域农业发展的关系往往被忽略，运河学研究院的学者就此展开了深入研究，发表了不少论文。李泉《明清时期江北运河区域农业发展的影响》（《中国社会科学报》，2017 年 5 月 16 日）指出，运河具有灌溉和排水功能，运河的某些河段对农田有淤肥作用，运河及沿线城市工商业发展改变了农业生产结构及人口流动，但运河、黄河等河流决口泛滥引发严重水灾，对农业生产造成严重破坏。以古鉴今，我们需要关注水利工程与环境的关系，全面审视大型水利工程对农业生产的影响。 李德楠《黄河治理与作物种植结构的变化——以光绪〈丰县志〉所载"免料始末"为中心》（《中国农史》2013 年第 2 期）分析了黄河治理与作物种植结构变化的内在关系，指出为应对河工派料，农作物种植结构发生了明显的变化，表现为人为影响下高粱种植面积的增减。李德楠《明清京杭运河引水工程及其对农业的影响》（《农业考古》2013 年第 4 期）指出，引水济运的目的是"保漕"，没有兼顾国家运道与地方民生，给农业带来诸多负面影响。李德楠、胡克诚《从良田到泽薮：南四湖"沉粮地"的历史考察》（《中国历史地理论丛》2014 年第 4 期）指出，"沉粮地"的形成深受黄运地区水环境变迁以及国家漕运政策、河工建设等因素的影响，由此而发生的土地利用方式的变化，都是适应这一地区生态系统变化的结果。

运河交通　李泉《从旅行日记看明代的江北运河交通》（《"区域、跨区域与文化整合"社会史国际学术讨论会论文集》，天津人民出版社，2012）指出，明代运河旅行日记揭示了江北运河交通的具体状况，对于运河船只盘坝、度闸、风涛之险、浅涸拨运、风雪冰冻、各河段航行日期等均有详细记述。李泉《从策彦周良〈入明记〉看明代的运河交通》(《"顺风相送——中琉历史与文化"第十三届中琉历史关系国际学术会议论文集》,海洋出版社,2013)指出,《入明记》乃策彦周良两次率日本使团到明朝贡途中所记日记,运河交通情况乃其亲身经历,书中记载了运河水浅干涸、风涛之险、扬沙冰冻等情况,对于盘坝度闸、运河水驿、役夫佥派也有详细记载。

社会结构　吴欣《村落与宗族:明清山东运河区域宗族社会研究》(《文史哲》2012年第3期)指出,山东运河区域的地理性空间维度及其所蕴含的文化、水利、商业因素,在一定程度上决定了村落宗族凝聚纽带的变迁和村落社会关系的构成。这表明,宗族与地域的契合,是理解区域宗族社会的关键。郭福亮《从客居"王裔"到入籍"平民":德州苏禄东王后裔的祖先认同》(《回族研究》2015年第1期)指出,苏禄东王后裔作为穆斯林群体的生活变迁史,是在中菲600年交往背景下的文化适应和自我构建。

运河城镇　朱年志《明清山东运河小城镇渡口驿的历史考察——以地方志资料为中心》(《运河学研究》第6辑,社会科学文献出版社,2021)指出,明清时期山东运河航运畅通带动了沿线许多中小城镇的发展与繁荣。渡口驿集运河渡口、驿站、码头、粮仓于一体,运河文化资源丰富。胡梦飞《策彦周良〈入明记〉中的明代江苏运河城镇》(《档案与建设》2021年第1期)指出,《入明记》中留下了众多有关江苏运河交通设施、名胜古迹和风土民情的记载,对于研究明代江苏社会运河城镇和运河文化具有重要意义。郑民德《明清小说中运河城市临清与淮安的比较研究》(《明清小说研究》2021年第1期)指出,明清小说中临清多以商埠、码头的身份出现,而淮安突出的是其河政与河工。郑民德《明清小说中的山东运河城市》(《城市史研究》2021年第1期)指出,明清小说中有大量关于山东运河城市的记载与描述,其内容涉及政治、经济、文化各个方面。

民间信仰　吴欣《明清山东运河区域"水神"研究》(《社会科学战线》2013年第9期)指出,官方"治水""保漕"与民间"祈雨""自保"的观念和文化传承之中,运河区域"水神"系统不断被"建构"起来,并因此形成了"正祀"与"杂祀"的区别。运河区域固有的经济结构、文化传统与运河畅通之间的矛盾,造成这一区域"水神"的差异性和多样性。郭福亮《从凡人到神灵:白英形象的演变及诠释》(《聊城大学学报(社会科学版)》2014年第6期)指出,随着历史的发展,白英的形象和身份越来越高大,故事也越来越多。胡梦飞《明代漕运视野下的金龙四大王信仰》(《聊城大学学报(社会科学版)》2018年第1期)指出,金龙四大王是明清时期的国家"正祀"河神,也是黄运沿岸地区最有代表性的水神之一,其信仰群体主要为河漕官员和漕军、运丁,漕粮运输和河漕治理的现实需要是其形成和传播的社会基础。李德楠、吕德廷《民变、风水、舍利塔:万历后期临清社会的重建——兼论运河城市临清的徽商元素》(《徽学》第十五辑,社会科学文献出版社,2021)认为,临清舍利塔等工程的建造,表明了地方社会试图利用风水摆脱自身困境的努力,凸显了佛教在调动民众和商人参与方面的影响力。吕德廷《黄河、运河影响下僧伽信仰的演变》(《运河学研究》第4辑,社会科学文献出版社,2020)指出,唐至北宋时期人们认为泗州大圣僧伽具有护航的功能,汴渠淤塞后泗州城不再是运河沿线城市,人流量大为减少,僧伽信仰从此衰落。

人物官制 胡克诚《明代漕运监兑官制初探》(《古代文明》2016年第2期)指出,有明一代的监兑制一直在户部外差与归并地方粮道之间摇摆不定,明清鼎革之后,清廷吸取明代经验教训,使监兑官完全规制于地方。王云、崔建利《谢肇淛履职北河考》(《聊城大学学报(社会科学版)》2012年第1期)通过对谢氏作品的深入研读,梳理出谢肇淛履职北河的过程和相关细节,揭示出谢氏河官生涯中的思想状态、履职情况、官德人品及学术成就。

外国运河 罗衍军、王蕊玉《美国巴拿马运河政策的演进》(《运河学研究》第8辑,社会科学文献出版社,2022)指出,巴拿马运河的开凿是美国对外侵略扩张的重要步骤,后美巴两国多次签订条约,美国放弃了部分权力,1977年新的美巴条约签订后,美国逐渐将巴拿马运河的主权归还给巴拿马共和国。吴金甲《苏伊士运河的地缘政治学分析》(《运河学研究》第7辑,社会科学文献出版社,2021)以苏伊士运河为研究对象,对新时期中埃关系、"一带一路"倡议、中国对苏伊士运河地缘政治秩序的应对策略等方面进行了研究分析。

文献及史料考释 裴一璞《新见山东泗水元代〈重修泉林寿圣寺记〉碑考释》(《中国国家博物馆馆刊》2022年第2期)指出,此碑为新近发现的元代珍贵石刻,碑文对元中前期泗水神信仰、泉林寺建设、会通河疏浚有详细介绍,为研究元代大运河水利信仰及治理活动提供了新史料。高元杰《宁阳新见元马之贞〈改修堽城坝闸记〉残碑考释》(《中国国家博物馆馆刊》2021年第7期)指出,此碑于2007年9月发现,为了解马之贞生平事迹,研究山东运河开凿的时代背景、具体经过以及河漕管理等问题提供了大量第一手史料,具有极为珍贵的史料价值。周广骞《明代山东泉志的纂修及价值略论》(《中国地方志》2019第6期)指出,明代中期起,山东泉志的纂修逐渐增多,内容包括泉河图、管泉衙署、泉源设施、泉河夫役等内容,保存了大量第一手文献。周广骞《山东聊城方志运河非遗文献价值探析——以明代以来东昌府、临清州等沿运地域纂修的方志为例》(《中国地方志》2020第6期)对明代以来聊城方志中收录的运河非物质文化遗产文献进行了研究分析。

此外,尚有许多论文内容涉及运河河道变迁、区域生态环境变迁、运河工程建设、区域经济发展、运河文献、运河区域人物事件、运河文化及遗产保护等,数量甚多,兹不一一胪列。

3. 项目课题

建院十年来,聊城大学运河学研究院在职科研人员共获批、在研国家社会科学基金项目21项、全国高校古籍整理委员会项目10项、教育部项目9项、国家其他部委项目8项、省社科规划办项目13项,今择要加以介绍。

河道工程与环境史　王玉朋"清代黄运地区河工经费研究"(国家社会科学基金项目,批准文号19CZS028)研究清代黄运地区河工经费的筹支运作,并与河政机制演变紧密联系,着重考察河工经费收支结构及运作机制,将河工经费研究置于河政机制变迁视角下考量,拓展了清代政治史和水利史的研究视域和发展方向。高元杰"明清山东黄运地区环境史研究"(国家社会科学基金后期资助项目,批准文号20FZSB033)认为山东运河畅通促进了沿线商业市镇的崛起,为破产农民提供了大量的谋生机会,保证了山东黄运地区普遍危机下的长期稳定。晚清黄河改道冲断运河,漕粮改为海运,这个稳定局面被打破,各种灾害持续暴发,加剧了区域社会的异化。

区域农业　李泉"京杭运河与明清时期区域农业开发"(国家社会科学基金项目,已结项,批准文号12BZS082)研究江北运河区域水道变迁及农业水环境变化、运河沿线湖泊涨涸与农业结构改变、运河沿线土壤和植被状况、运河水利与水旱蝗灾害、运河区域赋役征派对农业生产的影响。旨在还原历史时期运河与区域生态环境及农业生产关系的本来面貌,总结历史经验教训以资借鉴。本项目入选全国哲学社会科学工作办公室编辑的《国家社会科学基金项目优秀成果选介汇编》(第一辑)(社会科学文献出版社,2021)。

区域社会　这方面的项目较多。吴欣"民间文献与京杭运河区域社会研究"(国家社会科学重点基金项目,已结项,批准文号16AZS014)以运河区域民间文献资料为基础,对明清京杭运河区域展开研究。重点集中在明清时期作为"生活方式的运河区域社会",对运河区域进行更"精确"的分析,建立起不同区域之间的对比与对话,最终实现对标签化的"运河线性共同体"的整体认识。郑民德"明清山东运河河政、河工与区域社会研究"(国家社会科学基金项目,已结项,批准文号16CZS017)以明清山东运河河政、河工与区域社会关系作为研究对象,旨在通过对明清山东运河河道的管理、工程维护与修缮,夫役制度的建立、征派、功能,河银与物料的来源、使用等方面的探讨,揭示明清山东运河河政、河工的历史演变对区域社会农业、生态、文化等方面的影响。王玉朋"明清山东运河区域社会生态变迁"(国家社会科学基金重大项目子课题,已结项,批准文号 17ZDA184)研究明清时期山东运河的畅通与维持对区域社会引发的一系列连锁性反应,以及随之而来的区域社会再整合问题。胡克诚"明代江南上供物资转运研究"(国家社会科学基金项目,批准文号 21BZS066)聚焦于明代的上供制度,选取在明代居于财赋重心地位的江南地区,从国家的管理政策及其同区域社会互动关系的视角,全面考察有明一代的江南上供物资转运情况与地方财政结构变迁,有助于进一步拓展明代财政史、交通运输史和江南区域史的研究视域。郑民德"明清运河漕运仓储与区域社会研究"(教育部人文社科基金项目,已结项,批准文号 15YJC770051)对明清运河漕运仓储与区域社会之间的关系进行探讨,丰富了中国漕运史的内涵与外延,对强化地域文化遗产的保护与开发、加快城市旅游业的发展有指导与参考意义。胡克诚"逋赋治理与明代江南财赋管理体制的变迁"(教育部人文社科基金项目,已结项,批准文号 15YJC770013)以"逋赋"为研究对象,并将其放置于明代财政管理体制变迁的视野下和"江南"这个特定区域之中,做长时段、全面系统的史实梳理和制度考察,有利于拓展明代财政史的研究视域和发展方向,丰富江南学、运河学的研究视野。高元杰"明清黄运地区河漕赋役与社会变迁研究"(教育部人文社科基金项目,批准文号 20YJC770006)提出,"河漕型"(水利)社会的概念,关注中央政府与地方民众两个层面在河漕水利事务上的互动关系,通过对河漕赋役的考察、统计、分析,探究河漕赋役对该区域农业生产和农村社会发展的影响。此类项目还有罗延军的"革命动员与山东乡村社会变迁(1937—1945)"(国家社会科学基金项目,已结项,批准文号 14BZS044)等。

文献与文化研究 这方面的研究课题也很多,今择要叙述之。丁延峰"汲古阁藏书、刻书、抄书研究"(国家社会科学基金项目,已结项,14BTQ023)指出,江苏常熟毛氏汲古阁是明末清初最著名的藏书楼之一,其藏书、刻书、抄书通过运河输往南北,在南北文化交融及保存传播中国古代典籍文化方面做出了卓越贡献。此外,这方面的国家社科基金项目还有杜宏春的"刘铭传文献汇集、整理与研究"(批准文号 18XZS006),崔建利的"柯劭忞年谱长编"(批准文号 19FZSB065)和"徐世昌图书收藏及出版研究"(批准文号 22BTQ014),周广骞的"毛鸿宾集辑校"(批准文号 22FZSB051)。承担的全国高校古籍整理委员会项目有胡克诚的"明代通惠河史料四种",朱年志的"清代运河日记五种校注"，丁延峰的"《以介编》校注"和"杨以增奏稿校注（附杨以增年谱）"，周嘉的"运河钞关志史料三种"，崔建利的"徐世昌诗集整理"，周广骞的"海源阁杨氏诗文校注"，等等。

运河城镇　周嘉"运河城市的空间形态及生命历程研究——以临清为中心的历史人类学考察"（教育部人文社科基金项目，已结项，批准文号15YJC840049）选取山东运河沿岸重要城市临清为个案，以人类学和历史学的方法对其城市史进行整体性研究。此类项目还有郭福亮的"新型城镇化背景下散杂居少数民族的社会融入——基于晋冀鲁豫回族的考察"（教育部人文社科基金项目，已结项，批准文号15YJC850003），朱年志的"明清山东运河城镇研究"（山东省人文社科课题，批准文号15CLSJ11）等。

其他研究　运河区域民众文化研究方面，有刘玉梅的"大运河区域民族民俗文化现状调查"（国家民委研究项目，批准文号2018-GMH-022）。运河区域回族研究方面，有孙凤娟的"山东运河区域回族的民族认同研究"（山东省社科规划办项目，批准文号18CSJJ24）。区域性运河研究方面，有裴一璞的"近代小清河食盐运输研究（1855—1937）"（山东省社会科学规划项目，批准文号18CLSJ06）。民间信仰研究方面，有胡梦飞的"明清时期山东运河区域民间信仰研究"（山东省社会科学规划项目，批准文号16DLSJ07）。

四、未来展望

近几年，运河研究热潮迭起，聊城大学运河学研究院迎来前所未有的发展契机。不过，从目前的情况看，聊城大学运河学研究还有须改进的方面。正视问题，妥善解决；珍惜机遇，乘势发展，则聊城大学运河学研究院前程似锦，成就不可限量。

当前，运河及区域社会、经济、文化研究越来越受到政府重视。习近平总书记几次讲话都谈到运河及运河文化。隋唐运河、京杭大运河流经的几个省份都已经行动起来，投入人财物力，加强水利工程建设，维护修复历史时期的运河河道、水闸、水坝、码头及其他运河附属设施，保护运河文化遗产，构建运河经济带、文化带，着手规划建设运河文化公园、文化街区。现在运河通航的江苏、浙江及山东济宁以南区域正升级航道，改善水运设施。尚未通航的北京、天津、河北及山东济宁以北地区也积极创造条件，逐步实现运河通水或局部通航。各级政府高度重视，给学术研究创造了良好的社会环境，必将有力促进运河及区域社会经济文化研究的深入发展。

近些年来,运河研究队伍不断发展壮大。运河申请世界文化遗产成功以前,运河流经的某些省市建立过一些民间运河研究社团,诸如运河研究会、运河文化研究会,这些机构大都由退休老干部或其他兼职人员组成,以梳理当地运河史料、回忆运河逸事、记述与运河相关的人物事件和社会现象及为地方经济文化发展献言献策为主。2014年运河申请世界文化遗产成功后,各高校及科研单位也行动起来,纷纷成立大运河研究院(扬州大学、北京物资学院),大运河研究中心(河海大学),大运河文化带建设研究院(江苏省社科院)。这些研究机构有些不是实体,但从研究人员职业构成看,多为在职教学科研人员,厚实的专业基础和良好的研究条件,使其研究的深度、广度较民间社团有根本性提高。

那些没有进入运河研究组织或团体的各相关学科的研究机构和研究人员,也纷纷把目光投向运河。他们从不同角度、使用不同方法对运河进行研究。就目前的学术活动和发表的著作论文看,除传统学科如中国史、文献学、历史地理、自然地理、水利交通外,内容涉及运河及运河区域的学科专业还包括生态环境、建筑规划、旅游规划、区域社会、区域经济、社会文化、文化遗产、民风民俗、民间宗教乃至于考古学、文学、美学、音乐、体育等等。人们不仅关注运河本身两千多年来的变化,更关注运河对区域自然环境、社会结构及经济结构产生的影响。很多人立足于现实,讨论北方运河通航的可能性、运河经济带的重新崛起及运河文化带的建设问题。总之,不同学科背景的专家学者都来关注运河话题,大大拓展了运河研究领域,丰富了运河研究的内容。运河研究的视野越来越广阔,与运河相关的许多问题的研究也越来越深入。

上述状况,一方面为聊城大学的运河研究提供了良好的学科基础和社会条件;另一方面,这种群雄逐鹿的局面,也对聊城大学的运河研究增添了压力。聊城大学运河学研究院应采取什么样的对策?抑或聊城大学如何才能保证自己的研究处于领先水平?这是一个应严肃对待并认真思考的问题,也是一个关乎学院发展的必须解决的现实问题。

首先,聊城大学运河学研究院应该确立更加高远的发展目标并为之奋斗。研究院建立之初,我们曾经提出过一个发展目标:把聊城大学运河学研究院建成全国性运河研究中心和运河资料中心,具体说来就是取得最具价值的研究成果、培养高水平的研究队伍、建设多学科的宽广研究平台。这是我们长期奋斗的目标,是我们建设研究院的最高标准。尽管这个标准短期内很难达到,或者说我们根本无法达到,但经过十年的努力,我们朝着这个目标前进了一大步,目标的某些方面已经实现。不过,我们也应该清醒地认识到,这个目标将是我们长期努力的方向,要实现或接近这个目标,我们还要经过第二个十年、第三个十年乃至更长时间的奋斗。我们虽然取得了一些研究成果，但是顶尖的成果不多。我们虽然培养了一批研究人员和以运河为研究对象的硕士生，但就目前的情况来看，离我们预定的"高水平"目标还有距离。建院以来尤其是最近几年，研究院引进高水平研究人才十分困难，接收优秀博士毕业生也不容易；我们招收运河方向的硕士研究生（历史学专门史、近现代史专业）许多时候要靠调剂，为我们的人才培养带来不少困难。运河学研究院虽然为聊城大学许多专业搭建起了研究平台，省内高校依托这个平台进行运河研究的组织和个人也不少，但是要建起全国性的运河研究平台仍然任重道远。另外，在运河资料的收集整理方面也有不少欠缺，特别是民间文献，我们搜集的数量还少，基本上没有进入应用的层面。因此，在今后相当长的一段时间内，我们仍须打起精神，全力以赴，制定切实可行的措施，为实现或接近既定发展目标努力奋斗。

其次，我们的研究还有不少薄弱环节。聊城大学运河学研究院是在运河文化研究中心基础上建立起来的，运河文化研究中心的主要研究人员大都是中国古代史专业的教师，研究方向几乎全是中国古代运河或区域社会。研究院建立前后，我们引进的几位博士毕业生也都是中国古代史方向的。因此，研究人员的专业方向构成有些先天畸形。尽管我们早已意识到这一点，想方设法引进其他专业的人才，但始终不如人意。运河是一项水利工程，而运河本体的研究离不开水利科学或水利史方面的人才，由于这个方向研究人员缺乏，限制了我们研究的深度。另外，运河文化遗产是大家关注的热点，我们缺少文化学或文化遗产学方面的研究人员，这方面人才引进也很困难。近年运河沿线城镇纷纷重新进行规划建设，我们很难深度参与，原因是缺乏环境规划方面的研究人员。当年我和吴欣曾去中国社科院城市规划设计研究院访问，想派年轻博士进修学习，后未成行。世界运河是运河研究的重要方面，故须引进世界史专业的研究人员，虽做多年努力，至今未能实现。建院以来，我们一直关注这些薄弱环节，但因种种原因，始终没有找到解决办法。不弥补这些薄弱环节，运河学研究院的发展将会受到很大制约。

再次，运河研究是关于运河的全方位研究，不仅要研究运河本身，还要研究受其影响的区域社会；不仅要研究与运河相关的人和事，还要研究沉淀在运河上及运河区域中的文化；不仅要研究贯通南北的大运河，还要研究隋唐时期的东西走向的运河及区域性的运河；不仅要研究中国的运河，还要研究世界各国的运河。目前，我们较多地关注了元代以后的京杭大运河，对于隋唐运河、浙东运河的研究用力尚少，区域性运河研究则未涉足；我们的研究目光主要停留在中国运河上，对世界各地的运河还没有进行专门研究。这些事项，目前仍应引起研究院领导和各位同仁的特别关注。

最后，谈谈关于取得高水平研究成果的问题。记得前些年，我曾多次在全体研究人员会议上评价我们目前的研究状况是"有山无峰"。我们的年轻研究人员在两三年时间内便选定了研究方向，树立起山头，在国内开学术会议的时候，谈到运河某一方面的研究，经常会听到外地学者说，你们研究院某某人的研究很不错。因为我们树立起了山头，所以业内人士这样评价我们。但是我们只是占了山，还没有为王，即所谓"有山无峰"。我们有了一个个山头，却没有人站在山的最高处，还没有做到"登峰造极"，具体表现是我们还没有在最高级别的刊物上发表权威性的文章或出版业内公认的高水平著作。当然，峰的出现并非一蹴而就，不是一朝一夕所能做到。经过十年的磨炼，当初的年轻人相继步入中年，研究水平日渐提高，相信不久的将来，我们会做到有山又有峰，相信我们的研究人员能登上运河研究的最高峰，"会当凌绝顶，一览众山小"。

聊城大学运河学研究院成立十年了，我们为她取得的光辉业绩感到骄傲自豪，也为她美好而广阔的发展前景而欢欣鼓舞。尚处于少年时期的聊城大学运河学研究院，会随着时间的推进逐步成熟起来，相信她会弥补缺陷，走向辉煌。

聊城大学运河学研究院简介

丁延峰

聊城大学运河学研究院成立于 2012 年 6 月,其前身是聊城大学运河文化研究中心,是国内首家以运河及其区域社会为研究对象的独立院级科研实体单位,拥有山东省社科理论重点研究基地和山东省社科规划重点研究基地"山东省运河文化研究基地"、山东高校"十二五"人文社科研究基地"运河与区域经济社会发展研究中心"及山东省地方史志办公室"山东省地方史志系统运河文化研究基地",运河文化学获评山东省文化艺术科学重点学科。下设运河史、运河区域社会经济发展、运河文化、社会服务中心四个研究中心,三个编辑部(负责编辑《中国大运河蓝皮书》《运河学研究》集刊和《中国大运河年鉴》)及大运河文化大数据平台。截至 2022 年底,研究院共有专职科研人员 21 人,其中教授 5 人、副教授 9 人、讲师 6 人,拥有博士学位者 19 人,同时聘请朱士光、李孝聪、赵毅、赵世瑜、马俊亚、孙竞昊、吴滔、樊如森、路伟东等运河研究专家为兼职教授。拥有国务院政府特殊津贴 1 人、"山东省有突出贡献的中青年专家"2人、山东省政府参事 1 人。研究领域涵盖历史学、文学、地理学、社会学、人类学、艺术学、民族学、图书馆与情报学等多个学科门类,在中国史和文献学两个方向培养硕士研究生。

近年来,在聊城大学党委的正确领导下,在社会各界的关心支持下,全院教职工突出运河研究特色,紧扣国家战略和地方经济社会发展需求,凝神聚力抓科研,积极对接搞服务,在基础研究和服务社会两方面均取得显著成绩。

在基础研究方面,研究院承担或完成"民间文献与京杭运河区域社会研究""京杭运河文献整理与研究""明清运河区域社会变迁""明清山东运河河工、河政与区域社会研究""明清时期京杭运河区域社会组织研究""京杭运河与明清时期区域农业开发""明清黄运地区的河工建设与生态环境变迁研究""全新世以来东平湖变迁与黄河洪水关系及动力机制研究""清代黄运地区河工经费研究""明清山东黄运地区环境史研究""明代江南上供物资转运研究""海源阁藏书研究"等国家级课题 27 项(含国家社会科学基金重点项目 4 项、国家自然科学基金项目 1 项)、省部级课题 60 余项。出版《中国运河历史文献集成》《明清山东运河区域社会变迁》《中国运河文献书目提要》《明清京杭运河沿线漕运仓储系统研究》《明清时期山东运河区域民间信仰研究》《通赋治理与明代江南财赋管理体制的变迁》《山东运河文化遗产保护、传承与利用研究》《清代山东运河河工经费研究》《明清山东运河区域社会生态变迁研究》等著作 60 余部,发表学术论文 400 余篇,获省级以上科研奖项 30 余项。建有运河文物文献展览馆和数字运河研究中心(负责民间文献整理室和大运河文化数据平台的运作)。其中运河文物文献展览馆是聊城大学运河学研究院建设、管理的特色展览馆,秉持突出特色、不断充实、逐步提升的发展思路,先后建成古籍、碑刻、契约、家谱、民俗、运河名家名著、贡砖等展室,形成鲜明的展陈特色。自 2014 年开馆以来,累积接待领导和专家学者数万人次,成为展示运河文物文献、宣传普及运河文化的重要平台。

在服务社会方面,同民政部地名所合作横向课题"运河地名文化数据库"和"地名·运河丛书";参与国家发改委《大运河国家文化公园建设保护规划》的论证和评审;受山东省发改委委托编制完成《山东省大运河国家文化公园建设保护规划方案(送审稿)》;成功获批山东社科智库沙龙重大调研咨询项目,结项报告《山东省大运河国家文化公园建设存在问题与对策建议》(《山东社科成果专报》2020 年第 18 期)获山东省原省委书记刘家义肯定性批示,并转省文旅厅等部门调研落实;《写好"千年运河"的齐鲁新篇章》在《大众日报》(理论版)发表,并在学习强国平台上予以推介。在《光明日报》《中国社会科学报》发表 10 余篇文章。同凤凰出版传媒集团合作横向课题"中国运河志",承担其中《文献》《人物》《大事记》三卷五册的编纂,于 2019 年出版;受山东省委党史研究院(省史志研究院)委托编纂《京杭大运河山东段志》,于 2021 年在中华书局出版;同山东运河经济文化研究中心合作编写《山东运河文化丛书》,承担其中八本论著,已在济南出版社出版。承担的聊城中国运河文化博物馆改造提升展览大纲设计工作顺利结项;受聊城市文旅局、发改委委托编制完成《聊城市大运河国家文化公园建设保护规划方案》《聊城市大运河国家文化公园样板工程规划与建设方案》《大运河(聊城段)文化和旅游融合发展实施方案》等。此外,研究院还同聊城市委宣传部、聊城市民政局、东平县文史委、汶上县委组织部等部门合作开展运河文化研究;同聊城市委统战部合作开展铸牢中华民族共同体意识研究;同地方政府共建岳镇海渎文化研究中心、南旺研究所、运河文化研究中心等,充分发挥研究院在运河研究领域的智库功能。

附:聊城大学运河学研究院成立文件

聊大校发〔2012〕70号

关于成立聊城大学运河学研究院的通知

各单位:

经研究,决定成立聊城大学运河学研究院,为我校独立设置的研究机构。

聊城大学

二〇一二年五月二十四日

主题词:机构　通知
聊城大学校长办公室　　　　　　　　　　　　　2012年5月30日印发

共印190份

聊大校发〔2012〕71号

聊城大学关于成立运河学研究院的实施意见

我校"运河文化研究中心"自2008年成立以来,在相关研究领域取得了较为丰硕的研究成果,形成了较为鲜明的学科特色,在国内外学术界产生了一定的影响。为深入贯彻《教育部 财政部关于实施高等学校创新能力提升计划的意见》精神,推进我校运河学研究相关学科的协同创新,提升运河学研究水平,学校决定成立聊城大学"运河学研究院"。

一、成立运河学研究院的意义

成立运河学研究院,开展运河学研究,有利于进一步提升我校重点研究领域实力,培育重大原始创新成果,实现全国范围内运河学研究的率先突破,体现学科特色,铸造我校学科品牌;有利于吸引和聚集校内外运河学研究的优秀创新人才与优质学科资源,营造良好的学术环境和氛围,加快学科的交叉与融合,实现科学研究的最优组合,促进校内外各类创新力量的协同创新;有利于更好地参与运河流域的经济社会建设,为政府及相关部门提供决策依据,成为运河流域经济社会发展的"思想库""信息库"与"人才库";有利于探索我校协同创新的新模式与新机制,形成协同创新的文化氛围,推动我校学科建设与科学研究体制、机制的创新。

二、运河学研究院的运行机制

(一)机构设置

1. 在"运河文化研究中心"的基础上成立"运河学研究院",研究院为独立设置的研究机构,学校根据研究院发展需要及有关规定配备相应管理人员。

2. 运河学研究院以专职研究人员为主,实行专职与兼职、固定与流动相结合的原则,建设一支业务能力强、结构合理的学术队伍。专职研究人员可先由原运河文化研究中心、文学院的中国古典文献学学科、美术学院的非物质文化遗产保护学学科等的相关研究人员整合组建。兼职研究人员可通过承担研究课题的形式加入。

3. 运河学研究院的管理人员聘用,按干部选聘有关规定执行。

(二)运行机制

1. 运河学研究院院长负责研究院的全面工作。运河学研究院设"研究院学术委员会"作为学术研究指导机构。运河学研究院院长的工作职责、学术委员会的组建及职责按教育部《普通高等学校人文社会科学重点研究基地管理办法(2006 年修订)》及《山东省社会科学规划重点研究基地管理办法(2004)》和学校相关规定执行。

2. 运河学研究院专职研究人员由人事处根据研究院需要定岗定编,按学校有关规定参加职称评聘,岗位津贴分配由研究院提出方案,报学校审批发放。

3. 运河学研究院专职研究人员以研究生教学为主,研究生招生计划由研究生处根据培养需要确定。具有教授职称的专职研究人员应承担相关学院本科生的教学任务,每年完成1/3的本科教学工作量。

4. 研究院设立专门财务账户,建设初期,由学校划拨科研启动费、日常工作经费、岗位津贴经费,保证研究院工作的正常运行。鼓励研究院积极开展社会服务工作,通过承担大课题经营研究院,实现研究院的良性发展。

(三)办公地点

研究院根据需要制订办公场所位置、数量等的设置方案,由学校安排落实。

（四）考核办法

研究院人员的工作业绩考核按照学校相关办法执行。

三、运河学研究院的主要任务

1. 拓展研究方向，按照古今中外四大研究领域科学规划，对运河进行全方位研究，建立运河学。通过组织重大科研项目、产出重大研究成果，促进运河学研究资源的有效整合与开发利用，推动基础研究与应用研究的协调发展，建立知识创新机制，使科学研究的整体水平居国内领先地位，成为国内运河学研究领域的重点研究基地。

2. 加强学术交流和资料信息建设，通过举办全国或国际学术会议，接受国内外访问学者，建立图书资料库、数据库和专业化的信息网络等措施，充分发挥对外学术交流窗口作用，打造国内运河学研究的学术交流与资料信息基地。

3. 通过科学研究，整合校内外优势科研力量，组建灵活开放、富有活力的创新性科研团队，推进协同创新，培养高素质的学术带头人和中青年学术骨干；通过课程开发和吸收研究生参加课题组，促进最新研究成果向教学层面的转化，更新教学内容，提高教学水平，培养运河学研究与利用的高级专门人才；为社会各界提供相关领域的培训服务，使研究院成为全国相关领域的专门人才库和人才培养培训基地。

4. 通过主动承担应用部门的委托研究课题、吸收实际部门工作人员参加课题组开展联合研究、鼓励专兼职研究人员担任实际工作部门顾问等措施，面向各级政府及社会各界开展咨询服务，提高解决重大实践问题的综合研究能力和参与重大决策的能力，成为运河流域经济社会发展的思想库和咨询服务基地。

本意见解释权归学科建设处。

聊城大学

二〇一二年五月十八日

主题词：机构　通知

聊城大学校长办公室　　　　　　　　　2012 年 5 月 30 日印发

共印 190 份

运河学研究院大事记(2012—2022)

2012 年

2月,吴欣教授赴香港中文大学历史系访学半年,参加香港中文大学历史系 AoE 项目"中国社会的历史人类学研究"。

4月,历史文化与旅游学院引进毕业于东北师范大学的胡克诚博士,兼任运河文化研究中心研究员。

5月,2012 年度国家社科基金项目立项名单公布,李泉教授申报的"京杭运河与明清时期区域农业开发"(12BZS082)、杨朝亮教授申报的"清代陆王心学发展史"(12BZS040)名列其中。

6月6日,聊城大学党委常委、副校长窦建民召集学科建设处、文学院、美术学院、历史文化与旅游学院、环境与规划学院等单位相关人员召开专题研讨会,学习落实《教育部 财政部关于实施高等学校创新能力提升计划的意见》和《聊城大学关于成立运河学研究院的实施意见》精神,重点围绕聊城大学运河学研究的学科建设及运河学研究院的机构建设等进行了研讨。

7月,历史文化与旅游学院引进毕业于中南民族大学的郭福亮博士,兼任运河文化研究中心研究员。

7月中旬,李德楠、朱年志、胡克诚三位老师与聊城大学党委办公室康建军老师前往济宁微山湖区域进行田野考察。

9月22—27日,部分老师与香港中文大学历史系 AoE 项目学者科大卫教授、张瑞威博士、贺喜博士共同考察了山东运河济宁段。

10月25日,受科大卫先生邀请,李泉、王云两位老师赴香港中文大学历史系讲学。

10月,王云、李泉等老师所著《中国运河文献书目提要》一书在人民出版社出版发行。

10月,胡克诚、郭福亮两位老师携研究生郑钊赴德州考察苏禄王墓、清真寺、北厂及南运河。

2013 年

1月11日,吴欣教授被评为聊城大学科研工作先进个人。

3月13—15日,民政部地名研究所在聊城主持召开"运河地名文化座谈会"。双方在今后的长期合作、共同申请研究项目方面形成共识,并初步达成意向性合作协议。

5月21日,《中国运河志》分卷正式签约,进入编纂阶段。

6月,学校聘任李泉教授为运河学研究院院长、王云教授为首席专家、吴欣教授为常务副院长(分管科研)、丁延峰教授为副院长(分管行政)。全院共有12名科研人员:李泉,王云,吴欣,李德楠,朱年志,胡克诚,郭福亮(原单位历史文化与旅游学院),丁延峰(原单位文学院),陈诗越(原单位环境与规划学院),刘玉梅(原单位美术与设计学院),崔建利(原单位校图书馆),孙元国(原单位校工会)。其中,崔建利担任图书资料管理员,孙元国担任办公室主任兼工会主席,胡克诚兼任科研秘书。学校拨付西校区老办公楼1～3层西侧为研究院办公场所,包括研究室、办公室、会议室、图书资料室等功能分区。至此,运河学研究院正式成立,成为全国首家以运河学为研究对象的独立院级科研实体。

6月2日,中央人民广播电台就"运河文化的今与昔"来聊城大学进行主题采访。节目组采访了研究院院长李泉教授,并对聊城大学取得的运河研究成绩给予了高度评价。

6月22日,研究院师生在院长李泉教授、首席专家王云教授带领下,赴大运河聊城段工程现场进行考察,详细调查了阿城上、下闸和荆门上、下闸的修复情况,并就相关问题同聊城市文物局以及阳谷县文物管理所的专家们进行了现场交流。

7月14日,研究院召开运河考察动员大会。会议由院长李泉教授、常务副院长吴欣教授主持,研究院师生10余人参加。针对本月15号正式开展的运河区域田野考察活动,研究院领导对考察点择取、交通安全、住宿安全等方面提出具体要求,并对准备事宜做了周密布置。

7月15—22日,研究院进行暑期田野考察。此次考察活动集中于大运河聊城段,以东昌府区、临清市、茌平县为主,考察对象为运河古河道、水利工程、古建筑及村落,搜集了数目可观的族谱、碑刻、契约等资料。

　　7月,研究院引进博士两人,分别是毕业于南开大学的郑民德博士和毕业于中国科学院的陈丹阳博士。

　　8月5日,研究院同凤凰传媒出版集团正式签订《中国运河志·文献》编纂协议。

　　8月12日,研究院院长李泉教授,副院长吴欣教授、丁延峰教授带领研究院教师一行七人参观了扬州宝应博物馆。

　　8月9—15日,研究院老师赴江苏段运河进行考察。此次考察活动历时七天,研究院院长李泉教授,副院长吴欣教授、丁延峰教授带队,李德楠、朱年志、郑民德、孙元国等老师参加,对江苏徐州、宿迁、淮安、扬州、镇江境内的运河河道、水利工程、古镇街区、民俗文化进行了全面考察。期间,与江苏师范大学历史文化与旅游学院、宝应博物馆、高邮博物馆等单位进行了座谈,围绕运河文化遗产保护、运河沿线城市合作申遗等问题进行了交流。

　　8月19—21日,"第十五届明史国际学术研讨会暨第五届戚继光国际学术研讨会"在山东蓬莱举行,研究院李德楠副教授、胡克诚博士应邀参加本次会议,并做大会主题发言。

　　9月30日,研究院召开《中国运河志·文献》进展会议。会议由院长李泉教授主持,副院长吴欣教授、丁延峰教授,朱年志、胡克诚、郭福亮、陈丹阳、郑民德等老师参加。

　　10月9日,研究院朱年志、胡克诚、郭福亮、孙元国、郑民德、郑钊师生六人与聊城市文物局职工孙贵洪赴临清魏家湾镇进行运河文化考察,并在东魏村拓取碑刻。

　　10月11日,研究院举行首次学术沙龙,院长李泉教授为全体师生做了题为"运河学研究的内容与方法"的学术报告。研究院全体师生30余人参加。在报告中,李泉教授从运河学的定义、内容与范畴、研究方法与社会文化功能三个方面,对运河学做出了科学的解释与探讨。

　　10月17日,研究院举行第二期学术沙龙。本次沙龙由常务副院长吴欣教授主讲,报告题目为"京杭运河及其区域水神的祠与庙——以山东张秋镇为中心的研究"。吴教授在大量的碑刻、家谱、地方志资料基础上,详细介绍了明清时期山东运河名镇张秋民间信仰的历史变迁,阐述了不同神灵的产生、发展与演变。

　　10月26日至11月1日,研究院朱年志、李德楠、胡克诚、郭福亮、孙元国、郑钊、王亚鹏师生一行七人考察大运河济宁段和枣庄段。本次运河考察属聊城大学运河学研究院同民政部地名所合作项目——"运河地名数据库"课题的阶段性任务之一。研究院师生沿明清运河故道,先后考察了泰安市东平县、济宁市梁山县、汶上县、任城区、市中区、微山县和枣庄市台儿庄区境内的数十个城镇、近百个村落,搜集了大量族谱、碑刻和访谈资料,为下一步开展相关研究打下坚实基础。

11 月 11—15 日,研究院朱年志、李德楠、胡克诚、郭福亮、孙元国、郑钊、王亚鹏师生一行七人对山东德州德城区、夏津县、武城县及河北邢台清河县、衡水故城县等四县一区的 50 多个村庄进行拉网式考察。

11 月 15 日,体育学院张春燕教授在研究院 314 会议室做了题为"运河体育文化论纲"的学术报告,研究院与体育学院 20 余位老师参加。

11 月 21 日,研究院陈诗越教授做题为"东平湖历史变迁与环境演化"的学术报告,研究院师生以及来自运河文化爱好者协会的同学 30 余人参加。

11 月 28 日,李德楠、胡克诚两位老师做客本期学术沙龙,历史文化与旅游学院、运河学研究院老师近 20 人参加。针对研究院的发展,李德楠老师提出了诸多建议。胡克诚老师则对明清时期南四湖地区的农业、水利、土地等问题进行了介绍与阐述。

12 月 5 日,音乐学院何丽丽副教授、党总支书记刘喆教授做客学术沙龙,研究院、音乐学院、历史文化与旅游学院等 20 余名师生参加。何丽丽老师以"明清俗曲与运河文化互动关系研究——以鲜花调为例"为题,探讨了鲜花调这一俗曲在运河流域的发源、传播、变异与演化。

12 月 9 日,在研究院院长李泉教授、常务副院长吴欣教授的带领下,朱年志、胡克诚、郭福亮、孙元国、陈丹阳、郑民德等老师及英国谢菲尔德大学博士生汤洁前往冠县柳林镇考察运河文化。

12 月 14—16 日,研究院李泉、王云、吴欣三位教授赴香港中文大学进行学术交流,并参加香港中文大学"中国历史的人类学研究"项目第一期评审会。该项目是我国香港地区第一个获得 AoE 资助的人文社会科学项目,也是内地高校与香港高校合作的最高层次的人文社科研究项目。

12 月 30 日,研究院举行研究生毕业论文开题与中期检查会议,研究院全体老师及研究生参加。

2014 年

1 月 8 日,研究院举行国家社科基金申报评审会,研究院全体老师参加。

1月10日，研究院召开运河文物文献展览馆建设工作部署会。学校党委常委、副校长窦建民以及相关部门、学院负责人参加会议。会议由党委宣传部部长乔丙武主持。会上，乔丙武部长通报了领导小组和工作小组成员名单及工作职责。研究院院长李泉教授、副院长吴欣教授介绍展览馆建设思路与布展构想。与会人员深入分析展览馆建设实施工作，提出很多建设性的意见和建议。

2月22日，研究院召开新学期工作动员会。会议由吴欣副院长主持，就新学期各项工作进行布置，包括学术沙龙计划制订、运河展览馆建设、国家级及省部级课题申报、田野调查工作安排、图书文献采购、博士人才引进、《运河学研究通讯》内容设计与栏目分工以及"运河与区域社会研究国际学术研讨会"筹备等问题。随后，丁延峰副院长补充其他注意事项，并着重分析研究院青年教师在科研基金申报工作中存在的问题。

3月5日，研究院召开"运河文物文献展览馆"布置会议，院长李泉教授，副院长吴欣、丁延峰教授及相关老师参加。

4月11日，山东大学文化遗产研究院的王建波博士来研究院做学术讲座，李泉院长，首席专家王云教授，副院长吴欣教授、丁延峰教授，历史文化与旅游学院、美术学院、文学院、研究院师生近30人参加。本次学术讲座的题目为"运河·人·建筑：大运河沿线的建筑文化交流现象"，以"天棚鱼缸石榴树，先生肥狗胖丫头"为切入点，对文化线路的定义，文化遗产的分析、判断与识别进行说明与介绍。

4月12日，"京杭运河商贸价值学术研讨会"在聊城举行。本次研讨会由中国商业史学会和研究院联合主办，邀请山东大学、郑州大学、江苏师范大学、淮阴师范学院、德州学院、中国运河文化博物馆等高校和单位的10余位运河研究专家、学者参加。

4月14日，天津社科院历史研究所所长任云兰研究员等一行六人来研究院进行学术交流。李泉院长、首席专家王云教授、图书馆馆长马亮宽教授、吴欣教授、丁延峰教授、胡克诚、刘玉梅、郑民德等参加。

4月24日，在聊城大学学科建设处副处长邢晓峰、研究院办公室主任孙元国带领下，研究院师生一行七人赴临清查阅地方文献资料。研究院师生先后走访临清市委、政协文史办、史志办、档案局、文广局、民政局、民宗局、水务局、河务局、市图书馆、博物馆、文化馆等多家单位，搜集到众多文献资料，对大运河临清段的遗产保护、运河申遗、水工设施的修复、非物质文化遗产保护与开发等情况有了更清晰的了解。

5月7日,在研究院副院长丁延峰教授带领下,刘玉梅、陈丹阳等老师以及研究生王亚鹏、周艳一行六人赴东阿进行资料搜集与调研工作。研究院老师先后走访东阿县文化局、文史办、水利局、史志办等部门,搜集到大量涉及东阿县政治、经济、文化、社会的文献资料。

5月9日,聊城大学第一期"人文社会科学学科建设院长论坛"在研究院举行,学科建设处、人文社会科学处、历史文化与旅游学院、商学院、美术学院、音乐学院、马克思主义学院、环境规划学院相关领导20余人参加。本次论坛的主题为"运河学研究的发展现状及任务",旨在通过不同学科之间的交流与合作,促进聊城大学运河学研究的发展。

5月16日,研究院刘玉梅老师做了题为"从中国传统木版年画看传统民间审美观念——以东昌府木版年画为例"的学术报告,美术学院、音乐学院、研究院全体师生20余人参加。

5月20日,由《齐鲁晚报》联合京杭运河沿线六家省级媒体与阿里公益天天正能量发起的"徒步大运河穿越古今接续文明"考察活动来到聊城,参加人员与研究院老师进行了交流座谈。

5月23日,研究院朱年志老师做题为"明清山东运河区域的商品流通"的学术报告,美术学院、历史文化与旅游学院、研究院的老师及研究生10余人参加。

6月5日,研究院院长李泉教授、图书馆馆长马亮宽教授、常务副院长吴欣教授带领朱年志、刘玉梅、孙元国、郑民德等老师赴高唐搜集运河文化研究资料。研究院老师先后到县政协、文史办、档案馆、文化局等部门进行座谈,受到相关部门的热情接待,并就高唐历史文化、院地合作、运河变迁等问题进行了深入交流。

6月6日,研究院获批国家、省部级、厅级项目三项。其中丁延峰副院长申报的"汲古阁藏书、刻书、抄书研究"获国家社科基金一般项目立项;郭福亮老师获省部级和厅级课题各一项,分别为国家民委课题"新型城镇化背景下散杂居少数民族的文化适应和重构"以及山东省高等学校人文社会科学项目"新型城镇化背景下临清回族的困境与突围"。

6月6日,文学院副院长苗菁教授来研究院做学术报告,文学院与研究院师生近20人参加。苗菁教授的报告题目为"京杭运河与明清文学"。报告指出,隋唐时期的运河对中国的诗词产生了巨大影响,而明清京杭运河则刺激了中国文学中小说题材的成熟与发展。

6月4—6日,中国明史学会和甘肃省临夏州文联联合主办"中国·临夏王竑文化学术研讨会"，来自中国社科院、北京师范大学、中山大学、武汉大学等高校和科研单位的 40 余名学者参加会议。研究院胡克诚老师提交论文参会，并同与会学者进行了热烈讨论。

6 月 14 日，经山东省人民政府批准，研究院丁延峰教授被授予"山东省有突出贡献的中青年专家"荣誉称号。

6 月 16 日，研究院召开运河文物文献展览馆筹备会议，李泉院长，吴欣、丁延峰副院长，胡克诚、孙元国、陈丹阳、郑民德等老师参加。针对展览馆的布局问题，各位老师纷纷献言献策，提出了自己的观点，并展开热烈讨论，基本达成一致意见。

6 月 20 日，在研究院李德楠老师的邀请下，淮阴师范学院吴士勇老师来研究院做了题为"运河与漕运的历史逻辑"的学术报告。

6 月 25 日，研究院刘玉梅、孙元国等老师赴冠县搜集运河文化研究资料。研究院老师先后到县政协、文史办、档案馆、民政局、文广新局等部门进行座谈与资料搜寻，并就冠县历史文化、院地合作、社会风气等问题交流了意见。

6 月 27 日，由校团委主办、历史文化与旅游学院承办的第 65 期"东湖之约文化论坛——漫谈运河沿岸民风民俗"报告会举行。研究院常务副院长吴欣教授和郑民德老师应邀做客此次论坛，与同学们共同探讨中国京杭大运河成功申遗以及山东运河沿岸的民风民俗。

7 月 4 日，山东理工大学齐文化研究院张灿贤院长等一行四人来研究院座谈交流。研究院院长李泉教授，首席专家王云教授，副院长吴欣教授、丁延峰教授，郑民德老师参加座谈。

7 月 9 日，山东广播电视台杨雪雯总监、聊城人民广播电台玄志刚台长等一行八人来研究院交流座谈。研究院李泉院长、丁延峰副院长及部分老师参加。双方就中国运河申遗的历史作用、运河的保护与开发、运河城市发展前景进行了商讨与研究，并对目前运河开发中存在的某些误区、人文与环境的协调、历史与现实的结合等问题进行了交流。

7 月 9 日，凤凰出版传媒集团副总经理黎雪、江苏科学技术出版社总编室主任李淳宁以及参与《中国运河志·文献》编纂工作的左玉梅、胡久良编辑来到研究院，与研究院诸位老师及来自历史文化与旅游学院、文学院等单位的部分领导老师召开《中国运河志·文献》编写工作报告会。

7 月 20 日，研究院召开山东省社会科学规划研究项目评审会。会议由院长李泉教授与副院长丁延峰教授主持，朱年志、胡克诚、刘玉梅、郭福亮、郑民德等老师参加。

8月5日，南开大学历史学院院长江沛教授、日本爱知大学刘柏林教授来研究院交流座谈，李泉院长接待。三校老师针对聊城运河文化、中国运河申遗、运河水利工程与农业开发、运河漕运的利弊等问题进行了讨论，并在交流中达成诸多共识。

8月9日，山东省社会科学优秀成果奖评选委员会办公室公示了山东省第二十八次社会科学优秀成果奖评选结果。聊城大学共有14项成果获奖，获奖数量列省属高校第四。研究院共有两项获奖：吴欣教授的《村落与宗族：明清山东运河区域宗族社会研究》获一等奖，丁延峰教授的《〈唐女郎鱼玄机诗〉版本源流考》获二等奖。

8月20—22日，研究院与临清市政府联合主办的"运河与区域社会研究国际学术研讨会"顺利召开，共有来自中国社科院、北京大学、香港中文大学、南京大学、南开大学、中山大学及韩国高丽大学等高校和科研机构的50余名专家、学者参会，提交论文40余篇。

8月23日，全国人大常委会原副委员长何鲁丽来研究院参观考察，聊城大学相关领导陪同。在一楼运河文物文献展览馆，何鲁丽对研究院搜集的碑刻、契约、民间文献、工艺品非常感兴趣，详细听取了研究院老师的介绍与说明，并对运河文物的保护、运河区域家谱的演变、地域民间特色艺术品等问题提出了自己的观点。

8月25日，北京师范大学教育学院院长、"长江学者"张斌贤教授来研究院参观考察，学校教务处领导陪同。张教授一行首先参观了运河文物文献展览馆，并与研究院老师进行了座谈交流。

9月12日，研究院院长李泉教授在学术沙龙上做题为"运河学史料概说"的学术报告，美术学院、音乐学院、历史文化与旅游学院、文学院、运河学研究院老师与研究生共20余人参加。

9月19日，文学院李庆立教授来研究院做学术报告，文学院、历史文化与旅游学院、音乐学院、美术学院、运河学研究院老师与研究生20余人参加。李教授结合自身的生活与工作，从教育子女成长、成才的实际经历出发，向大家介绍了治学的态度与方法。

9月25日，受聊城人民广播电台与山东广播电视台的邀请，研究院郑民德老师做客山东广播电视台《直播山东》栏目，与主持人胡蒙、李静畅谈运河文化的保护与开发。

7月，研究院引进三位博士，分别是毕业于南京大学的王玉朋博士、毕业于西南大学的裴一璞博士和毕业于上海大学的周嘉博士。

10月5日，国家教育行政学院赵庆典教授来研究院参观考察，聊城大学副校长窦建民陪同。在研究院一楼展厅，赵教授对展陈的文物文献非常感兴趣，不但认真听取了研究院老师的介绍，还就博士点申报、科研与地方社会服务、著作出版工作等问题提出细致的建议。

10月11—12日，"2014年中国经济史学会年会暨经济转型与社会经济持续发展国际学术研讨会"在河南大学举行。研究院郑民德老师提交论文参会，并做大会主题发言。

10月14日，人民网、人民日报社山东分社相关人员来研究院交流座谈。双方就运河申遗后山东段的运河遗产保护与开发、民间运河文化等话题进行了探讨，并对运河申遗后政府与民间社会的下一步举措进行了交流。

10月23日，研究院召开新进博士科研启动金项目评审会，李泉院长、丁延峰副院长主持，朱年志、胡克诚、郭福亮、刘玉梅、陈丹阳、郑民德、王玉朋、裴一璞、周嘉等老师参加。

10月26日至11月1日，研究院组织老师前往苏北段运河进行考察。本次考察活动历时七天，属研究院大运河文化调研活动的重要组成部分。本次考察团由郭福亮博士带队，胡克诚、刘玉梅、裴一璞、王玉朋、周嘉、陈丹阳等老师参加，考察团对江苏徐州、宿迁、淮安、扬州境内的运河河道、水利工程、古镇、民俗文化，特别是大运河首批申遗各遗产点进行了比较全面的考察与了解。在淮安期间，考察团与淮阴师范学院、淮安市方志办与文史委的专家和领导进行了交流，并就大运河申遗后运河文化遗产保护、运河沿线城市开展合作研究等问题进行了探讨。

11月8—9日，由中国社会史学会、江西师范大学主办，中国社会科学院近代史研究所社会史研究室协办的"第十五届中国社会史学会年会暨中国历史上的生命、生计与生态国际学术研讨会"在江西南昌举行，研究院李泉、王云教授参加。

11月21日，研究院召开国家社科基金项目评审会，会议由副院长丁延峰教授主持，研究院全体老师参加。

11月28日，研究院郑民德老师做客本期学术沙龙。本次沙龙以国家社科基金申报评审会的形式举行。研究院王云教授、朱年志、郭福亮、刘玉梅、陈丹阳、王玉朋、裴一璞、周嘉等老师及音乐学院、历史文化与旅游学院、文学院师生20余人参加。郑民德老师的报告题目为"明清京杭运河漕运仓储及其对区域社会的影响"，从国内外研究现状、选题价值与意义、主要内容、基本观点、研究思路与方法、创新之处等方面向在座各位老师做了汇报。各位老师纷纷就项目申报书存在的不足之处提出了完善意见。

12月3日,暨南大学王元林教授在历史文化与旅游学院205教室为研究院及历史文化与旅游学院师生做了一场题为"神灵信仰与地域空间:运河神金龙四大王信仰的起源与扩展"的学术报告,研究院首席专家王云教授、副院长丁延峰教授、历史文化与旅游学院副院长李增洪教授,两院青年教师及研究生、本科生近100人参加。

12月8—11日,研究院李泉院长携王亚鹏与刘燕宁两名研究生赴香港中文大学参加社会史研讨会。本届研讨会以"明清大运河的社会史"为主题,共计有来自香港中文大学、中山大学、山东大学、聊城大学四所高校的18名博士及硕士研究生提交论文并做报告。刘燕宁提交论文《南运河减河的开挖及其水事纠纷——以沧州捷地减河为例》,王亚鹏提交论文《端鼓腔与东平湖渔民敬祖敬神仪式》。

12月15—16日,研究院孙元国、郑民德老师赴民政部地名研究所汇报"运河地名文化数据库"进展情况。在会议上,民政部地名研究所吴坚、研究院郑民德先后以PPT的形式向在座领导与专家介绍了项目进展情况。汇报结束后,地名研究所副所长宋久成、地名与地域文化研究中心副主任张清华及在座专家提出了修改意见,并期望以后能够继续深化合作。

12月18日,在临沂大学党委书记李喆率领下,临沂大学考察团一行80余人来研究院参观交流,聊城大学校长马春林陪同。在研究院一楼运河文物文献展览馆,考察团成员参观了碑刻、家谱、契约、民间工艺品等文物文献资料,并对文物文献展览的布局提出指导意见。研究院院长李泉教授、首席专家王云教授向考察团介绍了研究院的相关情况,期待加强与临沂大学的交流和合作。

12月18日,研究院举行研究生毕业论文开题与中期检查会议。院长李泉教授、首席专家王云教授,常务副院长吴欣教授,胡克诚、郑民德等老师以及刘燕宁、周艳、王亚鹏等研究生参加。

12月19日,研究生刘燕宁在学术沙龙上做了题为"南运河减河的开挖及其水事纠纷——以沧州捷地减河为例"的学术报告。研究生全体师生及音乐学院部分师生参加。

12月25日,研究院召开教师年终述职与教工考核会议,会议由副院长丁延峰教授主持,研究院全体老师参加。

2015 年

1 月 16 日，大众报业集团政教新闻中心副主任、《大众教育》主编王原来研究院交流座谈，研究院院长李泉教授、首席专家王云教授、副院长丁延峰教授及学校宣传部、校报相关负责人陪同。

1 月 23 日，原国家质量监督检验检疫总局副局长魏传忠来研究院参观考察，聊城大学党办、校办、宣传部等相关领导陪同。

1 月 23 日，研究院召开年终总结会议，研究院全体老师参加。

3 月 8 日，研究院召开新学期工作布置会议，研究院全体老师参加。

3 月 19 日，临沂大学社会科学处处长赵勇，文学院院长赵光怀、副院长鲁运庚一行三人来研究院交流座谈。研究院院长李泉教授、首席专家王云教授、副院长丁延峰教授参与座谈。双方就研究院与临沂大学沂蒙文化研究院的学院建设、专家聘任、队伍构成、运行机制、科研经费等问题进行了交流，并表示将加强进一步的交流合作。

3 月 20 日，研究院召开 2015 年学术计划交流会，研究院全体老师参加。

3 月 27 日，研究院副院长丁延峰教授在学术沙龙上做了题为"从海源阁研究谈治学"的学术报告。沙龙由常务副院长吴欣教授主持，研究院全院师生及音乐学院、马克思主义学院部分师生 20 余人参加。

4 月 3 日，应东昌府区东钱村钱氏家族的邀请，研究院副院长丁延峰教授与郑民德、王玉朋、周嘉三位老师参加"江北钱氏家族清明祭祖大典"。

4 月 3 日，聊城大学环境与规划学院的陈永金教授为研究院师生做了题为"会通河水资源管理及其效应研究"的学术报告。沙龙由研究院副院长丁延峰教授主持，研究院全体师生共 20 余人参加。

4 月 10 日，在山东省政协常委、民进山东省委副主委郭永军的带领下，民进山东省委参政议政部副调研员席林、聊城市政协副主席孟广武、莘县人民政府副县长杨庆云、东昌府区政协副主席王万增、民进聊城市委副主委王效文等来研究院交流座谈，李泉院长，吴欣、丁延峰副院长及胡克诚、郑民德老师参加座谈。

4 月 12 日，李泉院长、首席专家王云教授、副院长丁延峰教授，孙元国、胡克诚、郑民德一行赴杭州中国京杭大运河博物馆参观调研。拱墅区文广新局局长黄玲、博物馆馆长叶艳萍、区文化馆原馆长石永民予以接待。

4 月 12 日，研究院院长李泉教授、首席专家王云教授、副院长丁延峰教授，孙元国、胡克诚、郑民德等老师与杭州国际城市学研究中心、世界遗产保护杭州研究中心处长助理马智慧博士,浙江大学历史学博士后王永杰进行座谈,就运河文化遗产的保护与开发、运河城市旅游发展等问题做了深入交流。

4月16日,研究院李泉院长、首席专家王云教授、副院长丁延峰教授等一行六人考察无锡东林书院。

5月7日,研究院首席专家王云教授,胡克诚、郑民德老师在聊城中国运河文化博物馆会议室与来访的山东运河经济文化研究中心的领导进行交流座谈。

5月15日,淮阴师范学院李德楠副教授在学术沙龙上做了题为"后申遗时代运河研究的思考"的学术报告。研究院全体师生共20余人聆听了报告。

5月8—11日,由山东省水浒研究会主办,泰安市岱岳区职教中心、东平湖景区管委承办,山东省旅游局协办的"2015年天下水浒——泰山学术与旅游文化国际研讨会"在泰安市岱岳区与东平县两地举办。研究院裴一璞老师提交《水浒"梁山英雄"名实考辨》一文,并参与大会分组讨论。

5月29日,山东运河经济文化研究中心主任班开庆、副主任李金陵、秘书长张万里、《运河研究》执行编辑何子芳一行四人来研究院交流座谈。研究院院长李泉教授,首席专家王云教授,副院长吴欣教授、丁延峰教授及朱年志、胡克诚等老师参加座谈。

6月1日,山东省政协大运河山东段考察活动启动仪式在聊城大学举行。省政协副主席许立全、省文物局局长谢治秀、聊城市委书记徐景颜、市政协主席金维民、聊城大学党委副书记徐传光出席启动仪式。仪式由省文物局副局长由少平主持。省政协常委、省社科联原党组书记刘德龙,聊城市委秘书长李吉增以及省政协、省文物局、省交通厅、民进山东省委,聊城市相关部门、区县负责人等参加启动仪式。

6月5日,研究院郭福亮老师在学术沙龙上做了题为"从火种到滚雪球:'达瓦宣教团'的传播及预控"的学术报告,研究院全体师生及历史文化与旅游学院部分师生共20余人参加。

6月12日,研究院副院长吴欣教授以"民间文献的利用"为主题参加本期学术沙龙,沙龙由副院长丁延峰教授主持,李泉院长、罗衍军、朱年志、胡克诚等老师及研究生近20人参加。吴欣教授首先对民间文献的概念进行解释。其次,对目前可见的大型文献,如徽州文书、闽北契约文书、珠江三角洲的土地文书进行介绍,并以东阿苫山为研究对象,对民间文献的利用进行了综合分析与探讨。最后,结合运河学研究院民间文献资料的搜集与整理情况,对民间文献的研究与利用需注意的问题做了说明。

6月15日,研究院与凤凰出版传媒集团召开《中国运河志·人物》工作会议暨分卷签约仪式。王云教授代表研究院与凤凰出版传媒集团签订合作协议。这也是继2013年《中国运河志·文献》之后，双方的第二个大型合作项目。

6月16日，山东省教育厅评估专家组成员济南大学副校长蔡先金、济南大学教务处副处长郭浩帆来研究院参观座谈。研究院院长李泉教授、首席专家王云教授、副院长丁延峰教授陪同参观座谈。

6月18日，在研究院副院长吴欣教授、丁延峰教授的带领下，胡克诚、郑民德、裴一璞等老师一行五人赴德州搜集民间文献资料。

6月19日，研究院朱年志老师在学术沙龙上做了题为"明清山东运河城镇研究"的学术报告，研究院老师及研究生20余人参加。

6月21日，在全国哲学社会科学规划办公室公布的国家社会科学基金结项验收情况的报告中，研究院吴欣教授主持的国家社科基金项目"明清时期京杭运河区域社会组织研究"获"免于鉴定"结项。

6月26日，刘玉梅老师在学术沙龙上做了题为"消费文化语境中艺术与生活的趋同"的学术报告，沙龙由研究院副院长丁延峰教授主持，研究院老师及研究生近20人参加。

7月9日，由聊城大学运河学研究院首席专家王云、院长李泉两位教授担任主编的大型丛书《中国大运河历史文献集成》在聊城市第二十一届社会科学优秀成果奖评选中获"重大成果奖"。

7月17日，研究院召开学期总结会议。会议由研究院副院长丁延峰教授主持，研究院全体老师参加。

7月21日，由民进山东省委、山东运河经济文化研究中心主办，中共滕州市委、滕州市政府承办的首届运河论坛在滕州召开。本次会议历时三天，研究院朱年志、刘玉梅、王玉朋、胡梦飞四位老师参会。

7月21—22日，由重庆市文化委员会、重庆市合川区人民政府、中国人民解放军国防大学和西南大学联合主办，重庆市文化遗产研究院、钓鱼城风景名胜管理区等承办，中国宋史研究会、中国蒙古史学会作为支持单位的钓鱼城国际学术会议在重庆市合川区举办。研究院裴一璞老师提交论文参会并做大会主题发言。

7月28日，2015年度教育部人文社会科学研究一般项目评审结果公示，研究院喜获丰收，共有四项课题入选，分别为胡克诚博士的"逋赋治理与明代江南财赋管理体制的变迁"、郑民德博士的"明清运河漕运仓储与区域社会研究"、周嘉博士的"运河城市的空间形态及生命历程研究——以临清为中心的历史人类学考察"、郭福亮博士的"新型城镇化背景下散杂居少数民族的社会融入——基于晋冀鲁豫回族的考察"。四项课题的研究对象均位于运河区域，涵盖了财政、漕运、城市、民族等方面。

7月，运河学研究院引进博士两人，分别是毕业于南京大学的胡梦飞博士和毕业于兰州大学的吕德廷博士。

8月10日，研究院郑民德老师所著《明清京杭运河沿线漕运仓储系统研究》一书，由中国社会科学出版社出版。该书以明清运河漕仓为研究对象，对仓储的存储、供给、转运功能进行了详细论述，并对漕仓的建置沿革、管理运作、仓弊整顿做了全面的分析，揭示了明清时期漕运变革与国家政治、经济、区域社会之间的互动关系，为中国大运河成功申遗后的运河研究提供了借鉴与参考。

8月17日，研究院召开世界历史科学大会聊城会场筹备会议。

8月23日，以澳大利亚南澳州历史局局长、文化专家安德森女士为首的世界历史科学大会专家一行40余人来研究院交流座谈。聊城大学副校长胡海泉教授，研究院院长李泉教授、常务副院长吴欣教授、副院长丁延峰教授陪同参观座谈，《齐鲁晚报》《聊城日报》《聊城晚报》等媒体进行了现场访谈。

8月24日，由国际历史学会主办，中国史学会、山东大学、聊城市人民政府、聊城大学承办的世界历史科学大会聊城会场会议开幕。研究院院长李泉教授作为大会主持人，首席专家王云教授作为大会总结人，常务副院长吴欣教授作为主题发言人出席会议。副院长丁延峰教授以及朱年志、刘玉梅、郭福亮、郑民德、陈丹阳、王玉朋、裴一璞、吕德廷、胡梦飞等老师提交论文参会，并参与小组讨论。

8月28日，在聊城大学副校长王强教授、政治与公共管理学院院长黄富峰教授的陪同下，华中科技大学教育科学研究院院长张应强教授来研究院参观考察。研究院丁延峰教授、郑民德老师接待并陪同参观。

8月30日，研究院全体老师召开新学期工作布置会议，对新学期工作进行安排与分工。

9月9日，《走向世界》杂志社社长刘斌等一行四人，在聊城市委宣传部领导的陪同下，来研究院参观座谈。研究院常务副院长吴欣教授、副院长丁延峰教授予以接待，全体青年教师参与座谈。

9月11日，研究院召开新学期第一次学术沙龙。本次沙龙由李泉院长主讲，题目为"大运河与区域水环境变迁"，常务副院长吴欣教授主持，首席专家王云教授、马克思主义学院院长刘卫东教授，美术学院、音乐学院及运河学研究院老师及研究生30余人参加。

9 月 17 日，研究院李泉院长、吴欣副院长、胡克诚博士、王玉朋博士一行四人赴邯郸学院地方文化研究院进行学术交流。

9 月 18 日，研究院李泉院长、吴欣副院长、胡克诚博士、王玉朋博士一行四人赴山西大学中国社会史研究中心进行学术交流。

9 月 23—26 日，"运河学研究学术论坛"在聊城大学举行。本次论坛由聊城大学运河学研究院、香港中文大学明清研究中心合办，共计有我国香港中文大学、香港科技大学、中山大学、山东大学、淮阴师范学院、聊城大学及日本大阪大学的 30 余位学者参加，提交论文 10 余篇，举行会议报告 12 场，就运河文化遗产、运河城市、运河水域环境、运河区域宗族社会、运河与漕运、运河区域民间信仰等问题进行了深入而热烈的探讨。

9 月 29 日，值扬州建城 2500 周年之际，扬州市政府举办"世界运河名城旅游论坛"，共计有来自 8 个国家与地区的 80 余位学者参加。研究院郑民德、胡梦飞老师参加会议，郑民德老师做大会主题发言。

10 月 9 日，研究院胡梦飞老师在学术沙龙上做了题为"明清时期京杭运河区域的金龙四大王信仰"的学术报告。沙龙由研究院常务副院长吴欣教授主持，研究院老师与部分研究生参加。

10 月 18 日，在西藏自治区教工委副书记、西藏大学党委书记赤列旺杰的率领下，西藏大学考察团一行数人参观研究院运河文物文献展览馆。

10 月 11—17 日，研究院开展了一场为期七天的隋唐运河考察活动，对河南、安徽大运河河段的浚县、滑县、辉县、洛阳、荥阳、郑州、开封、淮北、宿州、盱眙等地进行考察。本次活动是继上半年江南运河考察后，学院组织的又一次大规模考察。考察由研究院院长李泉教授带队，首席专家王云教授以及刘玉梅、周嘉、裴一璞、王玉朋、胡梦飞、吕德廷等老师参加。

10 月 23 日，研究院举行隋唐运河考察汇报会与《中国运河志》人物卷、文献卷进度会。会议由常务副院长吴欣教授主持，研究院全体老师与部分研究生参加。

10 月 23 日，国家体育总局科研所科技书刊部主任李晓宪教授，全国体育院校学报研究会理事长、上海体育学院冉强辉教授等一行 20 余人来研究院运河文物文献展览馆参观，研究院丁延峰副院长、郑民德老师陪同。

10 月 27 日，受研究院和历史文化与旅游学院的邀请，大运河遗产保护管理办公室副主任姜师立为研究院、历史文化与旅游学院部分师生做了题为"大运河与世界遗产"的学术报告。

10 月 28 日，在研究院院长李泉教授、常务副院长吴欣教授的带领下，郑民德、王玉朋、胡梦飞、吕德廷、王晓风、董文婧等师生赴阳谷搜集运河文献资料。

10月30日,山东广播电视台、齐鲁网来研究院运河文物文献展览馆进行拍摄活动,研究院丁延峰副院长、郑民德老师陪同。

11月2日,中国台湾"中央研究院"近代史研究所研究员、档案馆主任、胡适纪念馆主任潘光哲教授来研究院做了题为"关于新文化史与近代中国史研究的一些想法"的学术报告,历史文化与旅游学院、马克思主义学院、运河学研究院师生40余人参加。

11月6日,上海交通大学的赵思渊老师在学术沙龙上做了一场题为"地方历史文献的数字化、数据化与文本挖掘"的学术报告,沙龙由研究院常务副院长吴欣教授主持,研究院全体老师参加。

11月11—13日,故宫博物院举办"第三届明代宫廷史国际学术研讨会"。研究院胡克诚老师受邀参会,在分组讨论环节宣读了论文《庙堂与河工:嘉靖七年运河之议探微》,并在闭幕式上进行小组总结发言。

11月20日,研究院郑民德老师在学术沙龙上做了题为"明代河南漕粮交兑地研究——以小滩为视角的历史考察"的学术报告,研究院全体教师与部分研究生参加。

11月25日,中山大学历史学系教授、历史地理研究中心主任、博士生导师吴滔受聘为研究院兼职教授。

12月1—6日,研究院院长李泉教授、副院长丁延峰教授、吕德廷博士一行三人赴日本大阪大学、近畿大学、佛教大学交流访问。

12月2日,研究院朱年志、郑民德、王玉朋三位老师及研究生王亚鹏参加聊城传统文化研究会换届会议。在会议上,聊城大学政治与公共管理学院刘伟副教授当选为会长,研究院吴欣教授当选为副会长。

12月11日,聊城市与东昌府区政协、旅游局、文联、文广新局等单位领导一行10余人来研究院交流座谈,研究院李泉院长、吴欣副院长及研究院全体老师参加。

12月15日,研究院李泉院长著《清代聊城傅氏家族文化研究》(中华书局)、丁延峰副院长著《清代聊城杨氏藏书世家研究》(中华书局),分获山东省第29次社会科学重大成果奖。

12月17—20日,研究院吴欣、王云教授和胡克诚博士赴香港中文大学参加题为"中国社会的历史人类学:礼仪标签在田野与文献中的展现"的学术会议。三位学者汇报了山东团队的研究情况以及研究院的发展状况,并就未来的合作达成一致意见。

12 月 25 日，聊城市政府副秘书长张龙来研究院交流座谈，研究院院长李泉教授、常务副院长吴欣教授以及学校科学技术处、人文社科处、服务社会处等部门领导参与座谈。

12 月 30 日，研究院郑民德老师参加聊城市地方史志编纂工作会议，会议由聊城市人民政府主办，共有来自市县行政部门、高校等单位的近百人参加。聊城市人民政府副市长马丽红主持会议。

12 月 31 日，研究院朱年志老师申报的"明清山东运河城镇研究"、刘玉梅老师申报的"德、才、色的交响——先秦儒家经典中的女性审美观研究"分获2015 年度山东社科规划项目与山东省艺术科学重点课题立项。

2016 年

1 月 5 日，重庆市 2015 年省级优秀博士、硕士学位论文名单公布，研究院裴一璞老师的博士毕业论文《资源博弈与群体互动：宋元时期四川盐业地理与区域社会研究》顺利入选。

1 月 15 日，研究院召开年终总结会议，会议由常务副院长吴欣教授主持，研究院全体教师参加。

1 月 21 日，研究院召开民主生活会，开展批评与自我批评。本次民主生活会由常务副院长吴欣教授主持，研究院全体教师参加。

2 月 28 日，在教育部办公厅公布的第八批"精品视频公开课"名单中，研究院李泉、吴欣两位教授主讲的"古往今来话运河"被评为精品课程。

2 月 28 日，研究院召开新学期工作布置会议。会议由研究院常务副院长吴欣教授主持，研究院全体教师参加。

3 月 11 日，日本京都大学山本孝子博士在研究院做了一场题为"日本的学术训练——以书仪研究为例"的学术报告。报告由研究院常务副院长吴欣教授主持，研究院师生 20 余人参加。

3 月 16 日，研究院与山东运河经济文化研究中心副主任兼《运河研究》主编李金陵达成合作协议，由研究院部分教师负责《山东运河大观》文化丛书的编纂工作。在讨论会上，研究院院长李泉教授、常务副院长吴欣教授及全院教师分别就《山东运河大观》的编纂、修改、出版事宜与李金陵副主任以及《运河研究》执行编辑何子芳进行了座谈讨论。

3 月 18 日，聊城职业技术学院一行 20 余人来研究院参观运河文物文献展览馆，研究院王云教授、郑民德老师陪同。

3月25日,研究院吴欣教授在学术沙龙上做了题为"奶奶庙:鲁西女神信仰的世变与势变"的学术报告,院长李泉教授、首席专家王云教授及研究院全体师生及其他学院部分师生参加。

3月31日,研究院胡克诚、郑民德、胡梦飞三位老师到历史文化与旅游学院参加研究生学术论坛,论坛由历史文化与旅游学院常务副院长李增洪教授主持,历史文化与旅游学院的 20 余名研究生参加。

4月1日,研究院全体教师就临清运河文化进行座谈交流。

4月1日,菏泽学院院长王焕良一行在聊城大学党委副书记王强的陪同下来研究院参观交流。

4月8日,历史文化与旅游学院胡其柱副教授做客研究院本期学术沙龙,题目为"中国古代思想语境中的'自由'语词"。沙龙由研究院院长李泉教授主持,研究院及历史文化与旅游学院的师生近 30 人参加。

4月14日,研究院吴欣教授为淮阴师范学院历史文化旅游学院师生做了一场题为"运河区域民间文献搜集整理与利用"的学术报告,报告由淮阴师范学院历史文化旅游学院院长李巨澜教授主持,淮阴师范学院历史文化旅游学院及漕运文化研究中心的老师、学生 60 余人参加。

4月21日,淄博职业学院稷下研究院特聘院长宣兆琦、执行院长王书敬等一行六人来研究院参观座谈。研究院院长李泉教授,副院长吴欣教授、丁延峰教授以及胡克诚、郑民德老师参与座谈,并陪同来宾参观运河文物文献展览馆。

4月27日,河北省石油学会副秘书长、高级政工师李文强参观研究院运河文物文献展览馆,郑民德老师予以陪同讲解。

4月28日,研究院裴一璞老师在学术沙龙上做了题为"流动的食盐:明清时期小清河盐运与流域社会研究"的学术报告,常务副院长吴欣教授主持,研究院全体教师及音乐学院部分师生参加。

4月29日,"行者无畏·走运 2016"运河考察组来到聊城,与研究院教师进行交流座谈。

5月6日,在李泉院长、吴欣副院长的带领下,研究院与聊城大学其他学院、部门老师共 11 人赴临清考察运河民俗文化。

5月13日,研究院敦聘复旦大学历史地理研究中心教授、博士生导师邹逸麟,北京大学历史系教授、博士生导师李孝聪,辽宁师范大学历史文化旅游学院教授、博士生导师赵毅教授为聊城大学兼职教授,聊城大学副校长王昭风为其颁发聘书,运河学研究院院长李泉主持聘任仪式。

5月13—14日，研究院召开"山东社科论坛·运河学论坛"。本次论坛由研究院主办，共有来自中国社会科学院、国家图书馆、北京大学、复旦大学、山东大学、浙江大学、辽宁师范大学、淮阴师范学院、江苏科学技术出版社、《中国社会科学报》的专家、学者20余人参会。

5月21日，第一届鲁商文化学术研讨会在山东济南召开。本次会议由中国商业史学会举办，山东商业职业技术学院承办，共有来自山东省委宣传部、山东大学、山西大学、聊城大学、山东财经大学、青岛理工大学、四川商务职业学院、《中国商报》的领导、专家、媒体记者20余人参加。研究院常务副院长吴欣教授、郑民德老师参加会议。

5月19—23日，由中山大学历史人类学研究中心、香港中文大学、中山大学历史地理研究中心、淮阴师范学院历史文化旅游学院共同举办的"明清河道工程与漕运制度"学术研讨会在淮安召开，研究院李泉院长、首席专家王云教授参会并发言。

5月27日，研究院胡克诚老师在学术沙龙上做了题为"庙堂与河工：嘉靖七年运河之议发微"的学术报告。沙龙由研究院常务副院长吴欣教授主持，研究院全体教师及研究生参加。

6月3日，陈丹阳、吕德廷两位老师在学术沙龙上分别做了题为"运河两岸是故乡——电视纪录片《话说运河》的文化地理学分析"与"风水与万历后期临清社会的重建"的学术报告，研究院全体教师及研究生参加。

6月12日，聊城市委办公室蒋召国老师做客研究院学术沙龙。蒋老师主要从聊城市的概况、近期聊城的发展、大运河保护工作三个方面对聊城运河文化资源的保护和开发进行论述。在座老师纷纷与蒋老师交流互动。

6月15日，由聊城市委宣传部、聊城市文广新局、聊城市旅游局组织的"风从运河来"全国网络媒体聊城行活动一行数十人来研究院参观座谈。

6月17日，在全国哲学社会科学规划办公室公布的《2016年国家社科基金年度项目和青年项目立项结果公布》名单上，聊城大学共获立项八项，其中重点项目两项，一般项目五项，青年项目一项。研究院吴欣教授获批重点项目（资助金额35万元），郑民德老师获批青年项目（资助金额20万元）。

6月17日，研究院周嘉、王玉朋两位老师做客本期学术沙龙，其中周嘉老师的沙龙题目为"制度的发明——碑刻资料所见商业实践"，王玉朋老师的沙龙题目为"储才与备用：清代河工效力制度研究"。沙龙由研究院常务副院长吴欣教授主持，研究院全体教师、研究生近20人参加。

6月24日，研究院举行新一期学术沙龙，由刘玉梅、朱年志两位老师主讲，其中刘玉梅老师的报告题目为"论中国传统木版年画的三大体系",朱年志老师的报告题目为"大河安澜:张居正主政时期的运河治理",研究院全体教师及其他学院教师、研究生近20人参加。

7月2日,枣庄学院校长曹胜强等一行10余人来研究院参观运河文物文献展览馆,研究院李泉院长,孙元国、郑民德老师陪同。

7月11日,研究院朱年志、胡克诚、刘玉梅、郑民德、王玉朋、裴一璞、胡梦飞、吕德廷八位老师赴莘县考察历史文化遗址、遗迹、建筑。

7月12日,由研究院与民政部地名研究所共同编著的"地名·运河"系列丛书由中国社会出版社出版发行。丛书以大运河为研究对象,首次通过文化地理学的研究方法,对大运河两岸地名进行系统研究。

7月13日,河北省社会科学院副院长孙继民,邯郸学院地方文化研究院常务副院长康香阁、副院长冯小红等一行六人来研究院交流座谈。研究院院长李泉教授、常务副院长吴欣教授、副院长丁延峰教授以及胡克诚、郑民德老师陪同参观座谈。

7月14日,研究院召开2016年度上半年工作总结会议。会议由研究院常务副院长吴欣教授主持,研究院全体教师参加。

7月21日,《聊城晚报》总编助理孙文华、记者赵宗锋来研究院交流座谈。研究院常务副院长吴欣教授,郑民德、陈丹阳、吕德廷等老师参加座谈。

7月22日,聊城电视台白炳生主任、安保彬老师来研究院交流座谈。研究院院长李泉教授,常务副院长吴欣教授,郑民德、吕德廷老师参与座谈。

8月,研究院崔建利副教授所著《民国时期的古籍丛书研究》一书由中国社会科学出版社出版。

8月8—9日,第二届山东运河论坛在枣庄滕州举行。本次论坛由民进山东省委、山东运河经济文化研究中心主办,滕州市委、市政府承办,共计有来自全省各地的专家、学者近百人参加,研究院朱年志、郑民德、裴一璞老师参加论坛并发言。

8月17—19日,运河学研究院一行13人对济宁任城区、汶上县,泰安东平县的运河文化遗产进行深入考察,搜集到大量的碑刻、家谱、音像、图片资料,为下一步的研究打下了坚实的资料基础。

8月28日,研究院召开新学期工作布置会议。会议由常务副院长吴欣教授主持,李泉院长及全院教师参加。

9月,胡克诚老师赴香港中文大学进行为期半年的访学,参加AoE项目"中国社会的历史人类学·山东团队"学术汇报会。

9月2日，研究院全体老师召开济宁、东平运河考察交流会。会议由研究院常务副院长吴欣教授主持，研究院全体教师参加。

9月9日，研究院召开新学期第一次学术沙龙。本次沙龙由胡梦飞博士主讲，题目为"南神北上：明清时期运河区域妈祖信仰的建构及影响"。沙龙由常务副院长吴欣教授主持，李泉院长、丁延峰副院长及全院青年教师、美术学院教师、部分研究生参加。

9月24日，研究院孙元国、朱年志、周嘉、陈丹阳及传媒学院苏博等一行七人赴冠县柳林镇武训纪念馆拓碑。

9月29日，在聊城大学党委副书记王强陪同下，菏泽学院党委书记王焕良一行参观研究院运河文物文献展览馆。研究院院长李泉教授及办公室主任孙元国、郑民德老师陪同参观。

9月30日，体育学院张永虎副教授应邀来研究院做了题为"京杭运河传统体育文化的传承与发展研究"的学术报告。沙龙由研究院常务副院长吴欣教授主持，院长李泉教授、首席专家王云教授及全院青年教师与部分研究生参加。

10月15—16日，由中国社会史学会主办，武汉大学、三峡大学承办的第十六届中国社会史学会年会暨"中国历史上的国计民生"国际学术研讨会，在宜昌三峡大学举行。研究院吴欣教授、朱年志博士、王玉朋博士提交论文，并参加本届年会。在此次会议上，吴欣教授被推选为中国社会史学会新任理事。

10月20日，潍坊学院党委书记孙文亮等一行10余人在聊城大学相关领导的陪同下参观研究院运河文物文献展览馆。研究院院长李泉教授及办公室主任孙元国、郑民德老师陪同参观。

10月22日，研究院院长李泉教授在学术沙龙上做了题为"京杭运河与明清时期区域农业开发——以江北运河区域为中心"的学术报告。沙龙由研究院常务副院长吴欣教授主持，全院教师及部分研究生参加。

10月22—23日，"多维视野下的城市与乡村"及城市史研究高端论坛在天津举行。本次论坛由天津社会科学院主办，中国城市史研究会、天津市历史学学会、南开大学历史学院、天津师范大学历史文化学院协办，天津社会科学院历史研究所承办，共计有来自中国台湾"中央研究院"、中国社科院、复旦大学、北京社科院、南开大学、北京联合大学、山西大学、山西财经大学等高校与科研单位的学者90余人参加。研究院郑民德老师参会并提交论文。

10月27日，中国山东网运营部副主任、济南圣东文化传媒有限公司总经理刘勇，济南画院院长张盾等一行三人来研究院交流座谈。研究院朱年志、陈丹阳、郑民德老师陪同交流。

10月28日,郑民德老师在学术沙龙上做了题为"明清漳、卫交汇及其对区域社会的影响"的学术报告。沙龙由研究院常务副院长吴欣教授主持,研究院全体教师及部分研究生参加。

10月29—30日,由自贡市盐业历史博物馆、中国商业史学会盐业史专业委员会、扬州市个园管理处共同主办的"回顾与展望:《盐业史研究》创刊四十周年座谈会暨多维视野下的中国盐业史研究学术研讨会"在四川省自贡市召开。研究院裴一璞老师提交论文参会,并做大会发言。

11月2日,研究院郑民德、朱年志、刘玉梅、周嘉、王玉朋、裴一璞、吕德廷、胡梦飞八位老师赴茌平、高唐两县进行田野考察,共搜集到碑刻50余通,对茌平县博平镇四照楼、碧霞元君碑、仰山书院碑廊,高唐县清平镇老城门、文庙及透龙璧,高唐县李苦禅纪念馆及碑廊、高唐文庙,梁村镇兴国寺及宋塔、尹集镇四新村元代减水回龙庙遗址及碑刻、赵王河遗址进行了全面的调研。

11月4日,裴一璞老师在学术沙龙上做了题为"明清长芦盐业与运河交通"的学术报告。沙龙由常务副院长吴欣教授主持,研究院全体师生参加。

11月4—5日,"区域·城市·社会——第二届城市历史比较论坛"在北京举行。本次论坛由北京社会科学院历史所主办,北京市古都学会、北京市社会科学界联合会协办。研究院胡梦飞、周嘉两位老师参会并提交论文。

11月6日,山东大学文史哲研究院院长、《文史哲》杂志主编、博士生导师王学典教授来研究院交流座谈。研究院李泉院长、常务副院长吴欣、历史文化与旅游学院常务副院长李增洪等老师及研究生30余人参与座谈。

11月9日,由研究院陈丹阳博士翻译的美国著名学者诺曼·思罗尔的《地图的文明史》一书在商务印书馆出版。

11月11日,研究院王玉朋老师在学术沙龙上做了题为"明清山东运河区域城市洪涝及御洪之策"的学术报告。沙龙由李泉院长主持,研究院全体教师及部分研究生参加。

11月11日,在聊城大学文科学报主编张礼恒教授的陪同下,中国社科院、北京大学的10余位专家、学者来研究院参观运河文物文献展览馆。

11月11—13日,由山东省社科联主办、潍坊学院协办的"山东社科论坛:盐政、盐俗与盐文化学术研讨会"在潍坊市举行。研究院裴一璞老师以"宋代盐业经营中的富民群体"为题做专题报告。

11月16日,2016年浙江省社科规划课题立项结果公示,研究院裴一璞老师申报的基地开放性课题"资源博弈与秩序调控:宋元四川盐业社会研究"(16JDGH075),经审批获浙江省社科规划课题一般项目资助。

11月18日,经山东省社会科学规划研究项目学科组评审,研究院王玉朋、胡梦飞两位老师申报的省社科研究规划项目"清代山东河工经费研究"(16DLSJ03)和"明清时期山东运河区域民间信仰研究"(16DLSJ07)获批准立项,并获经费资助。

11月18日,研究院常务副院长吴欣教授在学术沙龙上做了题为"明清鲁西区域社会文化变迁:以碧霞元君信仰为中心的研究"的学术报告,全院教师及部分研究生参加。

11月26日,全国政协委员、中国文化遗产研究院原院长、中国文物学会副会长、大运河专业委员会会长张廷皓等一行四人来研究院交流座谈,并与研究院达成初步合作意向。

12月,研究院引进毕业于南开大学的高元杰博士。

12月1日,历史文化与旅游学院刘建峰副教授在学术沙龙上做了题为"鲁西运河区域乡民艺术保护与旅游开发研究"的学术报告。沙龙由研究院常务副院长吴欣教授主持,研究院全体教师参加。

12月3日,由浙江水利水电学院水文化与水资源经济研究所、科技处、社科部联合主办的"首届长三角青年学者水文化学术论坛"在浙江水利水电学院举行。研究院王玉朋、胡梦飞两位老师参会,并做大会主题发言。

12月8日,胡克诚老师在香港中文大学历史人类学研究中心做了题为"田沉水底,湖在何方?——明清以来南阳湖'沉粮地'的历史与记忆"的学术报告。

12月9—10日,吴欣教授和胡克诚老师参加我国香港中文大学明清史研究中心主办的"大运河上的人"国际学术研讨会,分别做了题为"京杭大运河纤夫的生计与制度"和"清末民初'沉粮地'的垦务开发、概念建构与历史书写——以济宁潘氏为中心"的学术报告。

12月15日,受研究院邀请,聊城运河文化爱好者张文兴老师做客本期学术沙龙。沙龙由郑民德老师主持,研究院全体教师及部分研究生参加。

12月16日,山东省人民政府外事办公室副主任李荣等一行五人在聊城大学副校长王昭风的陪同下参观研究院运河文物文献展览馆,研究院相关领导陪同讲解与交流。

12月18日,由山东省社会科学界联合会主办,山东青年政治学院承办的"山东社科论坛——信息化时代地域文化的传承、传播与发展"研讨会在济南举行。研究院胡梦飞老师参加研讨会,并做大会主题发言。

12月19日,研究院召开年终考核与国家社科基金评审会议,会议由研究院常务副院长吴欣教授主持,全院教师参加。

2017 年

1月4日,研究院举行第二次国家社科申报评审会议。会议由研究院常务副院长吴欣教授主持,院长李泉教授、副院长丁延峰教授及全院青年教师参加,历史文化与旅游学院的丛振博士应邀参加评审会,并对申报书的修改事宜提出了诸多有价值的见解与参考意见。

1月6日,研究院敦聘北京大学博士生导师赵世瑜为研究院兼职教授。聊城大学党委副书记徐传光出席仪式并为其颁发聘书。聘任仪式由运河学研究院院长李泉教授主持,常务副院长吴欣教授、历史文化与旅游学院副院长李增洪教授及两院师生40余人出席聘任仪式。聘任仪式结束后,赵世瑜教授为大家做了题为"从天运纪年到运河漕帮"的学术报告。

1月10日,应山东运河经济文化研究中心邀请,研究院郑民德副教授参加山东运河经济文化研究中心2017年年会。

1月11日,世界运河历史文化名城合作组织专家在扬州市原市委常委、纪委书记张跃进,扬州市文物局原局长冬冰的带领下来运河学研究院交流座谈,研究院院长李泉教授、常务副院长吴欣教授、郑民德副教授陪同座谈并交流。双方就联合发布《中国大运河蓝皮书》、合作召开学术会议、建立运河基金、建设共享平台等问题达成初步合作意向。

1月14日,受凤凰出版传媒集团邀请,研究院郑民德副教授、王玉朋博士赴上海参加《中国运河志》各卷进度会。会议由凤凰出版传媒集团副总经理黎雪主持,来自北京大学、复旦大学、中山大学、山东大学、中国地方志指导小组、中国水利水电科学研究院、聊城大学等单位和高校的学者20余人参加。

1月18日,研究院郑民德、朱年志、刘玉梅、王玉朋、周嘉、胡梦飞及研究院兼职研究员张文兴等一行七人赴东阿、阳谷进行田野考察。

2月17日,朱年志、胡克诚、郑民德、周嘉、王玉朋、吕德廷、高元杰七位老师先后考察傅斯年陈列馆、铁塔、清真寺、护国隆兴寺、聊城契约博物馆等名胜古迹与单位。

2月19日,研究院召开上学期工作总结与新学期工作布置会议。会议由研究院院长李泉教授主持,研究院全体教师参加。

2月24日,研究院召开国家社科重大项目题目讨论会、《中国大运河蓝皮书》规划会、《中国运河志·人物》进度会。

3月3日，研究院周嘉老师在学术沙龙上做了题为"圣迹与霞光——临清泰山奶奶崇拜的人类学考察"的学术报告。沙龙由研究院常务副院长吴欣教授主持，研究院全体教师及部分研究生参加。

3月10日，国家开放大学党委副书记、纪委书记张少刚等一行六人来研究院交流座谈，并就合作事宜达成初步意见。聊城大学校长蔡先金、研究院院长李泉教授、常务副院长吴欣教授、传媒技术学院副院长高国元，研究院孙元国、郑民德、胡克诚等老师参加座谈。

3月10日，研究院全体党员召开批评与自我批评会议。

3月17日，研究院裴一璞老师在学术沙龙上做了一场题为"赵执信佚文一则考释"的学术报告。沙龙由常务副院长吴欣教授主持，研究院全体教师及部分研究生参加。沙龙举行之前，研究院举行了聘请井扬、崔纪文等三位老师为研究院兼职研究员的聘任仪式。

3月18日，研究院郑民德、朱年志、吕德廷、高元杰四位老师与淮阴师范学院李德楠、王聪明两位老师前往山东冠县、河北馆陶县进行田野考察。

3月24日，研究院高元杰老师在学术沙龙上做了题为"试析微山湖收水尺寸的管理控制与影响"的学术报告。沙龙由研究院常务副院长吴欣教授主持，全院教师及部分研究生参加。

3月30日，在国家哲学社会科学规划办公室公布的国家社科基金结项名单上，研究院院长李泉教授主持的"京杭运河与明清时期区域农业开发研究——以江北运河区域为中心"（证书号：20170530）以"优秀"结项。

3月31日，研究院举行新一期学术沙龙。本期沙龙由胡克诚老师主讲，题目为"清末民初'沉粮地'的垦务开发、概念建构与历史书写"。沙龙由常务副院长吴欣教授主持，全院教师及部分研究生参加。

4月3日，经各学院提交，聊城大学网站建设与管理工作领导小组审核与评定，研究院网站《田野考察》栏目荣获"2015—2016年度聊城大学优秀网站单项奖"，郑民德老师获"优秀网络信息员"称号。

4月3日，《中国运河志·社会文化卷》编审会在山东大学举行，研究院首席专家王云教授、郑民德老师应邀参加。

4月7日，在研究院院长李泉、常务副院长吴欣、学校统战部部长刘法力、学院特聘研究员崔纪文带领下，研究院12位教师赴河北大名进行田野考察。

4月10日，应山东运河经济文化研究中心邀请，研究院郑民德老师出席了在山东大学科技创业园举行的运河重点研究课题会议。

4月17日，上海大学社会学院教授、博士生导师张佩国来研究院做学术报告，报告由研究院常务副院长吴欣教授主持。研究院全体教师及历史文化与旅游学院、马克思主义学院部分教师及研究生参加。

4月19日，研究院六位老师获2017年度聊城大学人文社科优秀成果奖，其中研究院常务副院长吴欣教授、崔建利副教授获二等奖，裴一璞、吕德廷、胡克诚、刘玉梅四位老师获三等奖，在获奖数目上创历年之最。

4月24日，全国政协副主席王家瑞一行参观研究院运河文物文献展览馆，全国政协、山东省政协及聊城市、聊城大学相关领导陪同，研究院常务副院长吴欣教授负责接待讲解。王家瑞主席对研究院的工作表示肯定，指出运河研究要与社会现实密切结合，为社会发展服务。全国政协调研组此次沿运河沿线考察，旨在将建设大运河经济带上升为国家战略，通过实际调研，摸清运河沿线城市文化遗产的保护与利用情况，将大运河开发、保护纳入地方经济、社会发展的统筹规划中，促进运河旅游资源的开发，加大生态环境保护力度，从而实现中国运河的长久利用。

4月24日，全国政协调研组一行赴阳谷县考察。此次考察目的在于将"建设大运河经济带上升为国家战略"作为重点提案进行督办调研，参与调研的有全国政协、山东省政协、聊城市政府的相关领导、专家、学者，研究院郑民德老师参与考察，并与调研组的专家、学者进行了交流。

4月26日，由研究院、中国教育技术协会、国家教育科学规划"十二五"重点课题"工业化、信息化、城镇化、农业现代化同步推进下的农村教育改革与发展研究"项目组联合主办的"VR＋运河文化遗存与推动农村教育改革研讨会"在聊城大学举行。

4月27日，研究院组织召开"中国大运河：工程、交通、旅游发展论坛"。本次会议是全国政协将建设大运河经济带上升为国家战略调研之后首次召开的运河研究会议，来自北京、河北、山东、江苏、浙江等运河沿线的水利、交通、文管、旅游等管理部门的领导以及部分高校、智库的专家、学者共50余人参加了本次论坛。

5月5日，研究院举行新一期学术沙龙，由刘玉梅博士主讲，题目为"李渔与袁枚饮食思想比较——以《闲情偶寄》'饮馔部'与《随园食单》为中心"。沙龙由研究院院长李泉教授主持，研究院部分教师及历史文化与旅游学院学生参加。

5月11日，由中国教育技术协会、国家开放大学联合举办的"大运河文化教育资源共建共享学术会议"在国家开放大学举行，中国教育战略发展协会、联合国教科文组织、扬州大学、国家开放大学、中国文化遗产研究院、聊城大学等高校和单位的专家、学者 20 余人参会。研究院郑民德、高元杰两位老师参会并发表观点。

5 月 19 日,研究院郑民德副教授做客本期学术沙龙,报告题目为"漕运余晖:清末陶城埠运河兴衰研究"。沙龙由研究院院长李泉教授主持,研究院教师及历史文化与旅游学院副教授罗衍军及部分研究生参加。

5 月 23 日,浙江大学博士生导师孙竞昊教授为全院师生做了一场题为"浙东运河名、实辩异:兼论宁绍平原区域水环境结构及水利形势沿革"的学术报告。报告由研究院院长李泉教授主持。在报告开始前,李泉院长代表学校向孙竞昊教授颁发兼职教授聘书。

6 月 2—6 日,研究院孙元国、胡克诚、胡梦飞、吕德廷、高元杰五位教师为《中国大运河蓝皮书》的编纂搜集资料,到济宁、枣庄等地港航局进行调研。期间,五位教师受邀参加了由教育部人文社科重点研究基地——中山大学历史人类学研究中心、中山大学历史地理研究中心在山东济宁、江苏徐州主办的"资源控制与运道继替"学术研讨会暨田野工作坊,并对大运河济宁段进行了考察。

6 月 8 日,聊城大学校长蔡先金一行来研究院调研,研究院、马克思主义学院、学科建设处、人文社科处相关领导与部分教师出席会议。

6 月 9 日,研究院举行新一期学术沙龙。本期沙龙由研究院副院长丁延峰教授主讲。沙龙由院长李泉教授主持,全院教师及部分研究生、本科生参加。丁延峰教授以"日本访书记"为题,讲述了其 5 月 21 日至 6 月 3 日在早稻田大学图书馆、静嘉堂文库、东城书店、山本书店、一诚堂、琳琅阁、石川武美纪念图书馆、仙台、宫内厅书陵部、公文书馆等地搜集古籍的经历。

6 月 16 日,研究院陈丹阳老师在学术沙龙上做了题为"神州残影:近代国耻、国难地图研究"的学术报告。本期沙龙由李泉院长主持,研究院全体教师及历史文化与旅游学院部分学生参加。

6 月 23 日,临清道教协会会长蔡高真等一行三人来研究院做学术报告,报告题目为"弘扬道学,复兴汉文化"。报告由研究院常务副院长吴欣教授主持,研究院全体教师参加。

6 月 18—24 日,为搜集《中国大运河蓝皮书》相关资料,研究院胡梦飞、高元杰两位老师赴南京、杭州两地调研。

6 月 30 日,研究院举行新一期学术沙龙。本期沙龙由吕德廷博士主讲,题目为"黄河、运河影响下的僧伽信仰的演变与衰落"。沙龙由研究院常务副院长吴欣教授主持,全院教师及部分研究生参加。

7月,历史文化与旅游学院罗衍军副教授正式调入运河学研究院工作。

7月3日,研究院高元杰博士的"明清山东黄运地区水事纠纷问题研究"获批山东省高校人文社科一般项目。

7月6日,在研究院办公室主任孙元国带领下,郑民德、陈丹阳、裴一璞、胡梦飞等老师赴山东省交通运输厅、水利厅搜集资料,以便为编写《中国大运河蓝皮书》积累素材。

7月7日,研究院崔建利副教授整理的《柯劭忞诗集校注》一书由中国社会科学出版社出版发行。

7月14日,研究院召开学期总结会议,院长李泉教授主持,全院教师参加。

7月21日,研究院在聊城市第二十三次社科成果奖上喜获丰收,其中,研究院院长李泉教授获突出贡献奖,郑民德副教授获学科新秀奖,胡克诚博士的《京杭运河桥梁遗产与地名》获二等奖,朱年志博士的《论明代一条鞭法的实施与推行——以山东地区为中心》获二等奖,周嘉博士的《运河城市的空间形态与职能扩张——以明清时期的临清为个案》获三等奖。

7月22日,研究院郑民德、朱年志、刘玉梅、裴一璞、周嘉、吕德廷以及社科处张兆林老师赴东平、平阴进行田野考察。

7月27—29日,在研究院院长李泉教授带领下,郑民德、朱年志、刘玉梅、周嘉、王玉朋、裴一璞、高元杰八位老师赴微山县参加山东省第三届运河论坛。

8月,研究院引进毕业于中山大学的孙凤娟博士。

8月17日,北京财贸职业学院人文学院院长平若媛、副院长李明及首都师范大学教授刘树勇等一行七人来研究院座谈,就成立北京运河文化研究院事宜进行深入交流。

8月21日,研究院召开新学期工作筹备会议,研究院常务副院长吴欣教授主持,主要涉及《中国大运河发展报告》《运河学研究》及国家社科基金重大项目申报等事宜。

9月,学校聘任吴欣教授为研究院院长,李泉教授和王云教授为研究院特聘教授。

9月1日,研究院举行2017年度国家社科基金重大项目标书修改会,会议由常务副院长吴欣教授主持,研究院全体教师参加。

9月6日,杭州市拱墅区人大常委会原主任洪永跃、副主任孙剑甫等一行七人来研究院参观考察,研究院院长吴欣教授、首席专家王云教授、郑民德老师参加座谈。

9月8日，研究院举行新一期学术沙龙。本次沙龙由朱年志老师主讲，题目为"明代山东高唐州双粮案考略"。沙龙由副院长丁延峰教授主持，李泉教授及全院青年教师及部分研究生参加。

9月12日，山东省政协副主席许立全在聊城大学副校长徐昌然及聊城市政协领导的陪同下，参观了研究院运河文物文献展览馆。研究院李泉教授、丁延峰副院长陪同并交流。

9月15日，研究院召开新学期工作部署与动员会议，会议由吴欣院长主持，研究院全体教师参加会议。

9月19—25日，为搜集相关资料、增强对京津冀运河的了解和认识，研究院李泉教授、王云教授及郑民德、胡克诚、朱年志、胡梦飞、吕德廷、高元杰、孙凤娟几位老师赴河北、天津、北京三地进行田野考察。

9月26日，2017年度国家社科基金艺术学项目及全国高校古委会项目立项名单公布，研究院喜获丰收，共有三个项目获得立项。其中，吕德廷博士的"中国佛教艺术中的外道形象研究"获国家社科基金艺术学立项（17BF102），丁延峰教授的"《杨以增奏稿》校正——附《杨以增年谱》"与杜宏春教授的"吴棠文献汇笺"获国家高校古籍委员会重点项目立项，三项课题资助经费共34万元。

9月28日，淮阴工学院社会科学处处长、苏北发展研究院常务副院长华学成等一行四人来研究院参观考察。研究院吴欣院长、丁延峰副院长、郑民德副教授、胡梦飞老师参加座谈。

9月29日，在北京市社科联信息办副主任、调研员张涛的带领下，北京市社科联一行四人来研究院交流座谈。

9月29日，研究院举行京津冀运河考察汇报座谈会，会议由郑民德副教授主持，研究院全体教师及部分研究生参加会议。

10月13—14日，由北京社会科学院历史所主办，北京古都学会、北京社科联协办的"区域发展与地缘关系——第三届城市历史比较论坛"在北京举行。研究院郑民德、周嘉、胡梦飞三位老师提交论文并参会。

10月15日，研究院郑民德、胡梦飞两位老师在北京通州与纪录片《国之大运》摄制组座谈交流。两位老师为摄制组做了有关运河历史及区域社会文化的报告，并就相关问题与摄制组成员进行了交流。

10月13—15日，"传承与交融：华北历史与社会发展"学术研讨会在河北省保定市举行。研究院裴一璞老师做了题为"明清华北海盐生产与运河交通运输"的报告，并与在座专家进行了交流。

10月18日,世界运河历史文化城市合作组织(WCCO)秘书长邓清、秘书推广部主管吴洲来研究院交流座谈。研究院吴欣院长,丁延峰、郑民德副院长及《中国大运河蓝皮书》主编陈丹阳、裴一璞参与座谈。

10月20日,研究院召开人事及科研规划工作汇报会。会议由郑民德副院长主持,吴欣院长及全院青年教师参会。吴欣院长首先通报了研究院的人事变动情况。郑民德副教授正式担任研究院副院长一职,负责研究院的科研工作;孙元国老师接替吴欣院长担任研究院党支部书记一职,总体负责研究院党支部的各项工作。罗衍军、胡克诚、周嘉三位老师分别担任运河区域经济社会发展、运河史、运河文化三个研究中心的主任。三位老师从科研项目、学术专著、论文发表、学术交流、田野考察等方面汇报了未来三至五年内的科研规划和工作安排。陈丹阳、朱年志两位老师分别介绍了《中国大运河蓝皮书》《运河学研究》的进展情况。

10月24日,在聊城大学校长蔡先金陪同下,聊城市市长宋军继参观研究院运河文物文献展览馆,聊城市政府、聊城大学相关部门领导陪同参观,研究院吴欣院长、郑民德副院长接待并讲解。

10月20—22日,"中华美学的传承与创新"国际学术研讨会暨中华美学学会2017年学术年会在湖北武汉召开。研究院刘玉梅老师参会,并在小组会上发言。

10月27日,研究院孙凤娟博士在学术沙龙上做了题为"'脱嵌''嵌入'与文化:山东寿光大棚蔬菜产业研究"的学术报告。沙龙由周嘉老师主持,研究院全体教师及部分研究生参加。

10月31日,研究院罗衍军、胡克诚、周嘉、陈丹阳、王玉朋、高元杰六位老师赴山东省图书馆、山东省档案馆、山东博物馆查找运河资料。

11月2—4日,第二届两宋论坛在河南开封举办。研究院裴一璞老师受邀参会,并参与分论坛历史组的交流活动。

11月3—6日,由中国社会科学院近代史研究所和山东大学历史文化学院联合举办的"中共革命的理念、行动及特征"国际学术研讨会在山东大学中心校区举行。研究院罗衍军老师参加研讨会,并提交题为"苦难的言说:以一项抗战口述调查为中心"的学术论文。

11月6日,山东建筑大学邢华桥博士在学术沙龙上做了题为"GIS技术支撑下的运河智库平台构建设想"的学术报告。沙龙由吴欣院长主持,研究院全体教师及部分研究生参加。

11月7日,美国布朗大学历史系包筠雅教授在学术沙龙上做了题为"文本的帝国：明清时期的出版格局与书籍分销网络"的学术报告。沙龙由丁延峰副院长主持，研究院全体教师及部分研究生参加。

11月9日，经历史文化与旅游学院党总支邀请，政治与公共管理学院李华锋教授在东校区历史文化与旅游学院A502教室为历史文化学院、运河学研究院全体教师、学生党员做了题为"新时代、新思想、新征程、新部署——习近平总书记党的十九大报告解读"的专题报告。报告由历史文化与旅游学院张金保书记主持。

11月17日，研究院胡梦飞老师在学术沙龙上做了题为"清代人格化河神的形成及发展：以朱之锡、栗毓美为视角"的学术报告。沙龙由罗衍军副教授主持，研究院全体教师及部分研究生、本科生参加。

11月18—19日，由山东运河经济文化中心主办的《山东运河文化丛书》审稿调度会在济南召开。研究院郑民德副院长，朱年志、刘玉梅、裴一璞、周嘉、胡梦飞等老师参会，各自简要介绍了自己所承担分册的编写情况。

11月10—13日，由南开大学中国社会史研究中心与国家社科基金重大招标项目"多卷本《中国宗族通史》"课题组合办的"日常生活视野下的中国宗族史"学术研讨会在南开大学召开。研究院吴欣院长参会，并提交论文《区域社会发展视阈下的宗族组织研究——明清时期鲁西运河区域的宗族变迁》，从区域社会的视角，对明清时期鲁西运河区域宗族组织的变迁做了详细考察。

11月22日，洛阳师范学院科研管理处副处长李正学、历史文化学院副院长毛阳光等一行七人来研究院交流座谈。

11月20—24日，聊城大学第一期学科建设骨干高级研修班在厦门大学举办，来自聊城大学各学院、研究院（所）的25位学科（学术）建设骨干参加了此次研修。研究院胡克诚老师全程参加了本次研修学习，并就国家社科重大课题申报、研究院科研团队建设、科研服务人员设置等问题与相关领导、专家、学者进行了深入交流。

11月24—26日，为搜集运河资料，加深对运河文化的了解，在罗衍军副教授的带领下，研究院朱年志、裴一璞、王玉朋、胡梦飞、高元杰等六位老师赴东平、宁阳、泗水三地进行田野考察。

11月25日，由社会科学文献出版社与华侨大学共同主办的第六届人文社会科学集刊年会在厦门召开。研究院胡克诚老师代表聊城大学运河学研究院《运河学研究》集刊编辑部参加了本次集刊年会，并在下午的圆桌讨论环节，同人文历史组的各编辑部专家进行了交流研讨。

11月27日，研究院高元杰老师在学术沙龙上做了题为"环境史视野下的河工物料征派研究：以明清黄运地区为中心"的学术报告。沙龙由胡克诚老师主持，研究院全体教师及部分研究生参加。

12月6日，研究院郑民德、朱年志、周嘉、吕德廷、孙凤娟等老师赴阳谷、台前等地进行为期一天的田野考察。

12月8日，中国社会科学院民族研究所王耀副研究员在学术沙龙上做了题为"沧海桑田：古地图所见黄运交汇地带的历史变迁"的学术报告。沙龙由郑民德副院长主持，研究院全体教师及部分研究生参加。

12月13日，济南大学丛晓峰教授在学术沙龙上做了题为"社会学视角下的区域研究的理论与方法"的学术报告。沙龙由吴欣院长主持，研究院全体教师及部分研究生参加。

12月22日，《中国运河志·人物》编写讨论会在研究院举行。参加会议的有江苏凤凰科学技术出版社副总编辑李淳宁等一行七人以及研究院参与撰写的领导和老师。

12月23日，研究院胡克诚、郑民德、朱年志、王玉朋、裴一璞五位老师与淮阴师范学院李德楠副教授一行六人赴茌平进行田野考察。

12月24日，受运河学研究院的邀请，《文献》杂志常务副主编、中国国家图书馆文献中心张廷银研究员在学术沙龙上做了题为"新材料的发现和运用"的学术报告。沙龙由丁延峰副院长主持，研究院全体教师及部分研究生参加。

12月29日，研究院李泉教授以及高元杰、胡克诚两位老师在学术沙龙上做了题为"京杭大运河研究中的几个问题"的学术报告。沙龙由郑民德副院长主持，研究院全体教师及部分研究生参加。

2018 年

1月4日，研究院召开年度考核暨党员组织生活会。会议由吴欣院长主持，研究院全体教师参加。

1月9日，首都师范大学原校长宫辉力教授在学术沙龙上做了题为"遥感技术在大运河文化带研究中的应用"的学术报告。沙龙由吴欣院长主持，郑民德副院长、李泉教授、全院青年教师以及历史文化与旅游学院、环境与规划学院部分师生参加。

1月17—18日，大运河沿线八省市社科联推进大运河文化带建设工作协调会在北京举行。本次会议由北京市社科联举办，运河沿线八省市社科联、高校科研机构、民间社团等组织的40余人参加，研究院郑民德、孙元国两位老师参会。

2月28日，由研究院、世界运河历史文化城市合作组织（WCCO）、社会科学文献出版社共同主办的"《中国大运河蓝皮书：中国大运河发展报告（2018）》发布会暨大运河文化带研讨会"在北京举行。

3月4日，经山东省社会科学规划研究项目学科组评审，研究院裴一璞、孙凤娟两位老师申报的省社科研究规划项目"近代小清河食盐运输研究（1855—1937）"（18CLSJ06）和"山东运河区域回族的民族认同研究"（18CSJJ24）获批准立项，获得经费资助。

3月9日，研究院罗衍军教授在学术沙龙上做了题为"《越绝书》述评"的学术报告。沙龙由郑民德副院长主持，研究院全体教师及部分研究生参加。

3月16日，研究院吴欣院长在学术沙龙上做了题为"运河区域社会研究中的几个问题"的学术报告。沙龙由罗衍军教授主持，研究院全体教师及部分研究生参加。

3月17—19日，研究院运河文化研究中心孙凤娟、吕德廷、高元杰、周嘉等老师对梁山、汶上、东平、东阿等地进行了为期三天的田野考察。此行主要目的是考察庙会文化，附带考察运河闸坝等水利设施遗迹。

3月24—25日，研究院裴一璞、王玉朋、胡梦飞、吕德廷四位老师在运河区域与经济社会研究中心主任罗衍军老师带领下，赴济宁、汶上、嘉祥和金乡等地进行田野考察。

3月30日，研究院运河文化研究中心周嘉主任、孙凤娟、刘玉梅、高元杰、吕德廷等老师做了一场关于山东运河区域庙会的田野考察报告。

4月，石河子大学杜宏春教授正式调入运河学研究院工作。

4月8日，聊城大学环境与规划学院张怀珍博士在学术沙龙上做了题为"星空下的京杭大运河"的学术报告。沙龙由吴欣院长主持，研究院全体教师及部分研究生参加。

4月14—15日，"大运河文化论坛"在河南省洛阳师范学院召开，研究院郑民德、高元杰两位教师提交论文并参会。

4月16日，南京大学历史学院马俊亚教授在学术沙龙上做了题为"水淹泗州城：大运河对苏北地区生态环境的影响"的学术报告。沙龙由吴欣院长主持，研究院全体教师及部分研究生参加。同时，聘请马俊亚教授为研究院兼职教授。

4月27日，研究院罗衍军教授在学术沙龙上做了题为"苦难的言说：以一项抗战口述调查为中心"的学术报告。沙龙由郑民德副院长主持，全院教师及部分研究生参加。

4月28—29日，"近代天津与中国社会转型"学术研讨会在天津师范大学举行。研究院王玉朋老师参会，并向与会学者介绍了运河学研究院开展的田野考察以及民间文献收藏整理的进展情况。

5月4日，研究院郑民德副教授在学术沙龙上做了题为"漕运天下与王朝兴衰：以隋唐大运河洛口仓为对象的考察"的学术报告。沙龙由胡克诚老师主持，全院教师及部分研究生参加。

5月11日，研究院刘玉梅老师在学术沙龙上做了题为"从民间俚曲《逛东昌》看运河对东昌饮食文化的影响"的学术报告。沙龙由周嘉老师主持，全院教师及部分研究生参加。

5月26—27日，由聊城大学运河学研究院主办的"第五届运河学论坛：文化视野下的大运河研究暨《运河学研究》集刊首发仪式"在聊城大学举行。来自中国社会科学院、中国水利水电科学研究院、江苏省大运河文化带建设研究院、浙江大学、中山大学、山东大学、首都师范大学、上海大学、山西大学、山东省文物考古研究院、国家档案局、人民出版社、社会科学文献出版社、《经济日报》、中国网等单位的领导、专家共80余人参加会议。

6月14日，山东省地方史志办公室与聊城大学交流合作框架协议签约暨《京杭大运河山东段志》编纂工作启动会议在聊城大学举行。省史志办和研究院有关人员，省内运河沿线的枣庄、济宁、泰安、德州、聊城五市及有关县（市、区）史志办负责同志共40余人参加会议。

6月15日，研究院李泉教授做了题为"从水通南北到南船北马——15—19世纪中叶的北方运河交通研究"的学术报告，研究院全体教师及部分研究生参加。

6月22日，研究院吕德廷老师在学术沙龙上做了题为"新见傅斯年《巴黎燉煌写本集读记》考述"的学术报告。沙龙由周嘉老师主持，全院教师及部分研究生参加。

6月29日，研究院高元杰老师在学术沙龙上做了题为"明代会通河基本问题考辨——《明史》宋礼开河考证和宋礼历史形象演变探析"的学术报告。沙龙由郑民德副院长主持，研究院全院教师及环境与规划学院的部分老师参加。随后，研究院同环境与规划学院课题合作立项协议签字仪式在研究院314会议室举行，研究院吴欣院长、环境与规划学院张保华院长、研究院全体老师及环境与规划学院部分老师参加了签字仪式。

7月6日，研究院裴一璞副教授在学术沙龙上做了题为"新见元代《重修泉林寿圣寺记》碑考释"的学术报告。沙龙由罗衍军教授主持，全院教师及部分研究生参加。

8月28日，2018年度全国高校古委会项目立项名单公布，研究院杜宏春教授申报的"潘效苏集辑注"（1863）获批准立项，经费为5万元。

8月31日，研究院杜宏春教授在学术沙龙上做了题为"课题申报点滴"的学术报告。沙龙由周嘉老师主持，全院教师及部分研究生参加。

9月，研究院引进毕业于上海大学的周广骞博士。

9月6日，经国家民委学科项目组评审，研究院杜宏春教授、刘玉梅老师申报的国家民委后期资助项目"陶模治理边疆行述长编"（2018-GMH-013）和国家民委民族研究委托项目"大运河区域民族民俗文化现状调查研究——以山东回族为考察对象"（2018-GME-022）获批准立项，经费数额均为3万元。

9月7日，淮阴师范学院李德楠教授在学术沙龙上做了题为"运河交通、仓储赈济与清江浦城的稻米来源"的学术报告。沙龙由郑民德副院长主持，全院教师及部分研究生参加。

9月21日，研究院高元杰老师在学术沙龙上做了题为"浙江遂昌2018年历史人类学高级研修班学习考察记"的学术报告。沙龙由胡克诚老师主持，全院教师及部分研究生参加。

9月28日，研究院胡梦飞老师在学术沙龙上做了题为"地方神灵的正统化：以清代邯郸圣井岗龙神庙为中心的考察"的学术报告。沙龙由罗衍军教授主持，全院教师及部分研究生参加。

10月11日，"全国党报家风宣传·大运河城市家风建设研讨会"在扬州举行。研究院郑民德副院长、周广骞老师应邀参加会议，提交了围绕运河家风建设的专题会议论文，并按照会议安排，赴平山堂省级廉政教育基地、扬州家风展示馆等实地进行考察。

10月12日，河北香河电视台马国栋副台长在学术沙龙上做了题为"浅论北运河历史沿革及当代保护"的学术报告。沙龙由丁延峰副院长主持，全院教师及部分研究生参加。

10月15日，中国台湾"中央研究院"近代史研究所研究员潘光哲在学术沙龙上做了题为"报刊资讯与近代东亚史"的学术报告。沙龙由李泉教授主持，全院教师及部分研究生参加。

10月20—22日，社会科学文献出版社联合华中师范大学、湖北大学在湖北武汉举办了第七届人文社会科学集刊年会。由研究院主办、李泉教授主编的《运河学研究》获"优秀新刊奖"。

10月26日，研究院郑民德老师在学术沙龙上做了题为"《重修八里庙记》

碑考释"的学术报告。沙龙由胡克诚老师主持，全院教师及部分研究生参加。

10月29日至11月2日，聊城大学第三期学科建设骨干高级研修班在厦门大学举行，来自不同教学科研单位、职能部门的43名学科骨干参加了培训。研究院胡梦飞老师全程参加本次研修学习，期间就科研项目申报、研究院科研团队建设等问题向与会专家咨询、交流。

11月2日，研究院举行新一期学术沙龙。本次沙龙由王玉朋博士主讲，胡克诚老师主持，沙龙的题目为"清代山东运河区域慈善事业研究"，全院教师及部分研究生20余人参加。

11月3日，由中央电视台制作播出的地方志节目《中国影像方志·山东微山篇》在CCTV-10科教频道播出。研究院郑民德副教授在本集节目中接受采访，介绍了明清时期山东运河闸坝工程的分布、作用以及运河对沿线城镇政治、经济、文化交流的影响。

11月16日，内蒙古师范大学历史文化学院杜洪涛副教授做了题为"晚明辽东的远程贸易与社会变迁"的学术报告。报告由郑民德副院长主持，全院教师及部分研究生参加。

11月20日，经中央社会主义学院智库工作委员会批准，研究院杜宏春教授申报的中央社会主义学院统一战线高端智库课题重点项目"新疆巡抚潘效苏治疆文献整理与研究"（ZK20180206）获批准立项，资助总额为20万元。

12月1日，京杭运河苏北航务管理处副处长程育山、办公室主任朱晓鸿等一行15人来研究院交流座谈。座谈会由丁延峰副院长主持，胡克诚、裴一璞、周广骞等老师参加。

12月7日，枣庄市台儿庄区副区长王晓丽等一行八人来研究院交流座谈。双方就运河博物馆筹建、运河旅游开发、运河文献整理等问题进行了深入的交流，为以后进一步的交流合作奠定了基础。

12月3日，研究院院长吴欣教授主讲的"明清时期大运河及其区域文献的整理与研究"讲座在华东师范大学闵行校区人文楼1306室举行。本场讲座为华东师范大学"大夏中国史"讲座的第11场，由华东师范大学历史系包诗卿副教授主持。

12月7日，研究院陈丹阳老师在学术沙龙上做了题为"胶莱人工海河与运河的当代价值"的学术报告。沙龙由胡克诚老师主持，全院教师及部分研究生参加。

12月12日，同济大学郭世佑教授在学术沙龙上做了题为"旧资料与新问题——史学创新漫谈"的学术报告。沙龙由吴欣院长主持，全院教师及部分研究生参加。

12月21日，研究院周广骞老师在学术沙龙上做了题为"明代山东泉源修治类运河专书的纂修及价值略论"的学术报告。沙龙由周嘉老师主持，全院教师及部分研究生参加。

12月22日，研究院李泉教授与郑民德副教授、裴一璞副教授三人赴济南山东商业职业技术学院参加第三届鲁商文化学术研讨会暨运河商贸文化研讨。

12月30日，周嘉老师所著《共有产权与乡村协作机制——山西"四社五村"水资源管理研究》一书由中国社会科学出版社出版发行。

2019 年

1月4—6日，研究院裴一璞、周广骞、胡梦飞三位老师赴夏津、武城、禹城等地进行田野考察。

1月6日，教育部社会科学司公布了2018年度教育部哲学社会科学研究后期资助项目立项名单，研究院杜宏春教授申报的"魏光焘行述长编"（18JHQ051）获批准立项，经费总额为20万元。

3月1日，研究院举行新学期第一场学术沙龙。本次沙龙由郑民德副教授主讲，题目为"教育部人文社科基金项目申报及中后期管理与问题"，研究院全体教师参加。

3月2日，为搜集碑刻资料，研究院郑民德、胡克诚、朱年志、王玉朋、吕德廷、胡梦飞六位老师赴平阴等地考察。

3月15日，研究院召开学习贯彻《大运河文化保护传承利用规划纲要》座谈会，会议由吴欣院长主持，全院教师及部分研究生参加。

3月22日，山东大学贾国静副教授在学术沙龙上做了题为"清代黄河史研究漫谈"的学术报告。沙龙由罗衍军教授主持，全院教师及部分研究生参加。

3月29日，山东省图书馆雕版印刷术非遗传承人李振豪老师在学术沙龙上做了题为"传统雕版印刷的传承与发展"的学术报告。沙龙由丁延峰副院长主持，全院教师及部分研究生、本科生参加。

3月30—31日，研究院郑民德、胡克诚、王玉朋、李亚男、窦重沂、魏志阳师生六人赴汶上、东平两县交流、考察。

4月9日，安徽省宿州市经济发展研究会一行七人前来研究院交流座谈，研究院李泉、郑民德、杜宏春、朱年志、陈丹阳、王玉朋等老师参与座谈，双方就隋唐大运河的历史变迁、宿州运河的历史地位、运河遗产保护与开发、运河文化带建设等问题进行了深入交流。

4月12日,研究院胡梦飞老师在学术沙龙上做了题为"乡土神庙的历史建构:以山东金乡贞姑庙为中心的考察"的学术报告。沙龙由罗衍军老师主持,全院教师及部分研究生参加。

4月19日,复旦大学樊如森教授在学术沙龙上做了题为"新时期的中国历史经济地理学研究"的学术报告。沙龙由郑民德副院长主持,全院教师及部分研究生、本科生参加。

4月26日,研究院陈丹阳老师在学术沙龙上做了题为"无墙之城:九龙城寨意象建构、感知与变迁"的学术报告。沙龙由胡克诚老师主持,全院教师及部分研究生参加。

5月10日,研究院裴一璞老师在学术沙龙上做了题为"新见元代《平阴张氏新茔碣铭》碑考释"的学术报告。沙龙由罗衍军老师主持,全院教师及部分研究生参加。

5月24日,聊城大学马克思主义学院刘行玉副教授在学术沙龙上做了题为"地景制作、空间支配与国家转型:一座北方小城的地志学"的学术报告。沙龙由周嘉老师主持,全院教师及部分研究生参加。

6月14日,研究院周广骞老师在学术沙龙上做了题为"聊城方志存录运河非物质文化遗产文献略析"的学术报告。沙龙由周嘉老师主持,全院教师及部分研究生参加。

6月中旬,由北京市社科联、北京市互联网信息办公室、天津市社科联、河北省社科联、江苏省社科联、浙江省社科联、安徽省社科联、山东省社科联、河南省社科联联合主办的"我身边的运河故事"征集活动取得圆满成功。研究院郑民德副教授的《运河文化带建设中的遗产保护与利用研究》获得"十佳作品奖",胡梦飞博士的《明清时期大运河对徐州的影响》、周广骞博士的《济宁同知潘叔正》获得"优秀奖"。

6月21日,由山东省文化和旅游厅、聊城大学主办,聊城大学运河学研究院承办,世界运河历史文化城市合作组织(WCCO)、社会科学文献出版社、山东佳诺软件科技有限公司协办的"大运河文化数据平台、《中国大运河蓝皮书:中国大运河发展报告(2019)》发布会暨大运河文化学术研讨会"在济南举行。来自山东大学、中国水利水电科学研究院、首都师范大学、江苏省大运河文化带建设研究院、洛阳师范学院、聊城大学等高校科研机构的专家、学者30余人以及人民网、中国网、新华网、中青网、《光明日报》《中国社会科学报》等31家媒体的记者参加了会议。

7月8日，应研究院邀请，聊城大学历史文化与旅游学院吕桂霞教授在学术沙龙上做了题为"苏伊士运河与大英帝国的兴衰"的学术报告。沙龙由丁延峰副院长主持，历史文化与旅游学院李增洪院长、王作成副院长，世界史专业部分青年教师以及研究院全体教师参加。

7月12日，全国哲学社会科学工作办公室公布了2019年国家社科基金年度项目和青年项目立项结果，研究院王玉朋博士申请的"清代黄运地区河工经费研究"（19CZS028）获批青年项目，经费为20万元。

7月中旬，山东省第三十三届社会科学优秀成果奖获奖名单公布，研究院吴欣教授参编的《中国文化四季》系列丛书获一等奖，丁延峰教授的《杨以增研究丛集》（全2册）和李泉教授的《一本书读懂中国史》分获二等奖。

7月20日，研究院郑民德、王玉朋、高元杰三位老师与窦重沂、李亚男、魏志阳三位研究生参加在河南大学召开的"运河历史地理与大运河文化带建设高层论坛暨河南大学历史地理学第五届学术论坛"。

8月13日，《解放日报》发表研究院郑民德副教授理论文章《怎样保护利用大运河》。

8月下旬，经全国高校古籍整理研究工作委员会项目专家评议小组评审，研究院崔建利、胡克诚、周广骞三位老师申报的课题分别获批2019年高校古委会直接资助项目。

8月，研究院胡梦飞老师撰写的《明清时期山东运河区域民间信仰研究》一书由社会科学文献出版社出版发行。

9月，研究院罗衍军教授赴英国切斯特大学中国研究中心进行为期一年的访学。

9月，研究院引进毕业于兰州大学的吴金甲博士。

9月20日，研究院裴一璞老师在学术沙龙上做了题为"高唐县出土元代《宣使李君墓志》考释"的学术报告。沙龙由郑民德副院长主持，全院教师及部分研究生参加。

9月24—26日，研究院吕德廷、周广骞两位老师赴首都师范大学地球空间信息科学与技术国际化示范学院进行学术交流。两位老师介绍了运河学研究院的科研进展情况，并分别结合各自研究做了学术报告。此外，吕德廷、周广骞两位老师还就首都师范大学地球空间信息科学与技术国际化示范学院在研究院设立教育实践基地、加强两院师生合作交流等问题，与首都师范大学地球空间信息科学与技术国际化示范学院的领导、老师进行了深入交流。

9月26日，外交部原部长李肇星在聊城大学党委书记马春林、校长王昭风等领导的陪同下,来到研究院运河文物文献展览馆参观指导。

10月10日,研究院召开党支部委员换届选举会议。本次会议由胡梦飞老师主持,历史文化与旅游学院丛振副院长及研究院党支部全体党员参加。选举胡梦飞老师为党支部书记,周嘉老师为组织委员,周广骞老师为宣传委员,并报请学校党委和历史文化与旅游学院党总支批准。

10月16日,陕西师范大学朱士光教授做客本期沙龙,做了题为"关于当前如何深入开展我国大运河研究问题"的学术报告。沙龙由丁延峰教授主持,研究院全体教师及美术学院部分师生参加。

10月25日,复旦大学历史地理研究中心樊如森教授、路伟东教授做客本期沙龙。沙龙由丁延峰教授主持,研究院全体师生参加。丁延峰教授代表学院师生对两位教授的到来表示欢迎。随后,李泉老师代表学校敦聘路伟东教授为聊城大学兼职教授,并聘请樊如森、路伟东两位教授为《运河学研究》(集刊)编委会成员兼专栏主持人。

11月8日,东北师范大学历史文化学院罗冬阳教授在学术沙龙上做了题为"T型核心带与清朝大一统"的学术报告。沙龙由吴欣教授主持,全院教师及部分研究生参加。

11月14日,研究院丁延峰教授、郑民德副教授以及胡梦飞、周广骞、朱年志、吕德廷等老师赴东阿开展帮扶、慰问和田野考察。

11月15日,研究院运河文化研究中心周嘉、周广骞、刘玉梅三位老师做了京津冀运河考察报告,研究院全体教师和部分研究生参加。

11月16—18日,研究院胡克诚、周广骞、周嘉三位老师及研究生石伟楠、魏志阳等人赴济宁、泗水、宁阳三地进行田野考察。

11月22—25日,研究院师生一行10人在郑民德副院长带领下,对卫河河南段的自然及文化遗存进行田野考察。

11月,研究院裴一璞副教授所著《宋元四川盐业地理与区域社会研究》一书由上海古籍出版社出版发行。

11月,研究院胡克诚副教授所著《通赋治理与明代江南财赋管理体制的变迁》一书由科学出版社出版发行。

12月6日,研究院郑民德、朱年志、裴一璞、胡梦飞、周广骞、高元杰六位老师做卫河河南段田野考察报告,研究院全体教师和部分研究生参加。

12月13日,研究院丁延峰副院长、郑民德副院长及胡克诚、周嘉、吴金甲老师赴济宁市汶上县,参加研究院与汶上县干部政德教育中心联合开展的大运河文化研究签约仪式。签约仪式后,双方就教学实践基地打造、运河文化研究与传播、精品课程开发、人才培养等问题展开深入交流。

12月20日,研究院李泉教授做了题为"汴河在中国历史上的发展及地位"的学术报告,全院教师及部分研究生参加。

12月28—29日,研究院运河经济与区域社会研究中心裴一璞老师带领崔建利、朱年志、胡梦飞、魏志阳等师生赴聊城市东阿县、泰安市肥城市、泰山区三地进行田野考察。

2020 年

1月,研究院胡梦飞老师所著《中国运河文化遗产概论》一书在黄河水利出版社出版发行。

4月,研究院申报的"山东省大运河国家文化公园建设路径及对策研究",经省社科联组织的公开提报、匿名评审,成功获批山东社科智库沙龙重大调研咨询项目。

6月30日,为庆祝中国共产党成立99周年,按中共聊城市委和历史文化与旅游学院党总支要求,研究院党支部组织全体党员老师集体观看"七一"系列党课视频。

8月25日,聊城市委副书记、市长李长萍来校调研"两洋一河"(太平洋岛国、北冰洋、大运河)研究工作与校地合作等事宜,并同聊城大学相关专家深度交流。会议由聊城大学党委副书记、校长王昭风主持。研究院副院长丁延峰、运河史研究中心主任胡克诚参加座谈。

9月19日,由研究院主办的"山东省大运河国家文化公园建设路径及对策座谈会"在聊城大学东校区举行。来自江苏省大运河文化带建设研究院、聊城市文化和旅游局、聊城市社科联、汶上县干部政德教育中心等机构和单位的40余位领导、专家和学者参加会议。

9月25—26日,"山东社科论坛——大运河山东段建设研讨会"在临清举行。研究院郑民德、朱年志、周嘉、胡梦飞四位老师和研究生王雪莹参会,并在大会分组讨论中发言。

10月中旬,聊城市第二十六届社会科学优秀成果名单公布,研究院荣获佳绩,共获得各类奖励八项。

10月16日,研究院九名研究生在郑民德、裴一璞、吴金甲、崔建利老师的带领下前往临清进行田野考察。

10月28日,由山东省社会科学界联合会、聊城大学运河学研究院主办的

应运而生　奋楫远航
——聊城大学运河学研究院建院十周年年鉴（2012—2022）

山东社科智库沙龙专家咨询研讨活动在研究院举行。沙龙以线上会议的形式举行，由研究院副院长丁延峰教授主持，来自江苏省大运河文化带建设研究院、浙江大学、烟台大学、曲阜师范大学、淮阴师范学院等高校和科研机构的专家、学者围绕本场沙龙主题开展了热烈研讨。

10 月，全国哲学社会科学工作办公室公布了 2020 年国家社科基金后期资助暨优秀博士论文出版项目立项名单，研究院高元杰博士申请的"明清山东黄运地区环境史研究"获批后期资助项目，资助经费为 25 万元。

11 月 4 日，《京杭大运河山东段志》志稿评审会在研究院举行。省委党史研究院（省地方史志研究院）二级巡视员姚丙华，聊城大学党委常委、组织部部长黄富峰出席会议并讲话。来自中国地方志指导小组办公室、省委党史研究院、江苏省淮安市政协、淮阴师范学院、沿运各地市党史研究院、山东黄氏集团等单位和科研机构的领导、专家和学者以及研究院全体领导和老师共 30 余人参加会议。

11 月 5 日，研究院敦聘李喆、蔡同民、马荣锁为兼职研究员。敦聘仪式由郑民德副院长主持，聊城大学人文社科处陈德正处长以及研究院全体教师参加了敦聘仪式。

11 月 7 日，研究院九名研究生在李泉、郑民德、胡梦飞、崔建利等老师的带领下赴东阿、东平进行田野考察。

11 月中旬，《大众日报》推出《品读大运河》专栏，先后刊载研究院罗衍军、郑民德、朱年志、周嘉、周广骞、胡梦飞、王玉朋等老师的文章。

11 月 19 日，研究院罗衍军教授在学术沙龙上做了题为"切斯特大学访学漫谈"的学术报告。沙龙由郑民德副院长主持，研究院全体教师及部分研究生参加。

11 月 26 日，研究院高元杰老师在学术沙龙上做了题为"环境史视野下黄运关系的演化——兼论南旺'水脊'的形成"的学术报告。沙龙由胡克诚老师主持，研究院全体教师及部分研究生参加。

11 月 27—28 日，由社会科学文献出版社和江南大学联合主办的第九届人文社会科学集刊年会在江苏省无锡市举行。在本次年会上，《运河学研究》再次成功入选 2020 年度 CNI 名录集刊。

11 月 30 日，由湖北省社会科学院主办的第二届"长江学"学术研讨会在武汉召开。研究院周广骞老师参加了第三个专题的讨论，并以"运河学学科建设与实现路径"为题，概述了运河学研究院的发展历程。

11 月，研究院周广骞博士、丁延峰教授整理点校的《海源阁杨氏诗文校注》

一书由国家图书馆出版社出版发行。

11月，研究院杜宏春教授点校整理的《刘铭传文献汇笺》一书由黄山书社出版发行。

12月10日，研究院胡梦飞老师在学术沙龙上做了题为"官方祈雨与地方社会变迁——以河南浚县丰泽庙为中心的考察"的学术报告。沙龙由郑民德老师主持，研究院全体老师及部分研究生参加。

12月17日，研究院王玉朋老师在学术沙龙上做了题为"民生、漕运、祀典：清代衍圣公的湖田经营"的学术报告。沙龙由胡克诚老师主持，研究院全体教师及部分研究生参加。

12月18日，第二届大运河文化带建设智库峰会在江苏宿迁举行。研究院胡梦飞老师全程参与此次峰会，并做大会主题发言。

12月20日，聊城市委副书记、市长李长萍来运河学研究院调研。聊城大学党委副书记、校长王昭风，副校长胡海泉、赵长林及聊城市副市长马卫红，市政府秘书长张同奇参加活动。研究院丁延峰副院长、郑民德副院长就学院近期工作情况进行了汇报，郑民德副院长对研究院运河文物文献展览馆进行了系统讲解。

12月，接全国哲学社会科学工作办公室通知，研究院杜宏春教授申报的"新疆巡抚饶应祺文献汇辑"（20AZD121）被列为2020年度国家社科基金重点项目，资助经费为35万元。

12月，研究院郑民德副教授所著《明清运河漕运仓储与区域社会研究》一书由人民出版社出版发行。

2021年

1月4日，世界运河历史文化城市合作组织（WCCO）秘书长邓清、会员部部长李宏明等一行四人来研究院交流，聊城大学人文社科处副处长张兆林、研究院副院长丁延峰、郑民德及运河史研究中心主任胡克诚陪同座谈。

2月，由研究院课题组主持撰写的《山东省大运河国家文化公园建设存在问题与对策建议》（《山东社科成果专报》2020年第18期），获中共山东省委主要领导肯定性批示，并批转有关部门调研落实。

3月，研究院周广骞老师所著《山东方志运河文献研究》一书由中国社会科学出版社出版发行。

3月，研究院胡梦飞副教授所著《聊城运河文化遗产概论》一书由中国海洋大学出版社出版发行。

4月中旬，聊城市社科联发布 2021 年度聊城市哲学社会科学研究课题立项公告，研究院共有九位老师获批重点和一般课题。

4月12日，聊城市文化和旅游局局长周江涛等一行六人来研究院座谈，就聊城中国运河文化博物馆的展陈设计等问题展开深入交流。

4月，全国古籍整理出版规划领导小组办公室对 2021 年度古籍整理出版资助项目进行了公示，研究院崔建利老师的《徐世昌集校笺》项目经人民文学出版社推荐申报获批资助。

5月初，2021 年度聊城大学人文社科研究优秀成果奖获奖名单公布，研究院共有六位教师获奖。

5月25日，研究院党支部组织师生前往莘县参观和瞻仰鲁西北革命烈士陵园、马本斋烈士陵园等红色革命遗址。

5月27日，学校党委常委、组织部部长庄波来研究院座谈交流，丁延峰副院长、郑民德副院长以及研究院全体老师参加座谈。庄波部长对研究院的各项工作给予了肯定，并根据学校新的发展定位，结合运河学研究院发展实际，谈了几点要求。郑民德副院长、罗衍军教授、胡克诚副教授、周广骞老师分别围绕科研转型、服务社会等主题做了发言。

5月，研究院胡梦飞老师所著《山东运河文化遗产保护、传承与利用研究》一书由中国社会科学出版社出版发行。

5月4日，罗衍军、胡梦飞、吴金甲三位老师以及研究生王雪莹、王蕊玉等人赴冠县进行田野考察。

6月10日，作为研究院党史学习教育重要活动之一，研究院罗衍军教授为研究院全体党员教师做了题为"全面抗战时期中国共产党的抗战文化"的学术报告。

6月22日，由杭州市拱墅区委区政府、浙大城市学院主办的"第二届中国大运河沿岸区县合作论坛"在杭州拱墅区开幕。研究院胡梦飞和张晓冬两位老师参会。在下午的高峰论坛环节，胡梦飞老师代表研究院做了题为"山东省大运河国家文化公园建设路径与策略研究"的主题发言。

7月11日，由中国地理信息产业协会大运河工作委员会、中国网议库研究室、中国网大运河频道主办，聊城大学运河学研究院、首都师范大学北京文化带研究院、水资源安全北京实验室承办的"2021 年大运河文化带建设专题研讨会"在聊城举行。研究院共有六位师生参加会议。

7月14日，央视《大运河之歌》摄制组陈方平导演等一行八人来研究院座谈，就运河纪录片拍摄等问题展开深入交流。

7月21日，山东建筑大学建筑城规学院宋凤老师带领该院暑期"三下乡"社会实践团队一行10人来研究院座谈，就运河风貌园林景观、运河文化遗产保护等问题展开深入交流。

7月24日，应临清魏湾镇中心小学校领导的邀请，研究院党支部郑民德、罗衍军、朱年志、胡梦飞四位老师和研究生王雪莹赴临清魏湾镇中心小学参观学习并座谈交流。

7月29日，受聊城中国运河文化博物馆邀请，研究院郑民德副院长、罗衍军教授和王玉朋博士参加由山东省文旅厅、省发改委主办的"千年运河·齐鲁华章"大运河国家文化公园文旅融合建设宣传活动，并先后在大会上做主题发言。

8月初，全国哲学社会科学工作办公室公布了2021年7月国家社科基金年度项目、青年项目和西部项目结项情况。研究院杜宏春教授主持的国家社科基金年度重点项目"新疆巡抚饶应祺文献汇辑"以"优秀"等级结项。

9月，全国哲学社会科学工作办公室公布了2021年国家社科基金年度项目和青年项目立项结果，研究院胡克诚副教授申请的"明代江南上供物资转运研究"（21BZS066）和裴一璞副教授申请的"宋代边疆民族地区食盐冲突、政府调控与国家认同研究"（21BMZ017）获批一般项目，资助经费均为20万元。

9月8日，受中共临清市委宣传部邀请，研究院郑民德副院长、周嘉副教授参加了山东社会科学院临清运河研究院揭牌仪式。

9月9日，研究院马亮宽教授在学术沙龙上做了题为"山东区域上古文化简述"的学术报告。沙龙由罗衍军老师主持，研究院全体老师及部分研究生参加。

9月13日，贵州财经大学经济学院苏新红副教授在学术沙龙上做了题为"明初税制的支撑体系研究"的学术报告。沙龙由丁延峰副院长主持，研究院全体教师及部分研究生参加。

9月16日，河南省焦作市地方史志办公室付小文主任一行在聊城市委党史研究院郭杰副院长的陪同下来研究院座谈，就国家方志馆南水北调分馆建设、研究机构筹备等问题展开了深入交流。

9月28日，中国石油大学马克思主义学院张福运教授在学术沙龙上做了题为"地方史料的运用与中国近现代史研究"的学术报告。沙龙由罗衍军教授主持，研究院全体教师及部分研究生参加。

9月下旬,《中国大运河蓝皮书:中国大运河发展报告(2021)》由社会科学文献出版社出版发行。本书分为七部分,共21篇研究报告。

9月下旬,聊城市第二十七届社会科学优秀成果获奖名单公布,研究院共有八位老师获奖。

10月21日,聊城市政协民族和宗教委员会召开"有事好商量"月度协商暨对口协商会议,围绕"加强爱国宗教团体建设"协商议政,研究院周嘉副教授参会并发言。

10月,研究院王玉朋老师所著《清代山东运河河工经费研究》一书由中国社会科学出版社出版发行。

10月,由聊城大学运河学研究院主持编纂的《京杭大运河山东段志》由中华书局出版发行。该书受中共山东省委党史研究院(山东省地方史志研究院)委托,于2018年正式启动,经运河学研究院全体教师三年艰苦努力,精心编纂而成。

11月2日,郑民德、胡克诚两位老师携宗世昊、孟冠军、房智超、窦德伟、王雪莹、田昭煜、刘秋雨、仇嘉琪八名研究生赴阳谷七级、阿城、张秋三镇进行田野考察。

11月11日,研究院周嘉副教授在学术沙龙上做了题为"'把持'与'共利'之间:明清山陕商人之制度伦理"的学术报告。沙龙由郑民德副院长主持,研究院全体教师及部分研究生参加。

11月18日,聊城市社科联秘书长、学会科普部部长史晓玲在学术沙龙上做了题为"商业发展与城市变化:明清时期聊城城市空间结构变迁考察"的学术报告。沙龙由郑民德副院长主持,研究院全体教师及研究生参加。

11月,研究院杜宏春教授所著《刘锦棠集辑校》一书由中华书局出版发行。本书共三册,为国家社科基金后期资助项目结项成果。

12月3—4日,研究院罗衍军教授及研究生王蕊玉、王雪莹一行三人赴莘县、茌平等地进行田野考察。

12月21日,山东省人大常委会委员、九三学社山东省委专职副主委宋尚桂等一行六人来研究院座谈,就山东运河历史变迁、文化遗产保护等问题展开深入交流。

12月,由研究院主办的《运河学研究》(第7辑)由社会科学文献出版社出版发行。

12月下旬,社会科学文献出版社集刊编辑委员会对该社2021年评审年度内(2020年9月1日至2021年8月31日)出版的370种集刊进行评审,由研究院主办的《运河学研究》再度入选 CNI 名录集刊。这也是自 2018 年创刊并荣获"优秀新刊奖"以来，《运河学研究》连续第四年入选。

12 月 31 日，研究院郑民德副教授应山东省图书馆邀请，赴聊城市海源阁图书馆做学术报告。本次活动由山东省图书馆、齐鲁晚报联合举办，为大众讲坛"大运河文化保护与传承"之组成部分。

2022 年

1 月初，山东省民政厅公示 2021 年全省民政工作创新案例和民政政策理论研究成果获奖情况，研究院周嘉副教授提交的论文《京杭大运河聊城段遗产与地名文化研究》荣获民政政策理论研究成果三等奖。

1 月 23 日，研究院 2022 年度国家社科和国家自然科学项目评审会在 314 会议室举行，研究院全体老师参加。

2 月，引进贵州财经大学苏新红副教授来研究院工作。

2 月 21 日，山东省青少年教育科学研究院公布 2022 年度山东省青少年和青少年工作研究重大课题立项名单，研究院张晓冬老师申报的"大运河文化精神融入高校育人体系路径研究"（22SA005）获批重点资助项目，资助经费为 0.2 万元。

2 月 22 日，为贯彻落实中央统战部、国家民委关于《中华民族交往交流交融史》编纂工作部署要求，稳步推进《中华民族交往交流交融史料汇编（山东卷）》编纂工作，山东省民族宗教委在济南召开座谈会，研究院周嘉副教授应邀参会并发言。

2 月 23 日，研究院丁延峰副院长、郑民德副院长以及胡梦飞、周广骞、张晓冬三位老师赴山东灿成文化传播公司座谈交流。

3 月，胡克诚副教授所编《大运之旅：运河学研究论集（初编）》一书由中国社会科学出版社出版发行。

3 月，研究院胡梦飞副教授所著《山东运河区域非物质文化遗产调查与研究》一书由中国海洋大学出版社出版发行。

3 月，在山东省教育厅公布的《2021 年山东省高等学校青年创新团队发展计划立项建设名单的通知》中，研究院申报的"山东运河文化遗产研究创新团队"成功入选 2021 年山东省高等学校"青创科技支持计划"支持名单，资助经费为 15 万元。

4 月 8 日，学校聘任组织部部长庄波同志为运河学研究院院长，丁延峰为执行院长，胡克诚为副院长。

4月中旬，山东省委宣传部公布了首批39个"山东省社科理论重点研究基地"入选名单。聊城大学共入选两家单位，其中研究院申报的"山东省运河文化研究基地"成功入选。

4月21日，运河学研究院在314会议室召开工作会议，学校党委常委、组织部部长、运河学研究院院长庄波主持会议，研究院全体人员参加。会议听取了研究院近期工作进展、疫情下对外学术交流活动开展情况、光岳青年学者创新团队建设情况等工作汇报。庄波院长做总结讲话，针对研究院未来的发展，从党的建设、学术研讨、人才队伍建设、制度建设、廉政建设、文化建设等七个方面提出具体要求。

4月22日，聊城市文化和旅游发展中心谢文博主任、聊城市文化和旅游局运河办综合科魏巍科长来研究院座谈，就成立聊城市运河文化研究中心等事宜展开深入交流。

5月初，研究院周嘉副教授获批聊城市民政局"京杭大运河聊城段地名文化遗产"专著资助项目，项目经费为15万元。

5月11日，全国第三方大学评价研究机构艾瑞深校友会网（Cuaa. Net）正式发布"2022中国高贡献学者"榜单，全国共有495所高校的6089名杰出学者入选。聊城大学共有四位老师入选，研究院丁延峰教授名列其中。

5月12日，南京大学历史学院马俊亚教授做客聊大讲坛，做了题为"运河与明清淮北地名变迁"的学术报告。报告由郑民德副院长主持，采用线上形式进行，研究院全体师生及部分校外师生参加。

5月31日，在聊城市孔繁森精神党性教育基地学习的山东省铸牢中华民族共同体意识专题培训班成员40余人来研究院运河文物文献展览馆调研并现场教学。

6月，研究院周广骞老师所著《山东运河区域方志序跋校注（聊城卷）》一书由中国社会科学出版社出版发行。

6月4日，应山东广播电视台《理响中国》栏目组的邀请，研究院胡梦飞副教授前往山东电视台参与说"两创"系列节目《书写"千年运河"壮美新篇章》的节目录制工作。

6月16日，南京大学历史学院范金民教授做客聊大讲坛，做了题为"舳舻衔尾，日月无淹：15—19世纪大运河商业文化风情"的学术报告。报告由郑民德副院长主持，采用线上与线下相结合的形式进行，共有来自复旦大学、南京大学、江苏大学、聊城大学等高校和科研机构的近百名师生旁听此次报告会。

7月，由研究院主办的《运河学研究》（第8辑）由社会科学文献出版社出版发行。

7月1日，研究院运河文物文献展览馆进行扩充更新，新增运河名家名著展室、贡砖展室。

7月17日，研究院执行院长丁延峰教授、副院长郑民德副教授等一行六人赴临清市调研大运河国家文化公园建设情况。

7月26日，研究院王玉朋博士参加聊城市自然资源和规划局主持召开的"聊城市主城区总体城市设计项目启动暨调研座谈会"。

8月，研究院引进毕业于中国社会科学院的张熙勤博士。

8月，研究院王玉朋老师所著《明清山东运河区域社会生态变迁研究》一书由中国社会科学出版社出版发行。

9月，聊城市社会科学优秀成果评选委员会办公室发布了聊城市第二十八届社会科学优秀成果评选结果，研究院共有10位老师获奖。其中，郑民德、罗衍军、王玉朋三位老师荣获二等奖，朱年志等七位老师荣获三等奖，获奖总数居聊城大学各学院前列。

9月，全国哲学社会科学工作办公室公布了2022年9月国家社科基金年度项目、青年项目和西部项目结项情况，研究院郑民德副教授主持的国家社科基金青年项目"明清山东运河河政、河工与区域社会研究"（16CZS017）顺利通过鉴定结项。

9月1日，研究院张熙勤博士在学术沙龙上做了题为"蒙古袭来：元代云南土官身份的两次转变"的学术报告。沙龙由郑民德副院长主持，研究院全体老师参加。

9月6日，按照学校党委的部署和要求，研究院全体教师集体学习了国务院印发的《关于支持山东深化新旧动能转换推动绿色低碳高质量发展的意见》，并交流了学习体会和心得。

9月6日，研究院郑民德副教授参与山东电视台齐鲁频道"探访国家文化公园"区域联动大型融媒报道节目录制。

9月8日，聊城市历史文化名城保护委员会办公室刘海鹏主任一行来研究院座谈，就聊城市历史文化资源挖掘成果编纂、运河文化遗产保护与开发等事宜展开深入交流。

9月16日，聊城大学、聊城市文化和旅游局战略合作签约揭牌仪式在聊城大学举行，研究院与聊城市文化和旅游局共建的运河文化研究中心正式揭牌成立。

9月23日,山东财经大学文学与新闻传播学院古帅博士为全院师生做了题为"明中后期以来鲁西南黄运交汇地带的水患、水治理与水纠纷——以鱼台县为中心"的学术报告。报告由胡克诚副院长主持。

9月29日,聊城市精品旅游促进会和山东省精品旅游促进会大运河文化旅游专业委员会成立大会在聊城市会议接待中心举行。研究院王云教授、丁延峰教授、周广骞博士参加了成立大会。会上,王云教授被推选为山东省精品旅游促进会大运河文化旅游专家咨询委员会专家,丁延峰教授被推选为山东省精品旅游促进会大运河文化旅游专业委员会副主任,周广骞博士被推选为大运河文化旅游专业委员会副秘书长。

9月30日,研究院举行2022级硕士研究生首届读书会。读书会由罗衍军教授主持,郑民德、裴一璞、周嘉、朱年志、胡梦飞、高元杰等老师以及2022级全体研究生参加。

10月7日,为提高研究生科研创新能力,增强理论研究与社会实践的结合,研究院设立研究生科研创新项目。该项目每年评选一次,研究院所有在读研究生均可申报,每年设置项目不超过六项,每项资助经费为2000元。

10月初,2022年国家社会科学基金年度项目和青年项目立项结果公示,研究院崔建利老师申报的"徐世昌图书收藏及出版研究"(22BTQ014)获批立项,项目经费为20万元。

10月13日,广东技术师范大学民族学院邱运胜副教授在学术沙龙上做了题为"上岸的浮生:广东珠江水上人的社会变迁与文化传承"的学术报告。沙龙由周嘉副教授主持,研究院全体教师和研究生参加。

10月13日,研究院党支部召开新一届换届选举大会。本次会议由胡梦飞老师主持,历史文化与旅游学院卢庆洪副书记及研究院全体党员教师参加。会议选举郑民德为党支部书记,王玉朋为党支部副书记,张晓冬为组织委员,吕德廷为宣传委员,周广骞为纪检委员,并报请学校党委和历史文化与旅游学院党委批准。

10月25日,由研究院主持编纂的《中国大运河年鉴(2022)》正式出版发行。该年鉴为我国首部大运河主题年鉴,主要分为政策法规、水利工程、航道运输、文化旅游、生态保护、学术研究和大事记七个部分,填补了该领域专题研究与社会服务的空白。

10月26日,由研究院与世界运河历史文化城市合作组织(WCCO)共同推出的《中国大运河发展报告(2022)》在社会科学文献出版社出版发行。全书分为总报告、黄运地区高质量发展、大运河国家文化公园建设、文旅融合、运河城镇与乡村振兴、运河交通及港口建设、世界运河七部分，共计 18 篇研究报告。

10 月 28 日，《中华民族交往交流交融史料汇编·山东卷》编纂工作部署会暨编委会第一次会议召开，研究院周嘉副教授应邀参加会议。

10 月 29—30 日，由研究院和农学与农业工程学院联合承办的"2022 年世界运河沿岸景观发展国际会议"在聊城大学成功举办。研究院副院长郑民德副教授主持第三阶段大会报告，并对相关专家的报告进行了点评。吴金甲博士做了题为"大运河全线通水生态效益初显"的主旨报告。

11 月 1 日，研究院郑民德副教授在《大众日报》（2022 年 11 月 1 日第 6 版）发表题为"让山东运河文化'活'起来"的文章。该文在分析山东运河文化内涵与价值的同时，重点探讨了运河文化活化利用的路径与方法。

11 月 5 日，由研究院与社会科学文献出版社、世界运河历史文化城市合作组织（WCCO）主办的"《中国大运河年鉴 2022》《中国大运河发展报告 2022》新书发布会暨大运河文化研讨会"在聊城大学举行。本次会议采取线上与线下相结合的方式进行，共有来自南京大学、中国水利水电科学研究院、清华大学、浙江大学、江苏省社会科学院大运河文化带建设研究院、扬州大学、北京联合大学等高校和科研机构的 20 余位专家、学者参加会议。

11 月 10 日，山东大学历史文化学院张献忠教授做客研究院学术沙龙，做了题为"运河学视阈下的临清与天津科举比较研究"的学术报告。报告由周嘉副教授主持，研究院全体教师和研究生参加。

11 月 11 日，研究院科研团队在《中国社会科学报》（2022 年 11 月 11 日 A9 版）发表《文化自信视野下大运河文化的当代解读》专版系列文章，针对当前运河研究的热点及前沿问题，分别就大运河生态效益、非遗保护、文献整理、乡村振兴等议题进行深入论析，提出建设性意见，为当下国家和沿运各省大运河文化带、大运河国家文化公园建设提供了重要参考。

11 月 26 日，研究院郑民德、胡克诚、高元杰、王玉朋四位老师应邀参加"运河与生态文明工作坊"，分别做了题为"漕运余晖：清末陶城埠运河的开凿与衰落""清代会通河南段水涝及水事纠纷问题探析""蜀山湖'孔子祀田'争夺案"的学术报告。

11 月 29 日，全国哲学社会科学工作办公室公布了 2022 年国家社科基金后期资助暨优秀博士论文出版项目立项名单，研究院周广骞老师申报的"毛鸿宾集辑校"获批后期资助项目。

12 月 16 日，2022 年山东省文化和旅游优秀研究成果经资格审核和专家评选，共评选出重点成果 50 项、一般成果 71 项。研究院四项成果成功入选重点成果,分别为丁延峰教授的《山东省大运河国家文化公园建设存在问题与对策建议》、罗衍军教授的《苦难的言说:以一项抗战口述访谈为中心》、胡梦飞副教授的《山东运河文化遗产保护、传承与利用研究》、王玉朋博士的《明清山东运河区域社会生态变迁研究》。

12 月 27 日,山东省民族宗教事务委员会办公室公布了包括聊城大学在内的六个单位为第二批山东省铸牢中华民族共同体意识研究基地(简称"研究基地")。其中,聊城大学研究基地设在运河学研究院,基地负责人为研究院执行院长丁延峰教授,首席专家为罗衍军教授。

附：运河文化研究中心大事记（2008—2011）

2008 年

3 月 26 日，聊城大学运河文化研究中心在聊城市和聊城大学学校党委的大力支持下正式成立。研究中心由 17 名专职和兼职研究人员组成，其中，中心主任为王云教授，首席专家为李泉教授。有教授八人（程玉海、李泉、马亮宽、王云、江心力、张宪昌、赵树好、马忠庚），副教授五人（杨朝亮、吴欣、丁延峰、杨连民、李桂民），具有博士学位者九人（王云、马亮宽、江心力、马忠庚、杨朝亮、吴欣、丁延峰、杨连民、李德楠），在读博士后两人（马忠庚、吴欣），在读博士一人（赵树好）。有省级拔尖人才一人，省级中青年学术骨干和学科带头人一人，校级跨世纪人才培养工程培养对象六人。另外，中心还聘请南京大学范金民教授（博士生导师）、山东师范大学安作璋教授（博士生导师）、南开大学许檀教授（博士生导师）等国内著名运河研究专家为兼职研究员。中心以聊城大学西校区老办公楼三楼四间办公室为主要办公场所。

4 月 11 日，中心召集有关专家、学者召开了第一次工作会议。

5 月 16 日，中心主任王云教授、首席专家李泉教授应邀出席台儿庄运河古城修建性详细规划初期论证会。枣庄市委相关领导出席会议。

7 月，历史文化与旅游学院引进复旦大学李德楠博士，其同时为中心的研究员。

9 月 21 日，聊城大学宋益乔校长、中心主任王云教授、首席专家李泉教授应邀出席枣庄学院煤化工学院、运河文化研究院揭牌仪式。枣庄市相关领导以及枣庄学院院长张良成等出席。

9 月 24—25 日，"第四届中国大运河文化节大运河保护与申遗高峰论坛"在江苏淮安召开，李德楠老师出席开幕式并参加"运河之都"全国学术研讨会。

10 月 7 日，中心召开近期工作会议。会议由中心主任王云教授主持，李泉、马亮宽、杨朝亮、赵树好、马忠庚、丁延峰、吴欣等专家教授出席会议。会议总结了前期的工作，与会人员汇报了各自的研究情况，王云教授对前期的工作给予肯定，并对中心的近期目标和长远规划提出意见。会议还传达了关于在《东岳论丛》和《聊城大学学报（社会科学版）》开辟运河文化研究专栏的决定，并要求中心成员积极提供高质量的稿件。

10 月 21 日,聊城大学历史文化与旅游学院 2007 级部分研究生在中心主任王云教授的带领下前往聊城山陕会馆进行考察。

12 月,《光明日报》以"运河历史文化研究"为题刊发一组运河研究的文章,中心组织相关老师撰写了 12 篇文章,分别从大运河的历史变迁、运河与小说、黄运关系、运河社会、运河文献整理、商人商帮、运河钞关、运河漕运、运河管理机构、运河与中外文化交流、运河文化遗产保护等方面对大运河历史文化进行全面而系统的介绍和解读。

12 月 13 日,由滨州学院主办的"黄河三角洲文化创意产业学术研讨会"在滨州召开,来自省内外的专家、学者 30 余人就黄河三角洲文化创意产业的发展策略和创新模式进行探讨。王云、李泉、马亮宽三位老师应邀参会,并做大会主题发言。

12 月 13—15 日,吴欣老师参加南开大学主办的"华北民间文献与社会文化研究学术研讨会",与会学者围绕社会史研究的理论、方法、民间文献的利用等问题进行了热烈讨论。

12 月 14 日,由山东省社会科学界联合会与山东师范大学齐鲁文化研究中心联合举办的"山东省高校齐鲁文化研究机构联席座谈会"在山东师范大学齐鲁文化研究中心召开。中心主任王云教授应邀参加,并就中心近年来的发展情况以及今后的发展规划做了简要介绍。

12 月 19 日,枣庄市委宣传部副部长、文化局局长孙桂俭等一行三人来中心调研考察。中心主任王云及相关老师介绍了枣庄运河的历史变迁,并与来访人员进行了深入交流。

2009 年

5 月 27 日,中心召开近期工作总结会议,会议由中心主任王云教授主持。李德楠、赵树好、丁延峰、高金华等老师参加。会议总结了前一阶段的工作任务,与会老师交流了课题申报等内容。

6 月 30 日,清华大学运河调查小组一行六人来中心座谈交流。该调查小组是由清华大学水利工程系的学生利用暑假组建的团队,旨在通过对运河沿岸城镇文化、水利工程、运河环境状况的调查,揭示运河的现状,探讨采取何种措施保护运河文化遗产。

7 月 3 日,中心召开 2009 年上半年工作总结会议。会议由中心主任王云教授主持,历史文化与旅游学院、文学院、学校图书馆的江心力、杨朝亮、吴欣、李德楠、官士刚、高金华、丁延峰等老师以及历史文化与旅游学院专门史专业的研究生参加了会议。此次会议主要是总结 2009 年上半年中心各项工作的进展情况以及国家社科基金结项前需要完善的工作。

7 月 4 日，由华东师范大学历史系博士生导师章义和教授带领的华东师大历史系运河文化考察组一行 20 余人来中心访问。中心首席专家李泉教授在学校图书馆贵宾室予以亲切接待，双方围绕运河文化相关学术问题进行了座谈交流。

8 月 10—13 日，"第十三届明史国际学术研讨会"在湖南湘潭召开。本次会议主要研讨明代的经济、社会、政治、军事、民族、文化等问题。中心李泉、李德楠两位老师参加了会议，并提交了会议论文。在本次会议上，中心主任王云教授当选为中国明史学会第六届理事会理事。

10 月，中国运河文献数据库正式建设完成并进入试运行阶段。该数据库是由运河文化研究中心建设的专门性文献数据库，为王云教授国家社科基金结项成果之一，收录了大量地方志、古籍、政协文史资料以及期刊论文等文献资料，是国内有关运河研究的最全面的文献数据库，能够在较大程度上满足相关用户在科研、教学方面文献获取的需求。

10 月 18 日，山东省哲学社会科学规划领导小组发布《关于建立山东省运河文化研究基地的通知》（鲁社规字〔2009〕11 号），聊城大学运河文化研究中心获批山东省社科规划重点研究基地"山东省运河文化研究基地"。

10 月 31 日，聊城大学党委书记程玉海与中心研究人员进行座谈。程书记在听取中心主任王云、首席专家李泉的汇报后，首先肯定了第一阶段的工作成绩，高度评价了运河文献数据库的建设，并就第二阶段的工作重点做出了部署，着重强调了研究方向的细化以及资源整合配置等事关中心今后发展方向的重大问题。

11 月 4 日，中心召开近期工作部署会议，会议由中心主任王云教授主持。会议议题包括两个方面的内容：首先通报了近期运河文献数据库的试运行情况，并就部分改进措施做了具体安排；会议重点是落实程玉海书记在运河研究座谈会上的讲话精神，讨论制订中心今后发展的规划方案，经过与会专家的认真讨论，进一步明确了运河研究的三个方向，初步达成了各研究方向内进一步细化分工的意见。

11 月 6—9 日，由安徽省社科联和淮南市人民政府举办的"第五届淮河文化研讨会"在安徽省淮南市召开，李德楠老师应邀参加。

12月18日,山西省社会科学院孙丽萍副院长等一行四人来中心交流座谈,中心主任王云教授、首席专家李泉教授及中心其他主要成员参加了座谈会。交流会上,王云老师向客人介绍了运河文化研究中心建设与发展的基本情况,孙丽萍一行对中心近年来的发展给予高度评价。随后,双方围绕晋商与运河关系等问题进行了学术交流。

2010 年

7月,中心吴欣研究员和马亮宽教授分别获批国家社科基金项目"明清时期京杭运河区域社会组织研究"(10CZS032)和"历史语言研究与现代中国学术体制的建构"(11BZS002)。

7月,历史文化与旅游学院引进毕业于中国人民大学的朱年志博士,其同时为中心研究员。

8月21—24日,由中国社会史学会主办,聊城大学历史文化与旅游学院承办,上海社会科学院历史研究所、中山大学历史人类学研究中心、厦门大学历史系、复旦大学中国历史地理研究所、中国社会科学院近代史研究所、苏州大学社会学院、湖北大学中国思想文化史研究所、上海师范大学中国近代社会研究中心、安徽大学徽学研究中心、日本关西大学文学部松浦章研究室等研究机构协办的"中国社会史学会第十三届年会暨区域、跨区域与文化整合国际学术研讨会"在聊城大学召开。中心老师提交论文参会,并积极参与会议相关活动。

10月13—15日,由山东师范大学和济南市委宣传部主办,济南大学、济南社会科学院、济南日报报业集团协办的"挑战与回应:中国近现代城市开放——周馥与济南自开商埠后的城市发展国际学术研讨会"在济南召开。吴欣老师应邀参加,并做大会主题发言。

2011 年

3月4日,受香港中文大学历史系邀请,吴欣教授前往香港中文大学,做了题为"区域社会中的村落与宗族——明清山东东阿苫山宗族凝聚纽带的差异与变迁"的学术报告。

4月10—11日,由国家文物局主办,无锡市人民政府和江苏省文物局承办,中国古迹遗址保护协会协办的"第六届中国文化遗产保护无锡论坛"召开,李德楠老师应邀参会,并做大会主题发言。

6 月 22 日，香港中文大学科大卫教授、张瑞威博士、贺喜博士一行来中心参观考察，并同中心的师生座谈交流。

6 月 28 日，山东省教育厅、财政厅发布《关于公布山东省"十二五"高等学校科研创新平台的通知》（鲁教科字〔2011〕8 号），聊城大学运河文化研究中心获批山东省"十二五"高校人文社会科学研究基地"运河与区域经济社会发展研究中心"。

6 月，王云教授主持的国家社科基金项目"京杭运河文献整理与研究"经过专家鉴定和全国社科规划办审批结题，鉴定等级为"优秀"。该课题获得"优秀"结项，不仅对提升中心的整体科研水平、扩大中心科研成果的影响具有重要意义，而且对于其他在研国家社科基金项目的顺利开展起到了很好的示范效应。

7 月，吴欣老师组织一批骨干教师与博士生、硕士生、本科生赴张秋、七级、阿城等运河城镇进行田野考察。

7 月，李德楠老师获批国家社会基金项目"明清黄运地区的河工建设与生态环境变迁研究"（11BZS078）。

学术沙龙

序号	题目	主讲人	时间
1	运河学研究的内容与方法	李泉（聊城大学运河学研究院教授）	2013. 10. 11
2	京杭运河及其区域水神的祠与庙——以山东张秋镇为中心的研究	吴欣（聊城大学运河学研究院教授）	2013. 10. 17
3	济宁、泰安、枣庄段运河考察汇报与总结	朱年志等（聊城大学运河学研究院讲师）	2013. 11. 07
4	运河体育文化论纲	张春燕（聊城大学体育学院教授）	2013. 11. 15
5	东平湖历史变迁与环境演变	陈诗越（聊城大学运河学研究院教授）	2013. 11. 21
6	运河研究刍议——以南四湖"沉粮地"为例	李德楠（聊城大学运河学研究院副教授）、胡克诚（聊城大学运河学研究院讲师）	2013. 11. 28
7	明清俗曲与运河文化互动关系研究——以鲜花调为例	何丽丽（聊城大学音乐学院副教授）刘哲（聊城大学音乐学院党总支书记）	2013. 12. 05
8	"中国社会的历史人类学"合作项目（AoE）介绍	吴欣等（聊城大学运河学研究院教授）	2013. 12. 19
9	乡村研究的理论与方法	刘卫东（聊城大学马克思主义学院教授）	2014. 03. 07
10	聊城运河考古发现	孙怀生（聊城市文化局研究员）	2014. 03. 14

续表

序号	题目	主讲人	时间
11	河工·商业·信仰——以明清时期的山东运河城镇魏家湾为视角的考察	郑民德（聊城大学运河学研究院讲师）	2014.03.21
12	古籍版本丛谈	丁延峰（聊城大学运河学研究院教授）	2014.03.28
13	人文主义地理学方法在运河区域研究中的应用	陈丹阳（聊城大学运河学研究院讲师）	2014.04.04
14	运河·人·建筑：大运河沿线的建筑文化交流现象	王建波（山东大学讲师）	2014.04.11
15	中菲交流与英雄祖先——基于德州苏禄东王后裔的考察	郭福亮（聊城大学运河学研究院讲师）	2014.04.25
16	运河学研究的发展现状及任务暨第一期人文社会科学学院院长学科建设论坛	聊城大学学科建设处、人文社会科学处及各文科学院负责人	2014.05.09
17	从中国传统木版年画看传统民间审美观念——以东昌府木版年画为例	刘玉梅（聊城大学运河学研究院讲师）	2014.05.16
18	明清山东运河区域的商品流通	朱年志（聊城大学运河学研究院讲师）	2014.05.23
19	京杭运河与明清文学	苗菁（聊城大学文学院教授）	2014.06.06
20	运河与漕运的历史逻辑	吴士勇（淮阴师范学院副教授）	2014.06.20
21	运河学史料概说	李泉（聊城大学运河学研究院教授）	2014.09.12
22	谈治学	李庆立（聊城大学文学院教授）	2014.09.19
23	晚清教案与运河区域文化研究	赵树好（聊城大学历史文化与旅游学院教授）	2014.10.10
24	白鹿化龙：从宋代峡江地区盐神信仰看官民盐权分配的博弈	裴一璞（聊城大学运河学研究院讲师）	2014.10.17

续表

序号	题目	主讲人	时间
25	运河城市的空间形态及生命历程研究——以临清为中心的历史人类学考察	周嘉（聊城大学运河学研究院讲师）	2014.11.21
26	明清京杭运河漕运仓储及其对区域社会的影响	郑民德（聊城大学运河学研究院讲师）	2014.11.28
27	神灵信仰与地域空间：运河神金龙四大王信仰的起源与扩展	王元林（暨南大学教授、博导）	2014.12.03
28	清代南京的慈善事业	王玉朋（聊城大学运河学研究院讲师）	2014.12.12
29	南运河减河的开挖及其水事纠纷——以沧州捷地减河为例	刘燕宁（聊城大学历史文化与旅游学院硕士研究生）	2014.12.19
30	2015年学术计划交流会	聊城大学运河学研究院全体研究人员	2015.03.20
31	从海源阁研究谈治学	丁延峰（聊城大学运河学研究院教授）	2015.03.27
32	会通河水资源管理及其效应研究	陈永金（聊城大学环境与规划学院教授）	2015.04.03
33	20年来西方学界的中国近现代乡村研究	罗衍军（聊城大学历史文化与旅游学院副教授）	2015.05.08
34	后申遗时代运河研究的思考	李德楠（淮阴师范学院副教授）	2015.05.15
35	何处是"江南"：论明代镇江府江南归属性的历史变迁	胡克诚（聊城大学运河学研究院讲师）	2015.05.22
36	大运河意象与中国国族认同建构	陈丹阳（聊城大学运河学研究院讲师）	2015.05.29
37	从火种到滚雪球："达瓦宣教团"的传播及预控	郭福亮（聊城大学运河学研究院讲师）	2015.06.05
38	民间文献的利用	吴欣（聊城大学运河学研究院教授）	2015.06.12

续表

序号	题目	主讲人	时间
39	明清山东运河城镇研究	朱年志（聊城大学运河学研究院讲师）	2015.06.19
40	消费文化语境中艺术与生活的趋同	刘玉梅（聊城大学运河学研究院讲师）	2015.06.26
41	大运河与区域水环境变迁	李泉（聊城大学运河学研究院教授）	2015.09.11
42	非物质文化遗产的保护与利用	廖迪生（香港科技大学教授、博导）	2015.09.24
43	畿辅、漕运、南北中国——明代河北农业经济与大运河	［日］田口宏二朗（大阪大学准教授）	2015.09.25
44	明清时期京杭运河区域的金龙四大王信仰	胡梦飞（聊城大学运河学研究院讲师）	2015.10.09
45	隋唐运河永济渠、通济渠段考察汇报与总结	裴一璞、吕德廷、胡梦飞（聊城大学运河学研究院讲师）	2015.10.23
46	大运河与世界遗产	姜师立（扬州市大运河保护办公室暨原大运河申遗办副主任）	2015.10.27
47	关于新文化史与近代中国史研究的一些想法	潘光哲（台湾"中央研究院"近代史研究所研究员、档案馆主任、胡适纪念馆主任）	2015.11.02
48	地方历史文献的数字化、数据化与文本挖掘	赵思渊（上海交通大学讲师、香港中文大学访问学者）	2015.11.06
49	明代河南漕粮交兑地研究——以小滩为视角的历史考察	郑民德（聊城大学运河学研究院讲师）	2015.11.20
50	关于漕运研究的一点心得	吴滔（中山大学教授、博导，历史地理研究中心主任）	2015.11.25
51	日本的学术训练——以书仪研究为例	［日］山本孝子（日本学术振兴会特别研究员，京都大学非常勤讲师）	2016.03.11

续表

序号	题目	主讲人	时间
52	临清运河文化漫谈	马鲁奎(临清博物馆前馆长、副研究员)	2016.03.18
53	奶奶庙:鲁西女神信仰的世变与势变	吴欣(聊城大学运河学研究院教授)	2016.03.25
54	运河专题研究交流会:临清	朱年志、周嘉、吕德廷(聊城大学运河学研究院讲师)	2016.04.01
55	中国古代思想语境中的"自由"语词	胡其柱(聊城大学历史文化与旅游学院副教授)	2016.04.08
56	流动的食盐:明清时期小清河盐运与流域社会研究	裴一璞(聊城大学运河学研究院讲师)	2016.04.28
57	运河学发展刍议	邹逸麟(复旦大学教授、博导)	2016.05.13
58	关于《运河图志》编纂的几个问题	李孝聪(北京大学教授、博导,历史地理与古地图研究中心主任)	2016.05.13
59	全球历史观与明清史研究的几个问题	赵毅(辽宁师范大学教授、博导,中国明史学会常务副会长)	2016.05.13
60	庙堂与河工:嘉靖七年运河之议发微	胡克诚(聊城大学运河学研究院讲师)	2016.05.27
61	运河两岸是故乡——电视纪录片《话说运河》的文化地理学分析	陈丹阳(聊城大学运河学研究院讲师)	2016.06.03
62	风水与万历后期临清社会的重建	吕德廷(聊城大学运河学研究院讲师)	2016.06.03
63	聊城市运河保护与发展现状	蒋召国(聊城市委办公室副主任)	2016.06.12
64	制度的发明——碑刻资料所见商业实践	周嘉(聊城大学运河学研究院讲师)	2016.06.17
65	储才与备用:清代河工效力制度研究	王玉朋(聊城大学运河学研究院讲师)	2016.06.17
66	论中国传统木版年画的三大体系	刘玉梅(聊城大学运河学研究院讲师)	2016.06.24

序号	题目	主讲人	时间
67	大河安澜：张居正主政时期的运河治理	朱年志（聊城大学运河学研究院讲师）	2016.06.24
68	2016暑期北五湖考察汇报与总结	胡克诚等（聊城大学运河学研究院讲师）	2016.09.02
69	南神北上：明清时期运河区域妈祖信仰的建构及影响	胡梦飞（聊城大学运河学研究院讲师）	2016.09.09
70	京杭运河传统体育文化的传承与发展研究	张永虎（聊城大学体育学院副教授）	2016.09.30
71	京杭运河与明清时期区域农业开发——以江北运河区域为中心	李泉（聊城大学运河学研究院教授）	2016.10.22
72	明清漳、卫交汇及其对区域社会的影响	郑民德（聊城大学运河学研究院副教授）	2016.10.27
73	明清长芦盐业与运河交通	裴一璞（聊城大学运河学研究院讲师）	2016.11.04
74	和青年学者谈科研	王学典（山东大学教授、博导，《文史哲》杂志主编）	2016.11.06
75	明清山东运河区域城市洪涝及御洪之策	王玉朋（聊城大学运河学研究院讲师）	2016.11.11
76	明清鲁西区域社会文化变迁：以碧霞元君信仰为中心的研究	吴欣（聊城大学运河学研究院教授）	2016.11.18
77	鲁西运河区域乡民艺术保护与旅游开发研究	刘建峰（聊城大学历史文化与旅游学院副教授）	2016.12.01
78	聊城古迹探访	张文兴（聊城运河文化爱好者）	2016.12.15
79	从天运纪年到运河漕帮	赵世瑜（北京大学教授、博导）	2017.01.06
80	圣迹与霞光——临清泰山奶奶崇拜的人类学考察	周嘉（聊城大学运河学研究院讲师）	2017.03.03
81	赵执信佚文一则考释	裴一璞（聊城大学运河学研究院讲师）	2017.03.17

序号	题目	主讲人	时间
82	试析微山湖收水尺寸的管理控制与影响	高元杰(聊城大学运河学研究院讲师)	2017.03.24
83	清末民初"沉粮地"的垦务开发、概念建构与历史书写	胡克诚(聊城大学运河学研究院讲师)	2017.03.31
84	义行、善举与象征支配——明清绅权的社会本体论	张佩国(上海大学教授、博导)	2017.04.16
85	李渔与袁枚饮食思想比较——以《闲情偶寄》"饮馔部"与《随园食单》为中心	刘玉梅(聊城大学运河学研究院讲师)	2017.05.05
86	漕运余晖:以清末陶城埠运河兴废为对象的历史考察	郑民德(聊城大学运河学研究院副教授)	2017.05.12
87	浙东运河名、实辩异:兼论宁绍平原区域水环境结构及水利形势沿革	孙竞昊(浙江大学教授、博导)	2017.05.23
88	我们了解自己吗?——从几本西方汉学作品谈起	孙竞昊(浙江大学教授、博导)	2017.05.24
89	日本访书记	丁延峰(聊城大学运河学研究院教授)	2017.06.09
90	济宁运河、南四湖考察记——"资源控制与运道继替"学术研讨会暨田野工作坊总结与汇报	胡克诚等(聊城大学运河学研究院讲师)	2017.06.09
91	神州残影:近代国耻、国难地图研究	陈丹阳(聊城大学运河学研究院讲师)	2017.06.16
92	弘扬道学,复兴汉文化	蔡高真(临清碧霞元君祠道长)	2017.06.23
93	黄河、运河影响下僧伽信仰的演变与衰落	吕德廷(聊城大学运河学研究院讲师)	2017.06.30
94	明代山东高唐州双粮案考略	朱年志(聊城大学运河学研究院讲师)	2017.09.08

序号	题目	主讲人	时间
95	京津冀运河考察汇报	郑民德等（聊城大学运河学研究院讲师）	2017.09.29
96	"脱嵌""嵌入"与文化：山东寿光大棚蔬菜产业研究	孙凤娟（聊城大学运河学研究院讲师）	2017.10.27
97	GIS技术支撑下的运河智库平台构建设想	邢华桥（山东建筑大学讲师）	2017.11.06
98	文本的帝国：明清时期的出版格局与书籍分销网络	包筠雅（美国布朗大学教授）	2017.11.07
99	清代人格化河神的形成及发展 —— 以朱之锡、栗毓美为视角	胡梦飞（聊城大学运河学研究院讲师）	2017.11.17
100	环境史视野下的河工物料征派研究：以明清黄运地区为中心	高元杰（聊城大学运河学研究院讲师）	2017.11.27
101	运河区域社会经济发展中心田野考察汇报	罗衍军等（聊城大学运河学研究院副教授、讲师）	2017.12.01
102	沧海桑田：古地图所见黄运交汇地带的历史变迁	王耀（中国社科院副研究员）	2017.12.08
103	社会学视角下的区域研究的理论与方法	丛晓峰（济南大学教授）	2017.12.13
104	新材料的发现和运用	张廷银（《文献》杂志常务副主编、中国国家图书馆文献中心研究员）	2017.12.24
105	京杭大运河研究中的几个问题	李泉（聊城大学运河学研究院教授）	2017.12.29
106	遥感技术在大运河文化带研究中的应用	宫辉力（首都师范大学原校长、教授）	2018.01.09
107	《越绝书》述评	罗衍军（聊城大学运河学研究院教授）	2018.03.09

续表

序号	题目	主讲人	时间
108	运河区域社会研究中的几个问题	吴欣(聊城大学运河学研究院教授)	2018.03.16
109	"运河之藩库":山东运河道职能研究	王玉朋(聊城大学运河学研究院讲师)	2018.03.23
110	运河文化研究中心田野考察汇报	周嘉等(聊城大学运河学研究院讲师)	2018.03.30
111	星空下的京杭大运河	张怀珍(聊城大学环境与规划学院讲师)	2018.04.07
112	运河区域社会经济发展中心田野考察汇报	罗衍军等(聊城大学运河学研究院副教授、讲师)	2018.04.13
113	水淹泗州城:大运河对苏北地区生态环境的影响	马俊亚(南京大学教授、博导)	2018.04.16
114	苦难的言说:以一项抗战口述调查为中心	罗衍军(聊城大学运河学研究院副教授)	2018.04.27
115	漕运天下与王朝兴衰:以隋唐大运河洛口仓为对象的考察	郑民德(聊城大学运河学研究院副教授)	2018.05.04
116	从民间俚曲《逛东昌》看运河对东昌饮食文化的影响	刘玉梅(聊城大学运河学研究院讲师)	2018.05.11
117	从水通南北到南船北马——十五到十九世纪中叶的北方运河交通研究	李泉(聊城大学运河学研究院教授)	2018.06.02
118	新见傅斯年《巴黎燉煌写本集读记》考述	吕德廷(聊城大学运河学研究院讲师)	2018.06.22
119	明代会通河基本问题考辨——《明史》宋礼开河考证和宋礼历史形象演变探析	高元杰(聊城大学运河学研究院讲师)	2018.06.29
220	新见元代《重修泉林寿圣寺记》碑考释	裴一璞(聊城大学运河学研究院副教授)	2018.07.06
221	浙江遂昌2018年历史人类学高级研修班学习考察记	高元杰(聊城大学运河学研究院讲师)	2018.09.21

续表

序号	题目	主讲人	时间
222	地方神灵的正统化：以清代邯郸圣井岗龙神庙为中心的考察	胡梦飞（聊城大学运河学研究院讲师）	2018.09.28
223	浅论北运河历史沿革及当代保护	马国栋（香河电视台副台长）	2018.10.12
224	《重修八里庙记》碑考释	郑民德（聊城大学运河学研究院副教授）	2018.10.26
225	清代山东运河区域慈善事业研究	王玉朋（聊城大学运河学研究院讲师）	2018.11.02
226	晚明辽东的远程贸易与社会变迁	杜洪涛（内蒙古师范大学副教授）	2018.11.16
227	胶莱人工海河与运河的当代价值	陈丹阳（聊城大学运河学研究院讲师）	2018.12.07
228	旧资料与新问题——史学创新漫谈	郭世佑（同济大学教授、博导）	2018.12.12
229	明代山东泉源修治类运河专书的纂修及价值略论	周广骞（聊城大学运河学研究院讲师）	2018.12.21
230	教育部人文社科基金项目申报及中后期管理与问题	郑民德（聊城大学运河学研究院副教授）	2019.02.29
231	大运河文化保护传承利用规划纲要	吴欣（聊城大学运河学研究院教授）	2019.03.15
232	乡土神庙的历史建构：以山东金乡贞姑庙为中心的考察	胡梦飞（聊城大学运河学研究院讲师）	2019.04.12
233	新时期的中国历史经济地理学研究	樊如森（复旦大学教授、博导）	2019.04.19
234	无墙之城：九龙城寨意象建构、感知与变迁	陈丹阳（聊城大学运河学研究院讲师）	2019.04.26
235	新见元代《平阴张氏新茔碣铭》碑考释	裴一璞（聊城大学运河学研究院副教授）	2019.05.10

续表

序号	题目	主讲人	时间
236	地景制作、空间支配与国家转型——一座北方小城的地志学	刘行玉（聊城大学马克思主义学院副教授）	2019.05.24
237	聊城方志存录运河非物质文化遗产文献略析	周广骞（聊城大学运河学研究院讲师）	2019.06.14
238	临清庙会社火研究基本问题思考	周嘉（聊城大学运河学研究院讲师）	2019.06.28
239	苏伊士运河与大英帝国的兴衰	吕桂霞（聊城大学历史文化与旅游学院教授）	2019.07.08
240	高唐县出土元代《宣使李君墓志》考释	裴一璞（聊城大学运河学研究院副教授）	2019.09.20
241	关于当前如何深入开展我国大运河研究问题	朱士光（陕西师范大学教授、博导）	2019.10.16
242	近代海外中国文献数字化整理的学术价值——以大阪产业部近代中国及"海上丝路"沿线调查资料为例	樊如森（复旦大学教授、博导）	2019.10.25
243	汴河在中国历史上的发展及地位	李泉（聊城大学运河学研究院教授）	2019.12.20
244	运河档案文献	杜宏春（聊城大学运河学研究院教授）	2020.11.12
245	切斯特大学访学漫谈	罗衍军（聊城大学运河学研究院教授）	2020.11.19
246	环境史视野下黄运关系的历史演化——兼论南旺"水脊"的形成	高元杰（聊城大学运河学研究院讲师）	2020.11.26
247	官方祈雨与地方社会变迁——以河南浚县丰泽庙为中心的考察	胡梦飞（聊城大学运河学研究院讲师）	2020.12.11

序号	题目	主讲人	时间
248	民生、漕运、祀典:清代衍圣公的湖田经营	王玉朋(聊城大学运河学研究院讲师)	2020. 12. 17
249	山东区域上古文化简述	马亮宽(聊城大学运河学研究院教授)	2021. 09. 09
250	明初税制的支撑体系研究	苏新红(贵州财经大学副教授)	2021. 09. 13
251	地方史料的运用与中国近现代史研究	张福运(中国石油大学教授、博导)	2021. 09. 28
252	"把持"与"共利"之间——明清山陕商人之制度伦理	周嘉(聊城大学运河学研究院副教授)	2021. 11. 11
253	商业发展与城市变化——明清时期聊城城市空间结构变迁考察	史晓玲(聊城市社科联秘书长、学会科普部部长)	2021. 11. 18
254	运河与明清淮北地名变迁	马俊亚(南京大学教授、博导)	2022. 05. 12
255	舳舻衔尾,日月无淹:15—19世纪大运河商业文化风情	范金民(南京大学教授、博导)	2022. 06. 16
256	蒙古袭来:元代云南土官身份的两次转变	张熙勤(聊城大学运河学研究院讲师)	2022. 09. 01
257	明中后期以来鲁西南黄运交汇地带的水患、水治理与水纠纷——以鱼台县为中心	古帅(山东财经大学讲师)	2022. 09. 23
258	上岸的浮生:广东珠江水上人的社会变迁与文化传承	邱运胜(广东技术师范大学副教授)	2022. 10. 13
259	运河学视阈下的临清与天津科举比较研究	张献忠(山东大学历史文化学院教授)	2022. 11. 10

田野考察

时间	地点	参加人员
2011 年 7 月 9—23 日	阳谷运河三镇（张秋、阿城、七级）	吴欣、李德楠、康健军、郑民德等
2012 年 7 月 11—14 日	济宁市区、微山、鱼台	李德楠、朱年志、胡克诚、康建军
2012 年 9 月 22—27 日	山东运河聊城段、济宁段	香港中文大学科大卫、张瑞威、贺喜及运河文化研究中心教师
2012 年 10 月 28—30 日	德州市博物馆、苏禄王墓园、北营清真寺、北营村、小锅市清真寺、于庄村、北厂及南运河	胡克诚、郭福亮及研究生郑钊
2013 年 5 月 17 日	茌平鲁义姑庙会	李泉、吴欣、朱年志、胡克诚
2013 年 6 月 22 日	阳谷阿城镇、张秋镇、台前八里庙	李泉、王云、吴欣、丁延峰、李德楠、朱年志、胡克诚、郭福亮、高元杰、孙元国等
2013 年 7 月 15—22 日	聊城东昌府区、临清市、茌平古河道及沿运村落	吴欣、胡克诚、郭福亮、朱年志、孙元国及研究生
2013 年 8 月 12—15 日	徐州、宿迁、淮安、高邮、扬州、镇江境内的运河河道、水利工程、古镇及博物馆等	李泉、吴欣、丁延峰、李德楠、朱年志、郑民德、孙元国
2013 年 10 月 26 日—11 月 1 日	山东运河济宁段、枣庄段	朱年志、李德楠、胡克诚、郭福亮、孙元国等
2013 年 11 月 11—15 日	德州夏津、武城、德城区及河北清河、故城等四县一区的 50 多个村庄	朱年志、孙元国、陈丹阳、郑民德等

续表

时间	地点	参加人员
2014 年 10 月 26 日—11 月 1 日	苏北运河(邳州、宿迁、淮安、高邮、扬州)	郭福亮、胡克诚、刘玉梅、裴一璞、王玉朋、周嘉、陈丹阳
2015 年 4 月 12—18 日	江南运河(杭州、嘉兴、苏州、常州、无锡、镇江)及扬州瓜洲古渡	李泉、王云、丁延峰、胡克诚、郑民德、孙元国
2015 年 10 月 11—17 日	隋唐运河(永济渠、通济渠),涉及浚县、滑县、辉县、洛阳、荥阳、郑州、开封、朱仙镇、淮北、宿州、盱眙等。	李泉、王云、刘玉梅、周嘉、裴一璞、王玉朋、胡梦飞、吕德廷
2015 年 12 月 5 日	大名古城、石刻博物馆、金滩镇	朱年志、郭福亮、刘玉梅、郑民德、王玉朋、裴一璞
2015 年 12 月 12—13 日	北京通惠河沿线	胡克诚、李德楠
2016 年 3 月 23 日	冠县大郭庄、东古城镇、馆陶古城、漳卫两河交汇处	李泉、吴欣、朱年志、刘玉梅、胡克诚、郑民德、周嘉、裴一璞、吕德廷
2016 年 4 月 13—14 日	淮安、盱眙淮山	吴欣、胡克诚、郑民德
2016 年 5 月 6 日	临清碧霞元君庙会	李泉、吴欣、朱年志、胡克诚、郑民德、刘玉梅、王玉朋、孙元国、张兆林
2016 年 7 月 11 日	阳谷定水镇、莘县朝城镇、董杜庄乡	朱年志、胡克诚、刘玉梅、郑民德、王玉朋、裴一璞、胡梦飞、吕德廷
2016 年 7 月 25—30 日	济宁微山南阳湖沿岸	胡克诚、李德楠、朱年志、吕德廷
2016 年 8 月 17—19 日	济宁任城区济宁博物馆、汪营村、胡东村、南张镇、汶上南旺镇寺前铺村、蜀山湖、白庄村、泰安东平老湖镇	胡克诚、李德楠、康建军、朱年志、郑民德、陈丹阳、王玉朋、裴一璞、吕德廷、胡梦飞及研究生李现伟、舒方涛、程宗宇

续表

时间	地点	参加人员
2016 年 9 月 10—13 日	济宁微山湖西岸村落、微山县档案馆	胡克诚、胡梦飞、吕德廷及研究生舒方涛、程宗宇
2016 年 9 月 24 日	冠县柳林镇武训纪念馆（拓碑）	孙元国、朱年志、周嘉、陈丹阳及传媒学院苏博
2016 年 11 月 2 日	茌平县博平镇、高唐县清平镇、梁村镇、尹集镇	郑民德、朱年志、刘玉梅、周嘉、王玉朋、裴一璞、吕德廷、胡梦飞
2017 年 1 月 18 日	聊城东昌府区李海务、东阿苫山村、皋上村、阳谷七级镇	郑民德、朱年志、刘玉梅、王玉朋、周嘉、胡梦飞及聊城地方文史学者张文兴
2017 年 2 月 17 日	聊城傅斯年陈列馆、契约博物馆、铁塔、清真寺、护国隆兴寺等	朱年志、胡克诚、郑民德、周嘉、王玉朋、吕德廷、高元杰
2017 年 3 月 18 日	冠县北馆陶镇、东古城镇、馆陶柴堡镇	郑民德、朱年志、吕德廷、高元杰及淮阴师范学院李德楠、王聪明
2017 年 5 月 10 日	北京的运河遗存（南新仓、北新仓）	郑民德
2017 年 6 月 2—6 日	山东运河济宁段、枣庄段运河遗产及港航局、水利局、旅游局	胡克诚、胡梦飞、吕德廷、高元杰、孙元国
2017 年 8 月 16 日	聊城东昌府区周家店、阳谷七级镇、阿城镇、张秋镇	郑民德、吕德廷、高元杰及中国山东网教育频道周玉森一行三人
2017 年 9 月 19—25 日	京、津、冀运河（清河油坊镇、故城半屯镇、饶阳店镇、郑口镇、德州四女寺镇、吴桥铁城镇、景县安陵镇、东光连镇、泊头镇、沧州捷地乡、沧县旧州镇）	李泉、王云、郑民德、胡克诚、朱年志、胡梦飞、吕德廷、高元杰、孙凤娟
2017 年 10 月 21 日	聊城梁水镇、临清魏湾镇、戴湾乡	周嘉、胡梦飞、吕德廷
2017 年 10 月 31 日	山东省图书馆、档案馆、博物馆	罗衍军、胡克诚、周嘉、陈丹阳、王玉朋、高元杰

时间	地点	参加人员
2017 年 11 月 24—26 日	东平、宁阳、泗水	罗衍军、朱年志、裴一璞、王玉朋、胡梦飞、高元杰
2017 年 12 月 6 日	阳谷、台前	郑民德、朱年志、周嘉、吕德廷、孙凤娟
2017 年 12 月 23 日	茌平博平镇、贾寨乡、韩集乡	胡克诚、郑民德、朱年志、王玉朋、裴一璞、李德楠
2018 年 3 月 17—19 日	梁山前码头村、袁口村、汶上南旺镇、东平白佛山、东阿鱼山、阿胶博物馆	周嘉、孙凤娟、吕德廷、高元杰
2018 年 3 月 24—25 日	汶上南旺镇、嘉祥纸坊镇、金乡羊山镇	罗衍军、裴一璞、王玉朋、胡梦飞、吕德廷
2019 年 1 月 4—6 日	夏津、武城、禹城	裴一璞、周广骞、胡梦飞等
2019 年 3 月 2 日	平阴东阿镇、虎窟山、洪范池镇纸坊村、云翠山、南崖古村、平阴县博物馆、翠屏山	郑民德、胡克诚、朱年志、王玉朋、吕德廷、胡梦飞
2019 年 3 月 30—31 日	汶上、东平	郑民德、胡克诚、王玉朋、李亚男、窦重沂、魏志阳
2019 年 11 月 14 日	东阿铜城镇汝道口村、大桥镇凌山村、单庄乡曹庙村、刘集镇苫山村、刘集镇关山村、东昌府区周店村	丁延峰、郑民德、胡梦飞、周广骞、朱年志、吕德廷
2019 年 11 月 16—18 日	济宁市区、泗水、宁阳、东平（会通河水源、水工遗址）	胡克诚、周广骞、周嘉及研究生石伟楠、魏志阳
2019 年 11 月 22—25 日	河南大运河永济渠段（淇县、朝阳山、鹤壁、卫辉、平原、新乡、辉县、浚县、大伾山、滑县等）	李泉、郑民德、胡梦飞、周广骞、裴一璞、朱年志、高元杰及研究生魏志阳、王蕊玉、李明珠
2019 年 12 月 28—29 日	聊城东阿、泰安肥城、泰山区	裴一璞、崔建利、朱年志、胡梦飞及研究生魏志阳
2020 年 10 月 16 日	山东运河临清段、临清市博物馆	郑民德、裴一璞、吴金甲、崔建利及九名研究生

续表

时间	地点	参加人员
2020 年 10 月 26—29 日	胶莱运河(胶州、莱州)	李泉、王云、吕德廷、刘玉梅、周广骞
2020 年 11 月 7 日	东阿(姜楼镇邓庙村、广粮门村、斑鸠店、凤凰岭)、东平(银山、司里山)	李泉、郑民德、胡梦飞、崔建利及九名研究生
2021 年 5 月 25 日	莘县张鲁镇、朝城镇	研究院党支部组织师生
2021 年 6 月 4 日	冠县(三合庄、史庄、柳林镇、武训先生纪念馆、郎庄)	罗衍军、胡梦飞、吴金甲及研究生王雪莹、王蕊玉等
2021 年 7 月 24 日	临清魏湾镇	郑民德、罗衍军、朱年志、胡梦飞、王雪莹
2021 年 11 月 2 日	阳谷七级镇、阿城镇、张秋镇	郑民德、胡克诚及宗世昊、孟冠军、房智超、窦德伟、王雪莹、田昭煜、刘秋雨、仇嘉琪八名研究生
2021 年 12 月 3—4 日	莘县、茌平	罗衍军、王蕊玉、王雪莹
2022 年 7 月 17 日	临清舍利塔、明清文化苑、钞关、贡砖生产基地及大运河国家文化公园建设调研	丁延峰、郑民德、罗衍军、周广骞、胡梦飞、吴金甲
2022 年 9 月 13 日	山东运河临清段	郑民德、胡克诚、胡梦飞及研究生刘秋雨、仇嘉琪、田昭煜

举办会议

1. 中国社会史学会第十三届年会暨区域、跨区域与文化整合国际学术研讨会

2010 年 8 月 21—24 日，由中国社会史学会主办，聊城大学历史文化与旅游学院承办，上海社会科学院历史研究所、中山大学历史人类学研究中心、厦门大学历史系、复旦大学中国历史地理研究所、中国社会科学院近代史研究所、苏州大学社会学院、湖北大学中国思想文化史研究所、上海师范大学中国近代社会研究中心、安徽大学徽学研究中心、日本关西大学文学部松浦章研究室等研究机构协办的"中国社会史学会第十三届年会暨区域、跨区域与文化整合国际学术研讨会"在聊城大学召开。来自中国以及日本科研院所的 112 位学者参加了会议。与会学者重视新材料的发现与运用，围绕交通、运河与区域社会，文化交流与社会变革，族群文化与民间社会，社会秩序与城乡治理，民间信仰与区域社会五个中心议题进行了深入探讨与交流，拓宽了社会史研究领域和范围，反映了当前国内外社会史研究的前沿动态。

2. 运河地名文化座谈会

2013 年 3 月 13—15 日，民政部地名研究所在聊城主持召开"运河地名文化座谈会"，聊城大学运河学研究院专家应邀参会，与来自北京大学、清华大学、民政部地名研究所的 10 多位专家学者，就创建运河地名文化数据库进行了深入讨论。北京大学武弘麟、邓辉教授，民政部地名研究所宋久成所长与研究院李泉、王云、吴欣、李德楠教授先后发言，深入探讨运河地名研究的文化价值和现实意义，详细论证运河地名文化数据库的内容，提出一系列建设性意见。民政部地名研究所和运河学研究院在长期合作、共同申请研究项目方面形成共识，达成意向性合作协议。

3. 京杭运河商贸价值学术研讨会

2014年4月12日,"京杭运河商贸价值学术研讨会"在聊城大学举行。本次研讨会由中国商业史学会和运河学研究院联合主办,山东大学、郑州大学、江苏师范大学、淮阴师范学院、德州学院、中国运河文化博物馆等高校和单位的10余位运河研究专家、学者参加。中国商业史学会会长王茹芹教授,运河学研究院李泉、王云、吴欣教授,山东大学王建波研究员,江苏师范大学李永乐教授,德州学院梁国楹教授分别阐述了观点,并就大运河界定、漕运与商业、运河城镇与建筑、考古与文化遗产等内容,与在座各位专家学者展开深入讨论。通过本次会议,不仅加强了不同高校与单位在运河商业贸易研究领域的合作交流,而且对扩大运河学研究院的影响力,开拓新视野、丰富新思路、探讨新内容,产生了有益影响。

4. 运河与区域社会研究国际学术研讨会

2014年8月20—22日,运河学研究院与临清市政府联合主办"运河与区域社会研究国际学术研讨会",来自我国北京大学、中国社科院、香港中文大学、南京大学、南开大学、中山大学、暨南大学、淮阴师范学院、烟台大学、齐鲁工业大学、枣庄学院、济宁学院、故宫博物院、《光明日报》理论部、中国社会科学出版社、社科文献出版社、国家图书馆出版中心、山东省社会科学规划办、山东省教育厅、山东省文物局、江苏凤凰科学技术出版社、杭州大涵图书有限公司、淮北隋唐大运河博物馆、淮安市大运河文化研究中心及韩国高丽大学等的50余名学者参会,提交论文40余篇。北京大学赵世瑜教授,香港中文大学科大卫教授,南开大学常建华教授、李治安教授,南京大学范金民教授,中国社科院城市发展与环境研究所傅崇兰教授,聊城大学运河学研究院李泉教授及韩国高丽大学曹永宪教授,分别从经济史、漕运、宗教、商贸、城市规划以及运河学研究方法等角度,介绍了自己的最新研究成果。本次会议对于进一步深入推进运河学研究及城市发展史、水利发展史、文学史研究具有重要意义,发挥了积极作用。

5. 运河学研究学术论坛

2015年9月23—26日,"运河学研究学术论坛"在聊城大学举行。本次论坛由聊城大学运河学研究院、香港中文大学明清研究中心合办,我国香港中文大学、香港科技大学、中山大学、山东大学、淮阴师范学院、聊城大学及日本大阪大学的30余位学者参加,提交论文10余篇,举行报告12场。香港科技大学、大阪大学的廖迪生教授和田口宏二朗教授分别以"非物质文化遗产的保护与利用""畿辅、漕运——明代河北农业经济与大运河"为题做了学术报告。与会专家学者就运河文化遗产、运河城市、运河水域环境、运河区域宗族社会、运河与漕运、运河区域民间信仰等问题进行深入探讨,并实地考察了中国运河文献文物展览馆与聊城段运河遗址。

6. 山东社科论坛 · 运河学论坛

2016年5月13—14日,"山东社科论坛·运河学论坛"成功举办。本次论坛由聊城大学运河学研究院主办,共有来自中国社会科学院、国家图书馆、北京大学、复旦大学、山东大学、浙江大学、辽宁师范大学、淮阴师范学院、江苏科学技术出版社、《中国社会科学报》的专家、学者20余人参加。本次论坛旨在通过不同高校、单位之间的交流,为中国运河学的发展建言献策,促进研究院发展及运河学体系建立。复旦大学邹逸麟教授、北京大学李孝聪教授、辽宁师范大学赵毅教授分别做了题为"运河学研究刍议""《中国运河志》图志卷古地图分册的编写与古运河研究""全球历史观与明清史研究问题"的报告,对运河学的概念与内涵、研究范围与方法、古地图在运河学研究中的作用、明清史研究与全球史关系等问题进行了深入讲解。各位学者分别围绕运河学理论方法与知识体系建构、运河学概念与内涵、运河学建设、运河学区域社会史、运河文献整理与数字化进行了交流讨论,分享了最新的运河学研究成果与学术观点,界定了运河学的概念,对于中国运河学科建立、运河文化发扬、运河遗产保护与开发具有重要意义。

7. VR+运河文化遗存与推动农村教育改革研讨会

2017年4月26日,由聊城大学运河学研究院、中国教育技术协会、国家教育科学规划十二五重点课题"工业化、信息化、城镇化、农业现代化同步推进下的农村教育改革与发展研究"项目组联合主办的"VR+运河文化遗存与推动农村教育改革研讨会"在聊城大学举行。中国教育技术协会副会长张少刚,聊城大学党委常委、副校长王昭风,运河学研究院院长李泉、常务副院长吴欣及北京信息技术学院、山东电大、凤凰出版传媒集团、世界运河历史文化城市合作组织、国家开放大学、网龙公司、济宁职业技术学院、聊城大学传媒学院、聊城电大的相关领导、专家20余人参加。张少刚做了题为"挖掘运河文化,均衡城乡教育发展"的报告,指出运河文化是活态文化,运河文化教育对促进区域城乡教育均衡发展具有积极意义,构建运河流域点线面结合文化教育体系,需要将 VR 等虚拟和增强现实技术应用到教育教学中，以便利城乡学生共享运河文化教育资源。各位专家围绕"互联网＋运河文化"的保护与传承、教育信息化对运河文化教育的影响及表现、如何共建共享大运河 VR 教育资源库、"互联网＋"环境下运河沿岸城乡教育均衡发展、线上线下运河研学旅行水岸互动与营地建设架构等问题进行了深入交流。

8. 中国大运河：工程、交通、旅游发展论坛

2017 年 4 月 27 日，研究院组织召开"中国大运河：工程、交通、旅游发展论坛"。本次会议是全国政协将建设大运河经济带上升为国家战略调研之后首次召开的运河研究会议，来自北京、河北、山东、江苏、浙江等运河沿线水利、交通、文管、旅游等管理部门的领导及部分高校、智库专家学者 50 余人参加本次论坛。与会专家、学者对我国大运河历史文化、遗产保护及运河工程、交通、旅游规划等现实问题开展了深入研讨。与会运河交通航运、水利工程、旅游管理单位及科研组织达成协议，共同编写年度《中国大运河发展报告》，为国家决策提供分析报告，为地方经济发展提供咨询，为人民群众了解运河提供文本。

9.《中国大运河蓝皮书：中国大运河发展报告（2018）》发布会暨大运河文化带研讨会

2018 年 2 月 28 日，由聊城大学运河学研究院、世界运河历史文化城市合作组织（WCCO）、社会科学文献出版社共同主办的"《中国大运河蓝皮书：中国大运河发展报告（2018）》发布会暨大运河文化带研讨会"在社会科学文献出版社蓝厅举行。山东省十一届政协副主席许立全，中国社会科学院办公厅主任方军，山东省文化和旅游厅副厅长李国琳，山东省发改委服务业办公室主任陈清华，中国文化遗产研究院原院长、中国文物学会大运河专业委员会主任张廷皓，北京大学历史地理与古地图研究中心主任李孝聪，世界运河历史文化城市合作组织（WCCO）专家委员会主任张跃进，扬州市政协副秘书长、大运河联合申遗办公室原主任冬冰，社会科学文献出版社社长谢寿光，首都师范大学原校长宫辉力，中国社会科学院世界历史研究所所长汪朝光，清华大学历史系教授倪玉平，民政部地名研究所应用理论室主任张清华，国家文物局文物保护与考古司世界遗产处副处长邵军，国家档案局原局长杨冬权，山东省古建筑保护研究院副院长荣瑞峰，北京物资学院运河文化研究院院长陈喜波，中国文化遗产研究院文物研究所所长于冰，江苏省委宣传部文化产业处主任范冬，山东省古建筑保护研究院总工办主任郑洋坤，聊城大学校长蔡先金、副校长胡海泉出席

本次发布会。来自北京大学、清华大学、中国社会科学院、首都师范大学、中国文化遗产研究院、北京物资学院、山东省古建筑保护研究院、聊城大学等高校和科研机构的专家、学者近30人参加会议。会议发布了《中国大运河蓝皮书:中国大运河发展报告(2018)》(简称《报告》)。《报告》是国内第一部以大运河保护和发展状况为主题的蓝皮书。该报告由聊城大学运河学研究院与世界运河历史文化城市合作组织(WCCO)合作推出,由聊城大学运河学研究院教师及大运河沿线各研究机构相关领域专家组成专家团队,汇集专题调查及研究28篇,分为总报告、水利航运篇、旅游开发篇、学术文化篇、运河遗产篇、运河城镇篇六大篇章,利用官方数据和实地调查资料,对申遗成功以来中国大运河各项事业发展状况做出细致梳理,对中国大运河各项事业未来发展路径及大运河文化带建设等重大议题进行了深入探讨。

10. 第五届运河学论坛:文化视野下的大运河研究暨《运河学研究》集刊首发仪式

2018年5月26—27日,由聊城大学运河学研究院主办的"第五届运河学论坛:文化视野下的大运河研究暨《运河学研究》集刊首发仪式"在我校举行,中国社会科学院、中国水利水电科学研究院、江苏省大运河文化带建设研究院、浙江大学、中山大学、山东大学、首都师范大学、上海大学、山西大学、山东省文物考古研究院、国家档案局、人民出版社、社会科学文献出版社、《经济日报》、中国网等单位和媒体的领导、专家80余人参加会议。聊城大学党委常委、副校长徐昌然,山东省十一届政协副主席、聊城大学运河学研究院顾问许立全,国家档案局原局长杨冬权致辞。与会专家学者就大运河遗产保护、戴村坝南旺闸、中国大运河发展脉络、浙东运河、大运河古镇、大运河临清段、天津运河村镇、大运河研究进程等问题进行了广泛深入的交流。

11. 大运河文化数据平台、《中国大运河蓝皮书:中国大运河发展报告(2019)》发布会暨大运河文化学术研讨会

2019年6月21日,由山东省文化和旅游厅、聊城大学主办,聊城大学运河学研究院承办,世界运河历史文化城市合作组织(WCCO)、社会科学文献出版社、山东佳诺软件科技有限公司协办的"大运河文化数据平台、《中国大运河蓝皮书:中国大运河发展报告(2019)》发布会暨大运河文化学术研讨会"在山东新闻大厦举行。山东省十一届政协副主席许立全、山东省文化和旅游厅和旅游厅一级巡视员周晓波、山东省委宣传部文化传承发展处副处长孙梅、世界运河

历史文化城市合作组织（WCCO）专家委员会主任张跃进、首都师范大学原校长宫辉力、洛阳师范学院校长梁留科、江苏省大运河文化带建设研究院副院长王健、山东大学儒学高等研究院何朝晖、山东大学文史哲研究院王加华、社会科学文献出版社总编辑杨群、社会科学文献出版社人文分社社长宋月华、中国水利水电科学研究院高级工程师万金红、山东省水利厅水利勘测设计院高级工程师白赟、凤凰出版传媒集团中国运河志出版中心主任胡久良、山东运河经济文化研究中心学术研究部主任李金陵以及聊城大学党委常委、副校长徐昌然，聊城大学党委常委、副校长王昭风出席本次发布会。来自山东大学、中国水利水电科学研究院、首都师范大学、江苏省大运河文化带建设研究院、洛阳师范学院、聊城大学等高校和科研机构的专家、学者30余人参加会议。

《中国大运河蓝皮书：中国大运河发展报告（2019）》强调大运河文化研究，突出大运河研究的现实性，注重运河全线的研究和个案研究的结合，吸取和借鉴其他蓝皮书的编纂思路及专家意见建议。大运河文化数据平台网（简称"运河文化网"）、大运河文化数据资料系统（简称"资料系统"）互为表里，紧密关联。其中运河文化网是项目面向公众的主要展示平台，设有运河动态、运河文献、运河智库、运河论坛、社会服务和运河学研究院六个板块；资料系统汇集运河文献影音资料，分为古籍资料、田野考察资料、碑刻契约资料、研究专著、学术论文、视频纪录片资料等。该资料数据平台是国内首个大运河文献资料数据平台，对于传承和弘扬运河文化具有重要意义。

12. 山东省大运河国家文化公园建设路径及对策座谈会

2020年9月19日，由运河学研究院主办的"山东省大运河国家文化公园建设路径及对策座谈会"在聊城大学举行。山东省十一届政协副主席、聊城大学运河学研究院顾问许立全，聊城大学党委副书记、校长王昭风，江苏省大运河文化带建设研究院副院长王健，聊城市文化和旅游局党组书记、局长刘光辉，聊城市社科联党组书记、主席、市社科院院长吴文立，汶上县干部政德教育中心副主任、南旺研究所副所长陈洪亮，烟台大学教授、聊城大学运河学研究院首席专家、《中国大运河蓝皮书》主编吴欣等40余位领导、专家和学者参加会议。王昭风指出，建设大运河国家文化公园是文化强国的时代命题，是深入贯彻习近平总书记系列重要讲话精神的重要举措，是大运河文化带建设的核心工程。大运河山东段是贯通运河南北的重要河段，在大运河国家文化公园建设中具有十分重要的地位。聊城大学要紧密对接国家战略，发挥运河学研究的特色和优势，努力为运河文化公园建设和运河文化遗产保护做出自己的贡献。各位专家、学者围绕山东省大运河国家文化公园建设的现状及问题、建设路径和对策等议题进行了深入研讨。

13. 山东社科论坛——大运河山东段建设研讨会

2020年9月25—26日,"山东社科论坛——大运河山东段建设研讨会"在临清举行。与会学者围绕大运河国家文化公园(山东段)建设研究、建立大运河文化保护传承利用示范区可行性研究、大运河文化带与山东区域发展战略研究等议题展开交流研讨,山东省社会科学界联合会党组书记、副主席刘致福,聊城大学党委副书记、校长王昭风,临清市委副书记、市长祁学兰出席会议并致辞。山东省委原常委、原山东军区政委、运河研究专家南兵军,山东省政协原副主席、水利专家李殿魁,中央财经大学绿色金融国际研究院健康金融实验室主任、研究员任国征,临清市委宣传部副部长、史志研究中心主任井扬,聊城市社科联秘书长史晓玲分别以"关于把会通河故道作为大运河文化保护传承利用示范区的可行性分析""论当代黄河京杭运河恢复航运的必然性和可行性""打造'运河商都'品牌,建设保护传承示范区""从乡村到国际:清末民国鲁西运河区域棉花市场的重组与建构""从临清看新时代山东大运河发展的机遇与对策"为题进行了主题发言。与会学者还围绕"大运河文化保护传承利用示范区与国家文化公园建设""大运河文化建设与山东区域发展战略""大运河历史文化研究与立法保护"等议题进行了分组讨论。

14. 山东社科智库沙龙专家咨询研讨会

2020年10月28日,由山东省社会科学界联合会、聊城大学运河学研究院主办的"山东社科智库沙龙专家咨询研讨会"在聊城大学运河学研究院举行。本期研讨会是山东社科智库沙龙重大调研咨询项目系列活动之一,主要围绕山东省大运河国家文化公园建设的特色、优势和存在问题,大运河国家文化公园的建设路径与对策等议题,组织省内外知名专家开展调查研究和学术研讨,为山东省大运河国家文化公园的建设以及运河文化遗产的保护、传承与利用提出对策和建议。研讨会以线上会议形式举行,省社科联党组副书记、副主席、一级巡视员周忠高出席会议并讲话。聊城大学运河学研究院副院长丁延峰主持本场研讨会。江苏省大运河文化带建设研究院副院长王健研究员,浙江大学公共管理学院博士生导师刘朝晖教授,聊城大学运河学研究院首席专家、《中国大运河蓝皮书》主编、烟台大学教授吴欣,曲阜师范大学历史文化与旅游学院教授刘庆余,淮阴师范学院历史文化与旅游学院教授李德楠等专家学者围绕本场主题展开了研讨。与会专家们认为，大运河国家文化公园建设是一项重大系统性工程，要充分发挥政府的主导作用，找准定位和目标，明确建设主体和管理责任，建立健全各项管理体制和保障措施；深入挖掘和阐发大运河文化内涵，认真处理和协调好遗产保护同旅游开发的关系，讲好运河文化故事，为新时代中华优秀传统文化传承发展提供强大动力。

15.《京杭大运河山东段志》志稿评审会

2020 年 11 月 4 日上午，《京杭大运河山东段志》志稿评审会在运河学研究院举行。省委党史研究院（省地方史志研究院）二级巡视员姚丙华，聊城大学党委常委、组织部部长黄富峰出席会议并讲话。中国地方志指导小组办公室、省委党史研究院、江苏省淮安市政协、淮阴师范学院、沿运各地市党史研究院、山东黄氏集团等单位和科研机构的领导、专家和学者共 30 余人参加会议。姚丙华高度评价了《京杭大运河山东段志》编修工作的首创意义，充分肯定了志稿编写取得的阶段性成绩，强调要始终坚持质量第一原则，将精品意识贯穿于志书编修全过程；要本着求真务实、实事求是的精神，按照认真梳理、举一反三的要求，扎实做好评审后的修改工作。运河学研究院原院长、《京杭大运河山东段志》志稿负责人李泉介绍了志稿编纂情况，并就听取各位领导和专家意见建议，拿出修改方案，抓好工作落实提出要求。评审专家从志书体例、框架结构、资料运用、学术规范等方面，为志稿的修改和完善提出了全方位的宝贵意见和建议。

16. 2021 年大运河文化带建设专题研讨会

2021 年 7 月 11 日，由中国地理信息产业协会大运河工作委员会、中国网议库研究室、中国网大运河频道主办，聊城大学运河学研究院、首都师范大学北京文化带研究院、水资源安全北京实验室承办的"2021 年大运河文化带建设专题研讨会"在聊城举行。中国水利水电科学研究院、中国网、首都师范大学、扬州大学、江南大学、聊城大学、德州学院、临清市委党史研究中心等高校、科研机构和新闻媒体的近 30 位学者参加了会议。与会学者围绕大运河历史文化、运河文化带建设与遗产保护、大运河国家文化公园建设等议题进行了深入交流。研究院副院长郑民德在开幕式中致辞，并做了题为"明清小说中的山东运河城市"的学术报告。罗衍军教授做了题为"冠县非遗文化传承与发展研究"的学术报告。胡克诚、胡梦飞、吴金甲三位老师以及 2020 级研究生王雪莹分别在学术讨论中发言。

17.《中国大运河年鉴 2022》《中国大运河发展报告 2022》新书发布会暨大运河文化研讨会

2022 年 11 月 5 日，由聊城大学运河学研究院、社会科学文献出版社、世界运河历史文化城市合作组织（WCCO）主办的"《中国大运河年鉴 2022》《中国大运河发展报告 2022》新书发布会暨大运河文化研讨会"在聊城大学举行。本次会议采取线上与线下相结合的方式进行。国家文化公园专家咨询委员会专家兼大运河组协调人、博士生导师、中国文化传媒集团党委副书记、总经理周泓洋，社会科学文献出版社社长王利民，世界运河历史文化城市合作组织（WCCO）副秘书长平志明，世界运河历史文化城市合作组织（WCCO）传承发展处副处长朱明松，全国政协委员、南京大学历史系教授、博士生导师、南京大学文化与自然遗产研究所所长贺云翱，国家文化公园专家咨询委员会专家兼大运河组顾问、中国水利水电科学研究院水利史研究所所长、正高级工程师吕娟，清华大学历史系教授、博士生导师倪玉平，浙江大学历史学院教授、博士生导师孙竞昊，江苏省大运河文化带建设研究院副院长、研究员王健，扬州大学中国大运河研究院常务副院长、研究员黄杰，北京联合大学北京学研究所教授陈喜波，《中国大运河蓝皮书》主编、烟台大学教授吴欣等 20 余位专家、学者参加会议。聊城大学党委副书记、校长王昭风，聊城大学党委常委、副校长白成林，聊城大学党委常委、组织部部长、运河学研究院院长庄波，聊城大学党委常委、宣传部部长苏明海，学校统战部、发展规划与学科建设处、人文社科处、融合发展处的领导及运河学研究院的教师等参加了本次会议。

成果统计

一、论文

1. 期刊论文（2012—2022）

时间	作者	论文名称	发表刊物	期/辑	期刊级别
2012	崔建利，高金华	《丛书集成三编》之《肃松录》版本举正	图书馆杂志	第11期	CSSCI
2012	丁延峰	《唐女郎鱼玄机诗》版本源流考	中华文史论丛	第1期	CSSCI
2012	李德楠	从海洋走向运河：明代漕运方式的嬗变	聊城大学学报	第1期	
2012	高元杰	从张伯行的治运之策看清初会通河工程问题	兰台世界	第33期	北核
2012	吴欣	村落与宗族：明清山东运河区域宗族社会研究	文史哲	第3期	CSSCI
2012	丁延峰	海内外存世三《礼》宋刻本辑录	中国经学	第10辑	
2012	丁延峰	海内外现存《诗》类宋刻本辑录	诗经研究丛刊	第22辑	
2012	高元杰	会通河引水工程演变中的水沙因素	华北水利水电学院学报	第4期	
2012	刘玉梅	李渔生活审美之辩证审美观	青岛大学师范学院学报	第3期	

时间	作者	论文名称	发表刊物	期/辑	期刊级别
2012	吴欣	民间文献:妇女史研究资料的价值与利用	妇女研究论丛	第4期	CSSCI
2012	吴欣	明清时期京杭运河浅铺研究	安徽史学	第3期	CSSCI
2012	刘玉梅	人人可以审美——李渔生活审美之审美主体观	美与时代(上)	第2期	
2012	吴欣	社会史视野下的清代"抱告"制度研究	吉首大学学报	第1期	北核
2012	李德楠	文化线路视野下的大运河文化遗产保护	中国名城	第3期	
2012	王云,崔建利	谢肇淛履职北河考	聊城大学学报	第1期	
2012	陈永金,王云,刘加珍,李新委	运河文化的地学分析	聊城大学学报	第6期	
2012	丁一,丁延峰	中国古籍总目·史部之"宋刻本《史记》"条目补正	图书馆理论与实践	第1期	CSSCI
2012	刘玉梅	中国当代生活美学研究综述	前沿	第18期	北核
2012	罗衍军	人际关系与土改的推动:以两个鲁西南村庄为中心	二十一世纪	第1期	
2012	罗衍军	20年来西方的中国近现代乡村研究透视	华南农业大学学报	第1期	C扩
2012	罗衍军	民国时期的贫女救济——以浙江省区救济院贫女习艺所为中心的考察	兰台世界	第31期	北核
2013	罗衍军	30年来中国近代乡村经济史研究述评	苏州大学学报	第1期	CSSCI
2013	郑民德,巩存良	从档案资料看清代京通仓储的社会保障功能	黄河科技大学学报	第6期	

续表

时间	作者	论文名称	发表刊物	期/辑	期刊级别
2013	郑民德	从地方志资料看明清时期通州的漕运	中国地方志	第7期	C扩
2013	刘玉梅	从中国传统木版年画看传统民间审美观念——以东昌府木版年画为个案	艺术百家	第S2期	
2013	罗衍军	敌我之分:20世纪中国乡村的社会变迁和革命运动——以土改时期山东省郓城县乡村社会为中心	江苏师范大学学报	第2期	北核
2013	丁延峰	关于编纂《存世宋刻本书录》的几点启示	图书馆研究与工作	第4期	
2013	李德楠	黄河治理与作物种植结构的变化——以光绪《丰县志》所载"免料始末"为中心	中国农史	第2期	CSSCI
2013	宗静,崔建利	明代监察制度的主要特征	兰台世界	第24期	北核
2013	李德楠	明清京杭运河引水工程及其对农业的影响	农业考古	第4期	北核
2013	郑民德,李永乐	明清山东运河城镇的历史变迁——以阿城、七级为视角的历史考察	中国名城	第9期	
2013	吴欣	明清山东运河区域"水神"研究	社会科学战线	第9期	CSSCI
2013	李德楠	明清山东运河州县"八景"景观及南北差异	中国名城	第10期	
2013	郑民德,王云	清代北京、通州仓花户对仓储的危害	中国石油大学学报	第6期	
2013	郑民德,李永乐	清代的湖田之争与利益博弈	武陵学刊	第5期	

时间	作者	论文名称	发表刊物	期/辑	期刊级别
2013	崔建利	新见徐坊《楼亭樵客遗诗》考略	文献	第4期	CSSCI
2013	崔建利	徐世昌和他的《水竹邨人集》	文学与文化	第3期	
2014	吴欣	"后运河"时期山东运河区域之治变——以周馥"治河"为中心的研究	聊城大学学报	第4期	
2014	王欣妮,崔建利,黄燕	"类书纂辑法"与"别裁法"之辨析	晋图学刊	第6期	
2014	裴一璞	安丘市出土清代《铭德记功碑》考释	文献	第6期	CSSCI
2014	裴一璞	白鹿化龙:从宋代四川盐神信仰变化看官民盐权分配的博弈	四川师范大学学报	第5期	CSSCI
2014	崔建利,王娟	传承文献,殊途同归——海峡两岸续纂《丛书集成初编》述略	图书馆论坛	第10期	CSSCI
2014	郭福亮	从《寿州志》记载论寿春镇居民的观念	安徽广播电视大学学报	第4期	
2014	郭福亮	从凡人到神灵:白英形象的演变及诠释	聊城大学学报	第6期	
2014	李德楠,胡克诚	从良田到泽薮:南四湖"沉粮地"的历史考察	中国历史地理论丛	第4期	CSSCI
2014	王云,崔建利	大运河与故宫学	故宫学刊	第1期	
2014	刘玉梅	当代中国生活美学语境中的"生活"辨析	太原理工大学学报	第1期	
2014	胡克诚	嘉靖八年内阁之争发微	辽宁师范大学学报	第3期	

续表

时间	作者	论文名称	发表刊物	期/辑	期刊级别
2014	郑民德,刘杨	京杭大运河与城镇变迁——以清代天津杨柳青为视角的历史考察	聊城大学学报	第4期	
2014	罗衍军	旧与新——以郓城县乡村社会为中心（1946-1956）	聊城大学学报	第1期	
2014	王军,胡克诚	论明代政治家杨一清的用人观	兰台世界	第9期	北核
2014	崔建利	明初李东阳奏疏二则	历史档案	第4期	CSSCI
2014	朱年志	明代山东运河与沿运水柜的形成	前沿	第Z4期	
2014	胡克诚	明代苏松督粮道制考略	明史研究	第14辑	
2014	郑民德,李永乐	明清运河文化与区域社会变迁——以河北泊头为视角的历史考察	河北工业大学学报	第4期	
2014	刘宇,郑民德	农神崇拜与社会信仰:以明清时期的八蜡庙为对象的历史考察	农业考古	第1期	北核
2014	郑民德,孙元国	清代北直隶子牙河的管理与河工建设	华北水利水电大学学报	第1期	
2014	郭福亮	寿县四顶山奶奶庙"抱娃娃"习俗的人类学考察	皖西学院学报	第6期	
2014	朱年志	元代山东运河的开辟与沿岸社会经济发展	华北水利水电大学学报	第3期	
2014	郭福亮	运道与信仰:基于临清碧霞元君信仰的研究	泰山学院学报	第5期	
2014	崔建利,王欣妮	运河功臣郭守敬	兰台世界	第36期	北核
2014	陈诗越,吴金甲	运河水柜——南四湖与北五湖的历史与变迁	聊城大学学报	第4期	

时间	作者	论文名称	发表刊物	期/辑	期刊级别
2014	吴金甲,陈诗越,姚敏,姚昕,于世勇,陈影影	黄河下游历史时期环境变化的烧失量记录	安徽师范大学学报（自然科学版）	第 3 期	北核
2014	刘欢,吴金甲	水污染指数法在河流水质评价中应用分析	安徽农业科学	第 21 期	
2014	张晓冬,李红,潘延红	谈如何提高中学生的地理学习兴趣	中学地理教学参考	第 14 期	北核
2014	郑民德	中国大运河的历史变迁、功能及价值	西部学刊	第 9 期	
2015	崔建利	2014 年中国大运河研究综述	中国史研究动态	第 5 期	C 扩
2015	郭福亮	从客居"王裔"到入籍"平民"：德州苏禄东王后裔的祖先认同	回族研究	第 1 期	CSSCI
2015	刘玉梅	东昌府年画与杨柳青年画之比较	艺术探索	第 3 期	
2015	周嘉	考古的知识观点在异文化研究中的运用——以一个民间水利组织为个案	聊城大学学报	第 3 期	
2015	罗衍军	劳动的平等	兰台世界	第 19 期	北核
2015	周嘉	聊城山陕会馆建筑装饰艺术及其文化价值	艺术探索	第 5 期	
2015	胡克诚	明代漕抚创制史迹考略——以王竑为中心	聊城大学学报	第 3 期	
2015	胡克诚,李德楠	沉涸之间：明清以来山东南运湖河区域"沉粮地"的历史与记忆	人类学研究	第 7 卷	

续表

时间	作者	论文名称	发表刊物	期/辑	期刊级别
2015	朱年志	明清山东运河与沿岸小城镇发展	华北水利水电大学学报	第 4 期	
2015	郑民德	明清时期的娘娘神信仰研究	齐鲁师范学院学报	第 5 期	
2015	吴欣	明清时期京杭运河的社会组织浅议	中原文化研究	第 4 期	
2015	胡梦飞	明清时期京杭运河沿线区域的晏公信仰	华北水利水电大学学报	第 5 期	
2015	胡梦飞	明清时期聊城地区的金龙四大王信仰	山东青年政治学院学报	第 6 期	
2015	郑民德，朱年志	明清时期山东运河名镇魏家湾经济与文化研究——基于对魏家湾的历史考察	中国名城	第 3 期	
2015	郑民德	明清直隶运河城市的历史变迁——以景州为视角的历史考察	河北师范大学学报	第 1 期	
2015	郑民德	清代漕运中的官民冲突——以光绪河南洛阳闹漕案为视角的历史考察	农业考古	第 1 期	
2015	朱年志	清代地方经费研究述论	聊城大学学报	第 3 期	
2015	高元杰，郑民德	清代会通河北段运西地区排涝暨水事纠纷问题探析——以会通河护堤保运为中心	中国农史	第 6 期	CSSCI
2015	王玉朋	清代南京地区的仓储建设	农业考古	第 1 期	
2015	郑民德，孙元国	清代山东运河区域的闹漕案——以道光、咸丰年间的朝城县为视角的历史考察	德州学院学报	第 1 期	
2015	郭福亮	四顶山奶奶庙"抱娃娃"习俗的人类学考察	泰山学院学报	第 4 期	

时间	作者	论文名称	发表刊物	期/辑	期刊级别
2015	裴一璞	宋元时期四川盐区市场的外销与内运	盐业史研究	第1期	C扩
2015	崔建利	谈谈民国时期的石印古籍	兰台世界	第34期	
2015	刘玉梅	天工与人工的巧妙结合——大运河的美学解读	美与时代（上）	第4期	
2015	崔建利	徐世昌诗集叙录	文学与文化	第1期	
2015	李泉	运河学研究的内容和方法	聊城大学学报	第1期	
2015	向福贞，郑民德	中国漕仓源流考——以商代巨桥仓为视角的历史考察	农业考古	第6期	
2015	郑民德	中国古代社会"清官文化"解析	连云港师范高等专科学校学报	第3期	
2015	周嘉	装饰之道：以东昌山陕会馆为中心的艺术人类学考察	齐鲁艺苑	第4期	
2015	周嘉	社区的历程与国家形态转型——晋南地区一个乡村协作组织的水利实践	人类学研究	第7卷	
2015	罗衍军，刘平	减租减息与乡村社会变动——以山东抗日根据地为中心	历史教学	第12期	CSSCI
2015	罗衍军，刘平	拯救与抵制——20世纪30年代的杭州废娼与社会反应	中国社会历史评论	第16卷	CSSCI
2015	罗衍军	劳动的平等	兰台世界	第19期	北核
2015	罗衍军	二十年来的运河学研究	地方文化研究	第6期	
2015	邓焕广，张菊，吴金甲，姚昕，王倩，陈诗越	东平湖菹草腐烂对上覆水碳氮磷浓度的影响	人民黄河	第12期	北核

续表

时间	作者	论文名称	发表刊物	期/辑	期刊级别
2016	罗衍军	抗战时期的生产动员与乡村社会整合：以山东为中心	河北师范大学学报	第 2 期	
2016	吴欣	"奶奶"的庙：女神信仰的世变与势变——以鲁西区域社会为中心的研究	民俗研究	第 6 期	CSSCI
2016	胡梦飞	《荷使初访中国记》中的清代京杭大运河	湖北职业技术学院学报	第 1 期	
2016	郑民德	2015 年度中国大运河研究综述	德州学院学报	第 3 期	
2016	胡梦飞	包世臣《闸河日记》中的清代山东运河	南昌师范学院学报	第 5 期	
2016	胡梦飞	漕运、治河与信仰：以明清时期张秋镇为中心的考察	江南大学学报	第 6 期	
2016	胡梦飞	漕运与信仰：清代临清漳神庙的历史考察	聊城大学学报	第 6 期	
2016	陈丹阳	尺度政治视角下的曾灶财涂鸦	热带地理	第 2 期	
2016	胡梦飞	河患、信仰与社会：清代漳河下游地区河神信仰的历史考察	山东师范大学学报	第 6 期	北核
2016	胡梦飞	湖漕之神：明清时期高邮康泽侯信仰的历史考察	河北师范大学学报	第 6 期	
2016	周嘉	历史时期东昌钱族与谱续实践——兼谈族谱之史料研究价值	德州学院学报	第 5 期	
2016	吕德廷	鹿头梵志的早期形象及宗教内涵	敦煌研究	第 1 期	CSSCI
2016	朱年志	论明代一条鞭法的实施与推行——以山东地区为中心	农业考古	第 4 期	

时间	作者	论文名称	发表刊物	期/辑	期刊级别
2016	崔建利	民国时期古籍丛书出版的主要方式	图书情报研究	第2期	
2016	胡克诚	明代漕运监兑官制初探	古代文明	第2期	CSSCI
2016	郑民德	明代河南漕粮交兑地研究——基于直隶元城小滩镇为对象的历史考察	河北师范大学学报	第4期	
2016	郑民德	明清道教神灵真武大帝的水神功能研究	华北水利水电大学学报	第3期	
2016	胡梦飞	明清时期漕运对苏北地方信仰风俗的影响	淮阴工学院学报	第2期	
2016	胡梦飞	明清时期杭州地区的金龙四大王信仰	淮阴师范学院学报	第1期	
2016	胡梦飞	明清时期菏泽地区黄河水患与河神信仰	黄河科技大学学报	第1期	
2016	胡梦飞	明清时期淮安地区河漕治理与河神信仰	黄河科技大学学报	第6期	
2016	胡梦飞	明清时期开封地区的金龙四大王信仰	重庆第二师范学院学报	第2期	
2016	胡梦飞	明清时期开封地区黄河水患与河神信仰	华北水利水电大学学报	第1期	
2016	胡梦飞	明清时期聊城地区水神信仰述略	聊城大学学报	第1期	
2016	胡梦飞	明清时期山东地区的金龙四大王信仰	山东青年政治学院学报	第3期	
2016	康建军	千里运粮,众有饥色:《管子》粮储与转输思想流变考	管子学刊	第1期	C扩
2016	郑民德	清代河工制度研究——基于江南苇荡营为对象的历史考察	聊城大学学报	第5期	

续表

时间	作者	论文名称	发表刊物	期/辑	期刊级别
2016	周嘉	清末民初运河城市的公用事业——以临清水会为中心	华北水利水电大学学报	第4期	
2016	丛振，吕德廷	融合中的冲突：佛教对湿婆神的吸收与批判	聊城大学学报	第2期	
2016	刘玉梅	山东运河区域美食文化遗产资源的开发与利用——以枣庄美食为例	美食研究	第4期	北核
2016	裴一璞	宋代川盐经营中的豪民群体与政府控制	四川师范大学学报	第2期	CSSCI
2016	裴一璞	宋代思州田氏地方武力考	长江文明	第1期	
2016	崔建利	徐世昌和北京白云观	北京档案	第12期	北核
2016	胡梦飞	徐州运河文化遗产的保护与开发	湖北职业技术学院学报	第3期	
2016	周嘉	运河城市的空间形态与职能扩张——以明清时期的临清为个案	城市史研究	第34辑	
2016	朱年志	运河水柜：马场湖的历史与变迁	济宁学院学报	第2期	
2016	周嘉	宗本彭城府 吴越旧家声——新见清代东昌《钱氏世传宗谱》考释	聊城大学学报	第6期	
2016	裴一璞	水浒"梁山英雄"名实考辨	水浒争鸣	第16辑	
2017	胡梦飞	"河神大王"：晚清黄运沿岸地区祀蛇风俗考述	淮阴师范学院学报	第4期	
2017	裴一璞	安丘市留山秀云观遗碑所见地方宗教信仰	文物春秋	第6期	
2017	胡梦飞	保漕与祈雨：明清时期山东运河区域的龙神信仰	华北水利水电大学学报	第1期	

时间	作者	论文名称	发表刊物	期/辑	期刊级别
2017	孙凤娟,公维军	当代人类学转向研究中的"神话历史"问题	社会科学家	第6期	CSSCI
2017	胡梦飞	官民互动的典范:明清时期河神黄大王信仰的历史考察	郑州航空工业管理学院学报	第3期	
2017	刘玉梅	李渔与袁枚饮食思想差异及其原因——基于《闲情偶寄·饮馔部》与《随园食单》的比较	美食研究	第3期	北核
2017	胡梦飞	民间信仰与区域社会:以明清时期东昌府为中心的考察	江南大学学报	第3期	
2017	郑民德	明清华北运河城市变迁研究——以馆陶县为例	城市史研究	第37辑	CSSCI
2017	郑民德	明清山东运河城市历史变迁研究——以聊城为对象的考察	聊城大学学报	第5期	
2017	王玉朋,高元杰	明清山东运河区域城市洪涝及御洪之策	聊城大学学报	第2期	
2017	朱年志	明清山东运河小城镇的历史考察——以七级镇为中心	华北水利水电大学学报	第6期	
2017	胡梦飞	明清时期济宁地区水神信仰史考	浙江水利水电学院学报	第1期	
2017	胡梦飞	明清时期聊城地区的关帝信仰	重庆第二师范学院学报	第3期	
2017	胡梦飞	明清时期山东运河区域庙会习俗考述	济宁学院学报	第6期	
2017	胡梦飞	明清时期苏南运河区域的金龙四大王信仰	淮阴工学院学报	第4期	
2017	胡梦飞	明清时期直隶运河区域水神信仰述略	石家庄学院学报	第4期	

续表

时间	作者	论文名称	发表刊物	期/辑	期刊级别
2017	郑民德,李德楠	明清漳、卫交汇及其对区域社会的影响	中原文化研究	第5期	
2017	郑民德,石立强	明清漳河水患与社会应对	黄河科技大学学报	第3期	
2017	裴一璞	清代《敕赠文林郎、河南中牟县知县慎斋李府君传》碑考释	北方文物	第4期	北核
2017	胡克诚	清中叶至民国初年山东"沉粮地"的垦务开发	明清论丛	第17辑	
2017	胡梦飞	神圣与世俗:明清时期聊城地区的碧霞元君信仰	历史教学问题	第3期	C扩
2017	裴一璞	宋代四川夷汉盐权博弈与族群食盐生态空间的重构	四川师范大学学报	第4期	CSSCI
2017	郑民德	万历四十三年的漕河与山东旱灾——汶上蜀山寺中一块碑刻的解读	井冈山大学学报	第6期	
2017	丁延峰	星子县出土本邵雍诗集新考	古典文献研究	第20辑	CSSCI
2017	周广骞,丁延峰,骆伟	许乃普、钱仪吉、许瀚等致杨以增函札辑释	文献	第6期	CSSCI
2017	周嘉	运河城市的饮食文化考论——以山东临清为例	美食研究	第4期	北核
2017	马亮宽,吴鲁锋	张自忠与宋哲元关系述论——以抗日战争时期为个案的探讨	聊城大学学报	第4期	
2017	胡梦飞	治水与教化:明清时期德州地区水神信仰的历史考察	德州学院学报	第1期	
2017	裴一璞	宋代四川盐官机构的设置与盐权博弈	中国盐文化	第9辑	
2018	李泉	运河学发微	运河学研究	第1辑	

时间	作者	论文名称	发表刊物	期/辑	期刊级别
2018	高元杰	2016年度运河学研究综述	运河学研究	第1辑	
2018	孙竞昊,陈丹阳	一座中国北方城市的江南认同:帝国晚期济宁城市文化的形成	运河学研究	第1辑	
2018	周广骞	山东方志运河文献纂修及价值述略	运河学研究	第1辑	
2018	吴欣	"大运河"研究的学术进程及问题意识(2014—2018)	运河学研究	第2辑	
2018	罗衍军	"第五届运河学论坛:文化视野下的大运河研究"学术研讨会综述	运河学研究	第2辑	
2018	崔建利	北洋政府时期的苏北运河治理	运河学研究	第2辑	
2018	胡梦飞	漕运、商业与河患——明清时期临清河神信仰的历史考察	运河学研究	第2辑	
2018	王玉朋	储才与备用:清代河工效力制度研究	运河学研究	第2辑	
2018	胡克诚	庙堂与河工:嘉靖七年运河之议探微	运河学研究	第2辑	
2018	陈诗越,吴金甲,侯战方	东平湖变迁对大运河会通河段沿革的影响	运河学研究	第2辑	
2018	高元杰	2017年度运河学研究综述	运河学研究	第2辑	
2018	王云	《民国时期的古籍丛书研究》评介	中国史研究动态	第2期	C扩
2018	刘玉梅	《周易》中的女性审美思想及其美育意义	内蒙古师范大学学报	第10期	

续表

时间	作者	论文名称	发表刊物	期/辑	期刊级别
2018	郑民德	漕运天下与王朝兴衰——以隋唐大运河洛口仓为对象的历史考察	中原文化研究	第4期	
2018	周嘉，布乃静	帝国晚期运河城市临清的空间变迁与职能整合	聊城大学学报	第1期	
2018	胡克诚	何处是江南：论明代镇江府"江南"归属性的历史变迁	浙江社会科学	第1期	CSSCI
2018	周嘉	家族之道：江北东昌钱族建构的历史人类学研究	社会史研究	第6辑	
2018	郑民德	京杭大运河与区域社会变迁研究——基于江苏省窑湾镇为对象的考察	江南大学学报	第6期	
2018	康建军，李德楠	历史地理唯物主义之探赜索隐——兼论历史地理唯物主义与历史地理学之关系	海南大学学报	第5期	CSSCI
2018	郑民德	聊城运河文化遗产的保护	中国名城	第10期	
2018	胡梦飞	明代漕运视野下的金龙四大王信仰	聊城大学学报	第1期	
2018	朱年志	明代山东高唐州均粮记碑考释	北方文物	第1期	北核
2018	胡梦飞	明清时期江南运河区域水神信仰文化述略	浙江水利水电学院学报	第3期	
2018	胡梦飞	明清时期山东运河区域民间信仰述论	淮阴师范学院学报	第1期	
2018	郑民德	清代漕粮入京监督机制——以大通桥监督为对象的历史考察	北京社会科学	第10期	CSSCI
2018	王玉朋	清代南京治安管理体制的演变	城市史研究	第38辑	CSSCI

时间	作者	论文名称	发表刊物	期/辑	期刊级别
2018	胡梦飞	清代人格化河神的建构、传播及影响——以河督栗毓美为中心	江南大学学报	第2期	
2018	窦重沂,郑民德	清代山东运河船闸启闭制度研究——以聊城为例	枣庄学院学报	第6期	
2018	胡梦飞	清末民初山东运河城市的公共事业——以德州水会为中心	德州学院学报	第1期	
2018	周广骞	山东旧志存录京杭运河文献述略	中国地方志	第5期	
2018	马越,马亮宽	试论傅斯年的墨学研究及影响	烟台大学学报	第2期	CSSCI
2018	郑民德	水患治理与神灵塑造——以李冰为对象的历史考察	中华文化论坛	第3期	北核
2018	胡梦飞	运道与信仰的正统化:以清代高邮地区为中心的考察	华北水利水电大学学报	第1期	
2018	周嘉	运河城市临清历代城址变迁考略	城市史研究	第39辑	CSSCI
2018	周嘉	运河名城临清碧霞元君信仰考略	中国道教	第4期	北核
2018	郑民德,岳广燕	运河文化建设中的饮食文化研究——以清末山东聊城县为例	聊城大学学报	第6期	
2019	郑民德	"运河文化带"视阈下的遗产保护与利用研究	华北水利水电大学学报	第1期	
2019	周广骞	白钟山《豫东宣防录》存录河南治黄文献价值述略	黄河科技学院学报	第3期	
2019	胡梦飞	保漕与禳灾:明清时期南旺分水龙王庙的功能及影响	临沂大学学报	第3期	

时间	作者	论文名称	发表刊物	期/辑	期刊级别
2019	郑民德	明清河北运河城市变迁研究——以东光县为例	运河学研究	第3辑	
2019	裴一璞	明清长芦盐业与运河交通述论	运河学研究	第3辑	
2019	周嘉	圣迹与霞光:临清泰山奶奶崇拜的历史人类学研究	运河学研究	第3辑	
2019	刘玉梅	从民间俚曲《逛东昌》看运河对东昌饮食文化的影响	运河学研究	第4辑	
2019	吕德廷	黄河、运河影响下僧伽信仰的演变	运河学研究	第4辑	
2019	周广骞,丁延峰	江南河道总督杨以增办理丰工奏折释读	运河学研究	第4辑	
2019	朱年志	明代隆庆、万历初期的运河治理探析	运河学研究	第4辑	
2019	崔建利	2018年度运河学研究综述	运河学研究	第4辑	
2019	郑民德	大运河与中国历史	档案与建设	第12期	北核
2019	周嘉	地方神庙、信仰空间与社会文化变迁——以临清碧霞元君庙宇碑刻为中心	民俗研究	第6期	CSSCI
2019	郑民德	河北省运河城镇研究——以明清吴桥县为对象的历史考察	黄河科技学院学报	第3期	
2019	高元杰	环境史视野下清代河工用秸影响研究	史学月刊	第2期	CSSCI
2019	胡梦飞	临清博物馆藏明代雷神庙碑刻考释	湖北职业技术学院学报	第4期	
2019	周广骞	明代山东泉志的纂修及价值略论	中国地方志	第6期	
2019	郑民德	明清江苏运河名镇盛泽	档案与建设	第7期	北核

时间	作者	论文名称	发表刊物	期/辑	期刊级别
2019	胡梦飞	明清时期国家祭祀视野下的河神信仰	郑州航空工业管理学院学报	第4期	
2019	胡梦飞	明清时期杭州地区水神信仰考略	湖北职业技术学院学报	第1期	
2019	胡梦飞	明清时期运河水利人格神的建构及传播——以宋礼、白英为中心	江南大学学报	第6期	
2019	窦重沂，郑民德	清代山东运河河政制度探析——以上河厅为对象的历史考察	济宁学院学报	第6期	
2019	窦重沂，郑民德	清代运河河政制度研究——以山东运河道为对象的历史考察	德州学院学报	第3期	
2019	胡梦飞	融合与互动：明清时期鲁西地区民间信仰述记	德州学院学报	第3期	
2019	王玉朋	山东冠县出土明钱楷夫妇墓志铭考释	中国国家博物馆馆刊	第11期	CSSCI
2019	王玉朋	社区福利的空间差异——清代山东运河区域慈善事业研究	聊城大学学报	第4期	
2019	胡梦飞	苏州神仙庙的历史变迁	中国道教	第3期	北核
2019	丁延峰	台北"故宫博物院"藏南宋茶陵谭氏刻本《淮南鸿烈解》考略	版本目录学研究	第10辑	
2019	朱年志	元明"高唐州重修庙学记"碑文考略	北方文物	第4期	北核
2019	朱年志	运河区域老字号文化的传承与利用——以济宁玉堂酱菜为例	济宁学院学报	第3期	
2019	吴欣	运河学研究的理论、方法与知识体系	人文杂志	第6期	CSSCI

续表

时间	作者	论文名称	发表刊物	期/辑	期刊级别
2019	周广骞	大名方志存录大运河文献价值略考	中国古都研究	第37辑	
2020	胡梦飞	"非遗"语境下传统音乐的传承与发展——以临清金氏古筝为例	湖北职业技术学院学报	第4期	
2020	伏梦璇,于世永,吴金甲,陈诗越,侯战方,周瑞文,李政,魏本杰	巴丹吉林沙漠南缘高台盐湖记录的中晚全新世气候变化	海洋地质与第四纪地质	第4期	北核
2020	李泉	汴河及其在中国运河开发史上的地位	运河学研究	第5辑	
2020	周嘉	京杭大运河遗产与地名文化研究	运河学研究	第5辑	
2020	裴一璞	从宋代卓筒井开凿与禁弛转变看官民食盐利益的博弈	中国社会经济史研究	第4期	CSSCI
2020	郑民德	大禹治水:历史变化中的国家信仰与社会崇拜	聊城大学学报	第1期	
2020	周嘉	地方社会变迁与庙会社火传承的嬗变——以鲁西北地区临清为例	中国农史	第4期	CSSCI
2020	胡梦飞	地方神灵的正统化:以清代邯郸圣井岗龙神庙为中心的考察	地方文化研究	第2期	
2020	胡梦飞	地方神庙的建构与变迁:以山东嘉祥惠济公庙为中心的考察	中国传统文化研究	第2辑	
2020	胡梦飞,王伟	东昌运河毛笔制作技艺传承与发展研究	湖北职业技术学院学报	第1期	

续表

时间	作者	论文名称	发表刊物	期/辑	期刊级别
2020	高元杰	东河总督裁撤考述	黄河科技学院学报	第9期	
2020	丁延峰	俄罗斯国家图书馆藏《说苑》非宋刻本考	图书馆杂志	第7期	CSSCI
2020	丁延峰	俄罗斯国家图书馆藏宋絮《管子》考述	国学季刊	第3、4期	
2020	马亮宽	傅斯年与山东龙山文化研发关系述论	山东师范大学学报	第4期	CSSCI
2020	胡梦飞	杭州洞霄宫的历史变迁	中国道教	第4期	北核
2020	吴欣	京杭大运河纤夫的生计与制度	学海	第5期	CSSCI
2020	崔建利	柯劭忞诗集及诗歌创作述论	黄河科技学院学报	第1期	
2020	马亮宽	历史语言研究所研究生培养述论(1928—1949)——以史语所档案记载为主的探讨	四川大学学报	第6期	CSSCI
2020	胡梦飞	聊城高唐四新村减水回龙庙明代碑刻考释	浙江水利水电学院学报	第6期	
2020	郑民德,岳广燕	明代朝鲜人崔溥眼中的江苏运河风物	档案与建设	第8期	北核
2020	胡梦飞,乔海燕	明代高唐四新村减水回龙庙碑刻考释	郑州航空工业管理学院学报	第6期	
2020	胡梦飞	明代山东嘉祥青山寺祷雨碑考释	济宁学院学报	第6期	
2020	高元杰	明代运河功臣宋礼历史地位的演变及其原因	济宁学院学报	第6期	
2020	朱年志	明清德州运河小城镇的历史考察	德州学院学报	第3期	

续表

时间	作者	论文名称	发表刊物	期/辑	期刊级别
2020	胡梦飞	明清时期滑县道口镇大王庙的历史变迁——以碑刻资料为中心	黄河科技学院学报	第10期	
2020	胡梦飞	明清时期济宁凤台寺碑刻考释	临沂大学学报	第4期	
2020	郑民德	明清时期山东运河区域的真武大帝信仰	中国道教	第4期	北核
2020	胡梦飞	明清时期运河城市饮食业发展考论——以山东济宁为例	中国名城	第2期	
2020	郑民德	明清运河区域的徽商及其社会活动研究	中原文化研究	第3期	
2020	宗世昊	明中后期致祭使者对泰山碧霞元君信仰的心态分析——以正德五年明武宗遣乔宇致祭泰山为例	泰山学院学报	第3期	
2020	胡梦飞	清代济宁《永宁会馆碑记》考释	郑州航空工业管理学院学报	第2期	
2020	周嘉，布乃静	日本新公布的大运河苏北段照片档案解读	档案与建设	第10期	北核
2020	裴一璞	山东高唐出土元代宣使李处贞墓志考释	文物春秋	第5期	
2020	周广骞	山东聊城方志运河非遗文献价值探析——以明代以来东昌府、临清州等沿运地域纂修的方志为例	中国地方志	第6期	
2020	胡梦飞	山东武城县四女祠传说考辨	德州学院学报	第3期	
2020	胡梦飞	山东运河区域传统音乐保护与传承研究——以武城运河号子为例	淮阴工学院学报	第4期	

时间	作者	论文名称	发表刊物	期/辑	期刊级别
2020	裴一璞	宋代三峡民间食盐走私与政府调控述论	盐业史研究	第1期	C扩
2020	胡梦飞	乡土神庙的历史建构——以山东金乡贞姑庙为中心的考察	江南大学学报	第4期	
2020	吕德廷	新见傅斯年《巴黎燉煌写本集读记》考述	敦煌研究	第4期	CSSCI
2020	胡梦飞	英国阿美士德使团眼中的清代淮安运河	淮阴师范学院学报	第6期	
2020	胡梦飞	英国阿美士德使团眼中的清代江苏运河	档案与建设	第6期	北核
2020	胡梦飞，乔海燕	英国阿美士德使团眼中的清代山东运河	重庆第二师范学院学报	第5期	
2020	胡梦飞	由河臣到河神：清代朱之锡信仰的建构与传播	黄河文明与可持续发展	第16辑	
2020	Deng Huanguang, Zhang Ju, Wu Jinjia, Yao Xin, Yang Liwei	Biological denitrification in a macrophytic lake: implications for macrophytes-dominated lake management in the north of China	Environmental Science and Pollution Research	27（34）	SCI
2021	丁延峰，沈刚	俄罗斯国家图书馆藏宋淳熙八年江西计台刻本《荀子考异》及其价值	古典文献研究	第23辑	CSSCI
2021	周嘉，张佩国	"把持"与"共利"之间——明清山陕商人之制度伦理	史林	第5期	CSSCI
2021	张晓冬，赵海军，吴成	"双创工作坊+大学生社团"模式提升高校创新创业教育	文教资料	第16期	
2021	周广骞	《聊城县志》的纂修与文献价值略论	枣庄学院学报	第6期	

续表

时间	作者	论文名称	发表刊物	期/辑	期刊级别
2021	李泉	立于当今传之后世——《中国运河志》写作笔谈	运河学研究	第 6 辑	
2021	刘玉梅	2019 年运河学研究综述	运河学研究	第 6 辑	
2021	胡克诚	皇权与财政:试论明代大运河上的宦官角色	运河学研究	第 6 辑	
2021	高元杰	黄运关系与明清时期的改漕治河思潮	运河学研究	第 6 辑	
2021	朱年志	明清山东运河小城镇渡口驿的历史考察——以地方志资料为中心	运河学研究	第 6 辑	
2021	王玉朋	清代运河道财政职能研究	运河学研究	第 6 辑	
2021	李德楠,吴霄彤	郑民德着《明清运河漕运仓储与区域社会研究》评介	运河学研究	第 6 辑	
2021	胡梦飞	2020 年运河学研究综述	运河学研究	第 7 辑	
2021	石伟楠,胡克诚	20 世纪以来通惠河史研究综述	运河学研究	第 7 辑	
2021	裴一璞	历史时期山东小清河盐运述论	运河学研究	第 7 辑	
2021	周广骞	聊城海源阁杨氏家风略论——基于对晚清经世名臣杨以增藏书及仕宦经历的考察	运河学研究	第 7 辑	
2021	吴金甲,乔英	苏伊士运河的地缘政治学分析	运河学研究	第 7 辑	
2021	胡梦飞	策彦周良《入明记》中的明代沧州运河	沧州师范学院学报	第 3 期	
2021	胡梦飞	策彦周良《入明记》中的明代江苏运河城镇	档案与建设	第 1 期	北核

时间	作者	论文名称	发表刊物	期/辑	期刊级别
2021	胡梦飞	传统技艺的保护、传承与发展：以临清贡砖烧制技艺为例	非物质文化遗产研究集刊	第 14 辑	
2021	胡梦飞	大传统与小传统：明清时期鲁西地区的碧霞元君信仰	地方文化研究	第 6 期	
2021	郑民德，王云	大运河——交融互动的纽带	中国民族	第 7 期	
2021	胡梦飞	地方精英与民间信仰：以明清时期定陶仿山庙为中心的考察	黄河科技学院学报	第 12 期	
2021	刘玉梅	东昌府木版年画之民间性特征论述	天工	第 8 期	
2021	丁延峰，丁一	覆写抑或临对？——以汲古阁影抄本为例	古籍整理研究学刊	第 2 期	
2021	张晓冬，赵海军，吴成	高校建立和完善大学生职业发展工作室探究	中国教育技术装备	第 17 期	
2021	朱年志	归有光的两篇运河纪行	档案与建设	第 12 期	北核
2021	胡梦飞	嘉祥青山寺小考	山东档案	第 5 期	
2021	胡梦飞	礼俗互动与民间信仰：以微山县两城镇伏羲庙为中心的考察	江南大学学报	第 3 期	
2021	罗衍军	李慈铭论史	聊城大学学报	第 1 期	
2021	罗衍军	黄宗羲史学观念探析	山东理工大学学报	第 2 期	
2021	罗衍军	全面抗战时期中国共产党的抗战文化探析	青岛科技大学学报	第 2 期	
2021	罗衍军	苦难的言说——以一项抗战口述访谈为中心	中国社会历史评论	第 26 卷	CSSCI
2021	王欣妮，丁延峰	聊城历代私家藏书考略	山东图书馆学刊	第 4 期	

续表

时间	作者	论文名称	发表刊物	期/辑	期刊级别
2021	刘玉梅	论中国传统木版年画的三大中心	文化艺术研究	第 4 期	
2021	李德楠,吕德廷	民变、风水、舍利塔:万历后期临清社会的重建——兼论运河城市临清的徽商元素	徽学	第 15 辑	
2021	郑民德,余敏辉	明清江苏运河区域的徽商及其社会互动	江苏地方志	第 5 期	
2021	宗世昊	明清时期民变抗税者的形象书写与地方塑造——以万历临清王朝佐民变为例	中国文化论衡	总第 11 期	
2021	郑民德	明清小说中的山东运河城市	城市史研究	第 43 辑	CSSCI
2021	郑民德	明清小说中运河城市临清与淮安的比较研究	明清小说研究	第 2 期	CSSCI
2021	胡梦飞	明清至民国时期博山玉皇宫历史变迁考略	临沂大学学报	第 1 期	
2021	高元杰	宁阳新见元马之贞《改修堽城坝闸记》残碑考释	中国国家博物馆馆刊	第 7 期	CSSCI
2021	王玉朋	清代前期山东运河湖田开发的讨论与实践	聊城大学学报	第 2 期	
2021	王玉朋	清代山东运河冬挑经费研究	农业考古	第 6 期	北核
2021	胡梦飞	权近《奉使录》所载京津冀运河风物考述	沧州师范学院学报	第 4 期	
2021	胡梦飞	日本遣明使眼中的明代浙东运河——基于策彦周良《入明记》文本研究的视角	浙江水利水电学院学报	第 5 期	
2021	胡梦飞	山东省大运河国家文化公园建设路径与策略研究	华北水利水电大学学报	第 6 期	
2021	胡梦飞	山东运河非物质文化遗产的保护、传承与利用	湖北职业技术学院学报	第 2 期	

时间	作者	论文名称	发表刊物	期/辑	期刊级别
2021	胡梦飞	山东运河文化遗产旅游开发现状及策略研究	淮阴工学院学报	第4期	
2021	王玉朋，张帅	晚清时期的衍圣公与微山湖地区的"湖团案"	中国国家博物馆馆刊	第8期	CSSCI
2021	朱年志	消费者参与模式下非遗美食的活化路径研究	黄河科技学院学报	第7期	
2021	马亮宽，吴鲁锋	新文化运动对傅斯年的影响	聊城大学学报	第3期	
2021	吴鲁锋，马亮宽	徐中舒与史语所关系述论	中华文化论坛	第5期	北核
2021	朱年志	元代"高唐州学施田之记"碑文考释	泰山学院学报	第4期	
2021	岳广燕，郑民德	运河与苏州平望镇的历史变迁	邢台学院学报	第3期	
2021	崔建利	张睿与北京香山	北京档案	第2期	北核
2021	Deng Huanguang，Zhang Ju，Wu Jinjia，Yang Liwei，Zhang Yinghao，Yao Xin	Physicochemical properties and greenhouse gas emissions of water body during the decomposition of Potamogeton crispus with different values of initial debris biomass	Environmental Science and Pollution Research	29（4）	SCI
2022	郑民德，赵铮	《重修八里庙记》碑考释	运河学研究	第8辑	
2022	罗衍军，王蕊玉	美国巴拿马运河政策的演进	运河学研究	第8辑	
2022	胡梦飞，王雪莹	聊城大运河国家文化公园建设策略探究	济宁学院学报	第1期	

续表

时间	作者	论文名称	发表刊物	期/辑	期刊级别
2022	胡梦飞，王雪莹	聊城非物质文化遗产现状与保护策略研究	湖北职业技术学院学报	第1期	
2022	苏新红	明朝初期的税收支撑体系研究	贵州社会科学	第5期	CSSCI
2022	胡梦飞	明初高丽使节眼中的江苏运河——以权近《奉使录》为中心	江南大学学报	第2期	
2022	胡梦飞，宋仕香	明初外国人眼中的山东运河——以权近《奉使录》为中心	德州学院学报	第3期	
2022	王玉朋	明代大运河沿线湖田开发政策的演变	档案与建设	第5期	北核
2022	郑民德，赵铮	明清小说中的金龙四大王信仰	聊城大学学报	第5期	
2022	刘浩志，张菊，贾润娜，张建康，吴金甲，邓焕广	南四湖表层沉积物中砷赋存特征及污染评价	环境工程技术学报		北核
2022	朱年志	清代顺天府尹张令璜与雍正初年的政治	北京档案	第1期	北核
2022	胡梦飞	清代文人行记中的大运河——以陆陇其《三鱼堂日记》为中心	沧州师范学院学报	第3期	
2022	胡梦飞	清代越南来华使节眼中的南京——以《奉使燕京总歌并日记》为中心	南京学研究	第5辑	
2022	高元杰	清代运河水柜微山湖水位控制与管理运作——基于湖口闸志桩收水尺寸数据的分析	中国农史	第1期	CSSCI

时间	作者	论文名称	发表刊物	期/辑	期刊级别
2022	罗衍军	全面抗战时期山东根据地的妇女策略与实践	聊城大学学报	第4期	
2022	王雪莹,罗衍军	文旅融合视角下临清运河文化遗产保护与发展新路径研究	淮阴工学院学报	第2期	
2022	裴一璞	新见山东泗水元代《重修泉林寿圣寺记》碑考释	中国国家博物馆馆刊	第2期	CSSCI
2022	周嘉	运河名城临清文化遗产保护利用及古城内涵式发展研究	运河学研究	第9辑	
2022	丁延峰,王欣妮	俄罗斯国立图书馆藏宋刻本《三谢诗》的编刊、传刻及利用	古典文献研究	第25辑下	CSSCI
2022	高元杰	明代运河"水脊"的形成及其意义	历史地理研究	第3期	CSSCI
2022	张晓冬	大运河文化精神融入高校育人体系路径探究——以大运河沿线地域高校为研究对象	科学新生活	第7期	

2. 期刊论文（2012年之前）

时间	作者	论文名称	发表刊物	期/辑	期刊级别
2002	马亮宽	试论辛亥滦州兵谏与立宪派之关系	聊城大学学报	第6期	
2002	崔建利	宋版书及佞宋之风	聊城大学学报	第3期	
2002	李庆立,崔建利	寻求文道关系的平衡——唐古文运动和明前后七子复古比较观照	淮北煤炭师范学院学报	第6期	
2003	李庆立,崔建利	《通雅》训诂学价值述评	新乡师范高等专科学校学报	第6期	

续表

时间	作者	论文名称	发表刊物	期/辑	期刊级别
2003	李庆立,崔建利	寂寞玄亭下 穷年著作心——胡应麟的嗜书情结和治学成就	东岳论丛	第2期	CSSCI
2003	马亮宽	略论两汉之际的士人群体	聊城大学学报	第6期	
2003	李泉	齐涛主编十二卷本《中国政治通史》评介	聊城大学学报	第4期	
2003	吴欣	权宜之外与举止之间——《明代州县政治体制研究》读后	中国图书评论	第10期	北核
2003	李庆立,崔建利	试析钱谦益对胡应麟的评价	山东师范大学学报	第1期	北核
2004	李庆立,崔建利	《诗薮》文论视野新探	齐鲁学刊	第1期	北核
2004	李庆立,崔建利	胡应麟的文学生涯及诗歌创作	苏州大学学报	第1期	CSSCI
2004	王云,李泉	聊城山陕会馆戏楼墨记及其史料价值	文献	第1期	CSSCI
2004	马亮宽	略论士人知识群体的形成及社会属性	聊城大学学报	第4期	
2004	吴欣	明清时期的"中人"及其法律作用与意义——以明清徽州地方契约为例	南京大学法律评论	第3卷	
2004	李庆立,崔建利	于慎行及其著述之研究漫议	聊城大学学报	第6期	
2005	马亮宽	傅斯年揭露美公债舞弊案述论	聊城大学学报	第2期	
2005	李庆立,崔建利	胡应麟诗论研究述评	中国文化研究	第4期	CSSCI
2005	王云	京杭运河与海源阁藏书的聚散	山东图书馆季刊	第3期	

续表

时间	作者	论文名称	发表刊物	期/辑	期刊级别
2005	马亮宽	略论汉初士人在社会秩序建设中的作用	孔子研究	第3期	CSSCI
2005	崔建利	明代聊城双璧 —— 谢榛、于慎行	聊城大学学报	第3期	
2005	王云	明清时期山东运河区域的金龙四大王崇拜	民俗研究	第2期	CSSCI
2005	吴欣	清代"兄弟争产"诉讼中的法律与社会	聊城大学学报	第4期	
2005	吴欣	清代妇女民事诉讼权利考析 —— 以档案与判牍资料为研究对象	社会科学	第9期	CSSCI
2006	王云,崔建利	《徐忠勤公遗集识后》及其文献价值	文献	第4期	CSSCI
2006	李泉	从聊城山陕会馆戏楼墨记看清末民初的地方戏剧	戏曲研究	第1期	
2006	王云,许磊	关于校地共建共享图书馆的探索与思考 —— 以聊城大学与聊城市共建共享图书馆为例	中国图书馆学报	第5期	CSSCI
2006	马亮宽	何思源学术思想述评	理论学刊	第12期	北核
2006	崔建利,王伟	明代《说文》学述略	聊城大学学报	第2期	
2006	王云	明清临清贡砖生产及其社会影响	故宫博物院院刊	第6期	北核
2006	吴欣	清代寺庙产业纠纷中的国家与社会 —— 以档案与判牍资料为例	中国社会历史评论	第6卷	CSSCI
2006	马亮宽	书生议政典型在 —— 傅斯年在旧政协会议行为述论	聊城大学学报	第2期	

续表

时间	作者	论文名称	发表刊物	期/辑	期刊级别
2006	吴欣	思想的"魅力"与"批判"	聊城大学学报	第 3 期	
2007	罗衍军	《朝鲜血》刍论	湖南第一师范学报	第 4 期	
2007	吴欣	《明清山东运河区域社会变迁》评介	中国史研究动态	第 11 期	CSSCI
2007	丁延峰，林丽	《四库全书总目提要》补正六则	图书馆理论与实践	第 6 期	CSSCI
2007	丁延峰	《楹书隅录》版本考	图书馆研究与工作	第 4 期	
2007	罗衍军	《中外小说林》的女权宣传	南华大学学报	第 5 期	
2007	丁延峰	海源阁刻本《蔡中郎集》考略	图书馆研究与工作	第 1 期	
2007	罗衍军	黄世仲《辨康有为政见书》刍论	兰州学刊	第 12 期	C 扩
2007	王云，崔建利	简析《近代中国史料丛刊》的学术价值	民国档案	第 4 期	CSSCI
2007	丁延峰	论清代中晚期私家书目与《四库全书总目》之关系——以《楹书隅录》为例	中国典籍与文化	第 4 期	
2007	马亮宽	试论构建和谐社会的历史借鉴	聊城大学学报	第 3 期	
2007	崔建利	运河区域社会史研究的新探索——读《明清山东运河区域社会变迁》	聊城大学学报	第 3 期	
2008	罗衍军	1945—1949 年间的杭州娼妓概况与其治理	聊城大学学报	第 6 期	
2008	罗衍军	步武瑞士 肇建新邦——郑贯公与《瑞士建国志》	文教资料	第 18 期	

时间	作者	论文名称	发表刊物	期/辑	期刊级别
2008	罗衍军	革命运动与1920—1950年代的中国乡村社会变迁——近年学界研究的回顾与思考	世纪桥	第3期	
2008	崔建利,袁明霞	古代私塾先生	秘书	第10期	
2008	李德楠	河道变迁与城市衰落:《明徐州蠲免房租书册》解读	江淮论坛	第4期	CSSCI
2008	崔建利,万华	胡应麟传记资料及其历史嬗变	兰台世界	第2期	北核
2008	罗衍军	民国时期的娼妓书写与治理——以杭州(1927—1937)为中心	浙江社会科学	第5期	CSSCI
2008	罗衍军	民国时期华北乡村土地占有关系刍论	晋阳学刊	第4期	CSSCI
2008	马亮宽	明清聊城运河与文化族群兴衰——以傅、杨两家族为个案	聊城大学学报	第4期	
2008	王云	明清山东运河区域的商人会馆	聊城大学学报	第6期	
2008	王云	明清山东运河区域社会变迁的历史趋势及特点	东岳论丛	第3期	CSSCI
2008	罗衍军	时代巨变中的自由主义言说——读张太原教授《〈独立评论〉与20世纪30年代的政治思潮》	安徽史学	第5期	CSSCI
2008	李德楠	试论明清时期河工用料的时空演变——以黄运地区的软料为中心	聊城大学学报	第6期	
2008	王云	诉讼与秩序——《清代民事诉讼与社会秩序》读后	聊城大学学报	第1期	

续表

时间	作者	论文名称	发表刊物	期/辑	期刊级别
2008	李泉	中国运河文化的形成及其演进	东岳论丛	第 3 期	CSSCI
2008	李泉	中国运河文化及其特点	聊城大学学报	第 4 期	
2009	丁延峰	《汲古阁珍藏秘本书目》的著录体例及其价值述论	图书馆理论与实践	第 6 期	CSSCI
2009	崔建利,王云	《徐世昌年谱》及其编者考论	民国档案	第 1 期	CSSCI
2009	崔建利,袁明霞	布衣诗人谢榛的颠沛人生	山东档案	第 6 期	
2009	丁延峰	残宋本吴仁杰《陶靖节先生年谱》考述	图书馆工作与研究	第 12 期	CSSCI
2009	李德楠	国家运道与地方城镇:明代迦河的开凿及其影响	东岳论丛	第 12 期	CSSCI
2009	丁延峰	海源阁遗书流入域外考述	国家图书馆学刊	第 1 期	CSSCI
2009	罗衍军	近代中国对西方文明的回应	聊城大学学报	第 1 期	
2009	丁延峰	李东阳佚作辑考	古籍整理研究学刊	第 2 期	北核
2009	王云,崔建利	梁份及其《帝陵图说》考论	故宫学刊	第 1 期	
2009	吴欣	明清京杭运河区域仕宦宗族的社会变迁——以聊城"阁老傅、御史傅"为中心	东岳论丛	第 5 期	CSSCI
2009	王云	明清山东运河区域的书院和科举	聊城大学学报	第 3 期	
2009	王云	明清以来山东运河区域的嗜酒与尚武之风	东岳论丛	第 3 期	CSSCI
2009	李泉	清末民初聊城山陕会馆戏楼墨记与区域戏剧文化交流	东岳论丛	第 4 期	CSSCI

时间	作者	论文名称	发表刊物	期/辑	期刊级别
2009	马亮宽	试论傅斯年对孙中山社会主义思想的阐释和实践	聊城大学学报	第4期	
2009	吴欣	正祀与杂祀：明清运河区域的民间信仰研究——以张秋镇为中心的历史人类学考察	聊城大学学报	第3期	
2009	李泉	中国运河文献资料的分类整理	聊城大学学报	第4期	
2010	丁延峰	《藏园群书经眼录》补正（续）	图书馆杂志	第3期	CSSCI
2010	袁明霞，崔建利	不可忽视的课间十分钟	湖南教育（上）	第7期	
2010	丁延峰	残宋本吴仁杰《陶靖节先生年谱》的文献价值	文学遗产	第6期	CSSCI
2010	罗衍军	官绅民形象的传统描述及影响——以山东省郓城县乡村社会（1900—1949）为中心的考察	聊城大学学报	第5期	
2010	丁延峰	海源阁杨氏序跋辑考	文献	第1期	CSSCI
2010	丁延峰	汲古阁毛氏影抄宋本《鲍氏集》及其价值	图书馆理论与实践	第6期	CSSCI
2010	崔建利，王云	江南河道总督麟庆考论	淮阴工学院学报	第4期	
2010	李泉，李芹	明代的宫廷运输与运河交通	故宫学刊	第1期	
2010	吴欣	明清京杭运河河工组织研究	史林	第2期	CSSCI
2010	李德楠	清代河工物料的采办及其社会影响	中州学刊	第5期	CSSCI
2010	李德楠	清代江浙漕粮赈闽及相关问题探析	山东师范大学学报	第5期	北核
2010	袁明霞，崔建利	师生交流：不可忽视课间十分钟	江西教育	第31期	

续表

时间	作者	论文名称	发表刊物	期/辑	期刊级别
2010	李德楠	试论明清时期河工用料的时空演变——以黄运地区的硬料为中心	聊城大学学报	第 1 期	
2010	马亮宽	试论辛亥滦州革命的历史地位	聊城大学学报	第 6 期	
2010	罗衍军	孙中山土地利用思想探讨	安徽农业科学	第 8 期	北核
2010	崔建利，杨雅君	文献渊薮，学术津梁	兰台世界	第 7 期	北核
2010	崔建利	也谈谢榛卒年——兼与赵旭同志商榷	聊城大学学报	第 5 期	
2010	李德楠，王云	中国社会史学会第十三届年会暨区域、跨区域与文化整合国际学术研讨会综述	聊城大学学报	第 6 期	
2010	吴欣	宗族与乡村社会"自洽性"研究——以明清时期苫山村落为中心	民俗研究	第 1 期	CSSCI
2011	王云，李德楠	"区域、跨区域与文化整合"国际学术研讨会暨中国社会史学会第十三届年会综述	中国史研究动态	第 2 期	C 扩
2011	李泉	《北游录》与大运河	聊城大学学报	第 5 期	
2011	崔建利，王云	《四部丛刊》编纂考略	山东图书馆学刊	第 6 期	
2011	李泉	傅以渐——聊城傅氏文化家族的奠基者	齐鲁文化研究	第 2 期	
2011	丁延峰，耿春燕	劳健题跋辑录	文献	第 3 期	CSSCI
2011	崔建利，万华	清代河工技术文献之双璧——《安澜纪要》《回澜纪要》内容及作者述论	聊城大学学报	第 5 期	

时间	作者	论文名称	发表刊物	期/辑	期刊级别
2011	马亮宽	孙中山与辛亥滦州革命关系初探	聊城大学学报	第 6 期	
2011	崔建利	谢肇淛居官山东及其笔下的运河风情	闽江学院学报	第 6 期	
2011	罗衍军	咱们的人——以抗战时期的山东省郓城县为中心	兰州学刊	第 10 期	C 扩

3. 会议论文

时间	作者	论文名称	论文集	出版社
2005	王云	明清时期活跃于山东运河区域的客籍商帮	第十届明史国际学术讨论会论文集	人民日报出版社
2008	马亮宽	傅斯年的自由社会主义思想论析	中国近代史上的自由主义	社会科学文献出版社
2008	吴欣	"通漕"与"变漕"——明清漕运法规变革研究	社会转型与法律变革国际学术研讨会文集	中国政法大学法律史学研究院
2010	马亮宽	试论明清运河与聊城文化族群兴衰	民间文献与地域中国研究	黄山书社
2010	王云	清代聊城山陕会馆碑刻及其史料价值	民间文献与地域中国研究	黄山书社
2011	李泉	明代江北运河交通——以明代运河旅行"日记"为中心	第十三届明史国际学术研讨会论文集	湖南人民出版社
2011	李德楠	明代徐州段运河的特点与治理——以运艘"过洪"时限为视角	第十三届明史国际学术研讨会论文集	湖南人民出版社
2011	罗衍军	周馥民生思想与实践	开放与城市现代化——中国近现代城市开放国际学术研讨会论集	山东人民出版社

续表

时间	作者	论文名称	论文集	出版社
2012	罗衍军	乡村场域与革命运行	"区域、跨区域与文化整合"社会史国际学术研讨会论文集	天津人民出版社
2013	李德楠	张居正与嘉隆之际胶莱运河的治理	张居正国际学术研讨会论文集	湖北人民出版社
2015	胡克诚	王竑与明代漕抚创制史迹考证三则	王竑文化学术研讨会论文集	云南人民出版社
2016	罗衍军	"敌我之分"：以土改时期的山东省郓城县乡村社会为中心	历史进程中的中国与世界：中国历史学博士后论坛	社会科学文献出版社
2017	罗衍军	抗战时期的生产动员与乡村社会整合	历史学与当代中国社会：2015年全国历史学博士后论坛论文集	山东大学出版社
2017	胡克诚	明代漕运监兑官制初探	第十六届明史国际学术研讨会暨建文帝国际学术研讨会论文集	九州出版社
2018	胡克诚	杨一清与嘉靖七年运河之议	明代云南治理与开发国际学术研讨会论文集	云南人民出版社
2018	胡克诚	何处是江南：论明代镇江府"江南"归属性的历史变迁	第十七届明史国际学术研讨会暨纪念明定陵发掘六十周年国际学术研讨会论文集（下册）	北京燕山出版社
2019	胡克诚	明代户部外差"督通使"考略	第十八届明史国际学术研讨会暨首届阳明文化国际论坛论文汇编（上）	江西高校出版社

4. 报纸

时间	作者	论文名称	发表报纸	日期
2008	程玉海	中国大运河的形成、发展与繁荣	光明日报	2008年11月30日

时间	作者	论文名称	发表报纸	日期
2009	马亮宽	大运河与社会政治文化变迁	光明日报	2009 年 1 月 20 日
2009	王云	明清时期活跃于京杭运河区域的商人商帮	光明日报	2009 年 2 月 3 日
2009	李泉	京杭运河历史文献的整理与研究	光明日报	2009 年 2 月 15 日
2009	吴欣	明清时期的运河钞关	光明日报	2009 年 3 月 3 日
2009	崔建利，马忠庚	明清时期的漕运总督与河道总督	光明日报	2009 年 3 月 17 日
2009	宋益乔，苗菁	明清小说与运河	光明日报	2009 年 3 月 31 日
2009	李德楠	中国运河文化遗产及其保护	光明日报	2009 年 5 月 5 日
2012	郑民德	明清时期的沿运城市与运河申遗	中国文化报	2012 年 6 月 14 日
2014	郑民德	运河名镇魏家湾	齐鲁晚报	2014 年 3 月 20 日
2014	郑民德，孙元国	曾与苏杭齐名的运河名镇张秋	齐鲁晚报	2014 年 6 月 26 日
2016	李泉，吴欣等	运河学研究方兴未艾——运河学笔谈	中国社会科学报	2016 年 6 月 8 日
2016	郑民德	大运河文化如何焕发新生机	大众日报	2019 年 6 月 19 日
2016	吴欣	从"制度"到"生活"：运河研究的新维度	光明日报	2016 年 8 月 10 日
2017	李泉	发掘运河文化的丰富内涵	光明日报	2017 年 3 月 25 日
2017	李泉	明清时期江北运河对区域农业发展的影响	中国社会科学报	2017 年 5 月 16 日
2018	吴欣	大运河文化的内涵与价值	光明日报	2018 年 2 月 5 日

时间	作者	论文名称	发表报纸	日期
2018	裴一璞	马之贞治理运河	大众日报	2018 年 7 月 19 日
2019	郑民德	怎样保护利用大运河	解放日报	2019 年 8 月 13 日
2020	罗衍军，王雪莹	聊城文化名人傅以渐和杨以增	大众日报	2020 年 11 月 10 日
2020	郑民德	鲁风运河中的大粮仓	大众日报	2020 年 11 月 18 日
2021	罗衍军，王蕊玉	济宁城的运河景：城面青山州枕流	大众日报	2021 年 1 月 19 日
2021	郑民德	文化聊城的运河印记	大众日报	2021 年 4 月 13 日
2021	丁延峰	写好"千年运河"的齐鲁新篇章	大众日报	2021 年 8 月 24 日
2021	张佩国 周嘉	拓展大运河商业文化史研究	光明日报	2021 年 10 月 4 日
2021	张佩国 周嘉	寻找区域市场与文化传统的联系	社会科学报	2021 年 10 月 28 日
2022	罗衍军	蔡元培的史学思想	大众日报	2022 年 2 月 13 日
2022	罗衍军	王阳明史学观刍论	大众日报	2022 年 5 月 29 日
2022	吴金甲 胡克诚	大运河全线通水生态效应初显	中国社会科学报	2022 年 11 月 11 日
2022	胡梦飞 丁延峰	以公园形式保护大运河非遗	中国社会科学报	2022 年 11 月 11 日
2022	周广骞	提升运河文献保护与整理水平	中国社会科学报	2022 年 11 月 11 日
2022	张晓冬	运河文化助推乡村振兴	中国社会科学报	2022 年 11 月 11 日

5. 硕士学位论文

学位年度	作者	题名	导师
2006	李红娟	论高师历史专业教学内容和方法改革——对聊城大学历史学专业教学改革的思考	李泉
2006	赵生玲	中学历史教学模式的改革与创新——杜郎口中学教学模式改革启示	李泉
2007	王伟	论明清时期漕运兵丁	李泉
2007	向福贞	明清时期的临清钞关	王云
2007	赵绪磊	试论王世杰的教育思想	马亮宽
2008	姚树民	论清代的河道总督	李泉
2008	李小红	杨以增与晚清河政	王云
2008	赵维兰	朱家骅的教育思想和 20 世纪 30 年代的教育改革思潮	马亮宽
2009	陈博	试论罗家伦教育思想	马亮宽
2010	郑民德	明清运河水次仓研究	王云
2010	于琪	明清京杭运河闸官、闸夫研究	吴欣
2010	陈文娟	明代首任漕运总兵官陈瑄	王云
2010	王健	鲍罗廷与 1926 年中国政局	马亮宽
2010	刘春强	陈寅恪教育思想与实践初探	马亮宽
2011	岳广燕	明清运河与济宁商品经济研究	王云
2011	张敏	清代河道总督祠祭研究	吴欣
2011	刘兵	明清山东运河区域水神信仰研究	吴欣
2011	赵珍	明清时期会通河段泉夫及泉源管理研究	吴欣
2011	张广君	傅葆琛教育思想研究	马亮宽
2012	宋辉	明清运河与鲁南社会经济的发展——以台儿庄为研究视域	王云
2012	闫金伟	明清治运保漕与鲁西北水灾	李泉
2012	李凤荣	明清治运保漕与鲁西南水灾	李泉
2012	王春花	明清京杭运河沿线之驿站	吴欣
2012	姚媛媛	梅贻琦在西南联大时的教育理念和实践	马亮宽

续表

学位年度	作者	题名	导师
2012	耿春燕	明代私家藏书研究	丁延峰
2012	钟文虹	高中语文小说阅读教学主题把握研究	丁延峰
2012	孙卫波	黄河下游地区湖泊水质分析与评价	陈诗越
2012	陈影影	近 150 年来东平湖地区环境演化过程与机制研究	陈诗越
2013	高元杰	明清山东运河区域水环境变迁及其对农业影响研究	李泉
2013	程义勇	明清时期山东运河区域回回民族研究	吴欣
2013	杨丽平	明清时期山东运河城镇社会经济——以张秋镇为例	王云
2013	姜秀英	试析陶行知的教育救国思想	马亮宽
2013	王秉国	影视资源在中学语文教学中的应用	丁延峰
2013	孙扬	初中生课堂默写中错别字情况调查及纠正策略	丁延峰
2013	郭立赢	影视辅助高中语文阅读教学的研究	丁延峰
2013	张芹	近 1500 年来东平湖环境演变与黄河洪水	陈诗越
2014	成鹏	明清治运保漕与苏北水灾	李泉
2014	郑钊	融合与认同：明清以来德州苏禄东王后裔研究	王云
2014	史晓玲	明清时期聊城商业发展与城市变化	吴欣
2014	赵鹏翔	张希杰及其诗词研究	丁延峰
2014	吕晶	《文选楼藏书记》研究	丁延峰
2014	张清慧	近 200 年来梁子湖水生植被演化及其机制研究	陈诗越
2014	高刚	高中语文教学学案导学探究	丁延峰
2015	刘燕宁	明清时期南运河水环境的变迁及其对区域农业影响	李泉
2015	薛莹	蒋廷黻教育救国思想研究	马亮宽
2015	姜雪剑	以山东春季高考为目标的中职学校语文教学研究：以聊城高级财经职业学校为例	丁延峰
2015	杜绍敏	小学高年级语文阅读教学探究	丁延峰
2015	马振庆	教材插图在小学语文教学中的运用研究	丁延峰
2015	程艳萍	小学大班额习作教学的策略探究	丁延峰
2015	吴金甲	历史时期黄河下游地区环境演变的湖泊沉积记录	陈诗越

学位年度	作者	题名	导师
2016	周艳	明清时期苏北运河工程与农业生产	李泉
2016	王亚鹏	明清东平湖区域人口流动与地方社会研究	吴欣
2016	董文婧	道咸名臣周天爵研究	王云
2016	孟丽	新中国成立以来中学《中国历史》教科书嬗变研究——以人教版为中心	罗衍军
2016	熊丹丹	经典歌曲作为中学语文课程资源的开发与利用	丁延峰
2016	陆亚萍	典型城市湖泊与自然湖泊浮游硅藻季节变化特征比较研究:以东昌湖与东平湖为例	陈诗越
2016	杨丽伟	东平湖底泥摇蚊亚化石空间特征及其与水环境关系研究	陈诗越
2017	李现伟	明清时期里运河水环境变迁及其对区域农业的影响	李泉
2017	王晓风	刘统勋治水研究	王云
2017	吴鲁锋	吴金鼎学术人生述论	马亮宽
2017	孙新红	高中历史教学时空观念的培养——以岳麓版教材中国史部分为例	罗衍军
2018	解志杰	清代河督白钟山研究	王云
2018	董叙彤	明清山东运河区域人群生活方式研究	吴欣
2018	舒方涛	明清山东运河区域书院研究	吴欣
2018	崔增峰	抗战时期山东流亡学生内迁研究——以国立六中为个案	马亮宽
2018	刘延聪	地方课程资源在初中历史教学中的开发与应用	罗衍军
2018	董丽丽	聊城县农业合作化运动研究	罗衍军
2018	李现平	初中语文主题学习实践探究——以巨鹿实验中学为例	丁延峰
2019	董慧源	明清京杭运河区域妇女日常生活研究	吴欣
2019	程宗宇	中外旅行者及其视野中的运河区域社会生活(1411—1901)	吴欣
2019	桂朝霞	陈三立与义宁陈氏文化家族	马亮宽
2019	焦玉雪	乡村精英与乡村社会变迁——以山东省济阳去南屯村为例(1978—2017)	罗衍军

学位年度	作者	题名	导师
2019	高乐楠	部编本七年级语文教材助读系统的编写与使用研究	丁延峰
2020	李亚男	清中期至民国鲁西日用品生产与集市发展研究	吴欣
2020	陈楠	20世纪30年代内蒙古德王分裂运动失败原因探析	马亮宽
2020	窦重沂	明清河间府运河的开发与治理	郑民德
2020	王凤杰	插图在初中历史教学中的应用	罗衍军
2020	陈琛	论文言文史料在初中历史史料教学中的应用——以聊城市五所中学为个案研究	罗衍军
2020	赵馨茹	初中语文现当代散文"以读促写"研究：以部编版语文教科书为例	丁延峰
2021	魏志阳	元代以来鲁西地区水环境变迁及其影响研究(1289—1937)	吴欣
2021	吕巧雅	徐有贞治河研究	郑民德
2021	马蕾	全面抗战时期郑天挺的教育实践述论	马亮宽
2021	窦甜甜	诗词类文化节目融入初中语文古诗词教学的研究：以《中国诗词大会》《邻家诗话》为例	丁延峰
2021	江惠	吴棠诗歌研究	杜宏春
2022	李明珠	明清时期京杭运河船户研究	吴欣
2022	石伟楠	明代通惠河河政管理体制研究	胡克诚
2022	王蕊玉	改革开放以来鲁西地区农业转型与乡村振兴研究——以聊城葛村和陆家村为例	罗衍军
2022	吴霄彤	山东运河闸座研究(1271—1911)	郑民德

二、著作

年度	作者	著作名称	出版社
2006	李泉,王云	山东运河文化研究	齐鲁书社
2006	王云	明清山东运河区域社会变迁	人民出版社
2007	吴欣	清代民事诉讼与社会秩序	中华书局

年度	作者	著作名称	出版社
2009	李泉	一本书读懂中国史	中华书局
2009	马亮宽	傅斯年社会政治活动与思想研究	中国社会科学出版社
2010	丁延峰	海源阁研究论集	中国社会科学出版社
2010	程玉海，李泉，王云	中国运河:区域社会与文化变迁	山东省地图出版社
2012	丁延峰	海源阁藏书研究	商务印书馆
2012	丁延峰	古籍文献丛考	黄山书社
2012	王云，李泉	中国运河文献书目提要	人民出版社
2013	李泉	运河文化	山东大学出版社
2013	李泉	聊城傅氏家族文化研究	中华书局
2013	丁延峰	清代聊城杨氏藏书世家研究	中华书局
2013	罗衍军	革命与秩序:以山东省郓城县乡村社会为中心(1939—1956)	中国社会科学出版社
2014	王云，李泉	中国大运河历史文献集成(全80册)	国家图书馆出版社
2014	杜宏春	游蜀疏稿校证	商务印书馆
2014	马亮宽	傅斯年评传	中国社会科学出版社
2015	杜宏春	陶模奏议遗稿补证	商务印书馆
2015	马亮宽等	聊城文化史	中国社会科学出版社
2015	郑民德	明清京杭运河沿线漕运仓储系统研究	中国社会科学出版社
2016	崔建利	民国时期的古籍丛书研究	中国社会科学出版社
2016	杜宏春	伊犁将军马、广奏稿校笺	中国社会科学出版社
2016	杜宏春	马亮集辑笺	商务印书馆
2016	胡克诚	京杭运河桥梁遗产与地名	中国社会出版社
2017	崔建利	柯劭忞诗集校注	中国社会科学出版社
2017	丁延峰，周广骞	杨以增研究丛集	中国社会科学出版社

年度	作者	著作名称	出版社
2017	刘玉梅	李渔生活审美思想研究	中国社会科学出版社
2018	杜宏春	散木居奏稿校证	商务印书馆
2018	胡梦飞	明清时期京杭运河区域水神信仰研究	江苏凤凰科学技术出版社
2018	胡梦飞	中国运河水神	山东大学出版社
2018	马亮宽	张自忠传论	中国社会科学出版社
2018	周嘉	共有产权与乡村协作机制——山西"四社五村"水资源管理研究	中国社会科学出版社
2019	杜宏春	刘锦棠奏稿校证	中华书局
2019	胡克诚	逋赋治理与明代江南财赋管理体制的变迁	科学出版社
2019	胡梦飞	徐州运河史话	黄河水利出版社
2019	胡梦飞	明清时期山东运河区域民间信仰研究	社会科学文献出版社
2019	裴一璞	宋元四川盐业地理与区域社会研究	上海古籍出版社
2019	李泉	中国运河志·大事记	江苏凤凰科学技术出版社
2019	李泉	中国运河志·文献	江苏凤凰科学技术出版社
2019	王云	中国运河志·人物	江苏凤凰科学技术出版社
2020	杜宏春	刘铭传文献汇笺	黄山书社
2020	胡梦飞	中国运河文化遗产概论	黄河水利出版社
2020	周广骞	山东方志运河文献研究	中国社会科学出版社
2020	周广骞,丁延峰	海源阁杨氏诗文校注	国家图书馆出版社
2020	郑民德	明清运河漕运仓储与区域社会研究	人民出版社

年度	作者	著作名称	出版社
2021	李泉，吴欣等	京杭大运河山东段志	中华书局
2021	杜宏春	刘锦棠集辑校	中华书局
2021	胡梦飞	聊城运河文化遗产概论	中国海洋大学出版社
2021	胡梦飞	山东运河文化遗产保护、传承与利用研究	中国社会科学出版社
2021	罗衍军	矜式百世：绍兴史学史	中国社会科学出版社
2021	马亮宽	历史语言研究所与中国现代学术体制的建构	社会科学文献出版社
2021	苏新红	太仓库与明代财政制度演变研究	中国社会科学出版社
2021	王玉朋	清代山东运河河工经费研究	中国社会科学出版社
2021	郑民德	山东运河文化丛书·运河漕仓史话	济南出版社
2021	王玉朋	山东运河文化丛书·治运人物	济南出版社
2021	周广骞	山东运河文化丛书·运河诗文	济南出版社
2021	周嘉	山东运河文化丛书·运河美食	济南出版社
2021	胡梦飞	山东运河文化丛书·运河水神	济南出版社
2021	裴一璞	山东运河文化丛书·运河老店铺	济南出版社
2021	刘玉梅	山东运河文化丛书·运河工艺品	济南出版社
2021	朱年志	山东运河文化丛书·运河城镇	济南出版社
2022	杜宏春	潘效苏集辑注	商务印书馆
2022	胡克诚	大运之旅：运河学研究论集·初编	中国社会科学出版社
2022	胡梦飞	重开明清大运河实干家——宋礼	南京出版社
2022	胡梦飞	山东运河区域非物质文化遗产调查与研究	中国海洋大学出版社
2022	王玉朋	明清山东运河区域社会生态变迁研究	中国社会科学出版社

年度	作者	著作名称	出版社
2022	周广骞	山东运河区域方志序跋校注(聊城卷)	中国社会科学出版社
2022	高元杰	大运河图志	世界图书出版社

附:代表性著作简介

王云:《明清山东运河区域社会变迁》,人民出版社,2006 年。

简介:该书在继承前人研究成果并掌握丰富的文献资料和社会调查资料的基础上,运用历史学、历史地理学、社会学、民俗学等多种学科的理论和综合研究、个案研究、比较研究相结合的方法,对明清时期极具典型意义的山东运河区域社会变迁的历史动因、社会变迁的起伏过程和社会变迁的历史趋势及特点,进行了较为全面深入的考察和研究。认为明清山东运河区域社会变迁的动力主要是交通环境改善、漕运政策和对其他区域多种文化的吸纳融合,指出运河沿岸城镇与运河腹地社会发展的不平衡性,并总结出该地区在社会变革过程中所表现的大起大落类似马鞍形的发展趋势及经验教训。该书着力点在于探讨明清运河区域社会变迁的规律,这不仅对区域社会史的研究具有重要的学术参考价值,而且对当前我国为京杭运河申报世界物质文化遗产、南水北调工程和华北地区合理利用水资源,特别是对山东省东西部经济协调发展,都具有现实的借鉴意义。

马亮宽:《傅斯年社会政治活动与思想研究》,中国社会科学出版社,2009 年。

简介:该书在对傅斯年各种资料的收集、梳理、考辨基础上撰写而成。该书对傅斯年一生参与的社会政治活动与思想理念进行了全面深入的论述,其中对有关傅斯年记述错讹不实之词进行了纠正,试图为读者提供一个更接近历史的真实的傅斯年。该书不仅对深化傅斯年研究具有重要学术价值,而且对于五四运动、抗日战争、国民党政权统治等一系列问题的研究也具有推动作用。

丁延峰：《海源阁研究论集》，中国社会科学出版社，2010 年。

简介：该书收录了作者近四年撰写的有关海源阁藏书楼研究的论文共 25 篇，这些论文分别从海源阁藏书特色、收藏善本概况、杨氏的目录版本学成就、杨氏刻书与抄书的成就和思想特色、杨氏藏书散佚、海源阁变迁、杨氏著述、前人研究讹误等几个方面，进行了较为深入系统的探讨，并于集末附有《海源阁杨氏四世年谱》，以谱志形式反映杨氏生平和藏书的源流情况。

丁延峰：《海源阁藏书研究》，商务印书馆，2012 年。

简介：海源阁是京杭大运河沿岸的一颗璀璨明珠，也是清代运河文化繁荣的重要标志。海源阁由江南河道总督杨以增于清道光二十年（1840）创建，其藏书以质高量多而享誉海内外，为中国古代私家藏书的典型代表。该书以文献聚散史、文化学术史的交织理路，对海源阁的形成、发展过程及衰亡原因进行了深入探讨；对其藏书的收集、保藏、抄刻、利用、亡佚情况做了全面、系统、深入的研究；对杨氏在目录版本学、经史治学方面的贡献进行了梳理总结。

王云，李泉：《中国运河文献书目提要》，人民出版社，2012 年。

简介：自元朝以来，京杭运河成为国家的重要命脉，关于运河的专门著作也层出不穷，这些著作是当代研究大运河的主要资料来源。该书精选出百余种，分作"治黄保运""运河工程""运河水利""漕运关志"四大类，写成内容提要。提要介绍作者生平事迹、写作背景，概括各书主要内容，提示史料价值，并说明其版本及流传情况，以方便人们了解运河文献的整体面貌，也可为研究者提供基本的资料线索。

李泉：《聊城傅氏家族文化研究》，北京：中华书局，2013 年。

简介：该书为山东文化世家研究书系之一，共分五个部分，分别为傅氏家族源起及明代傅氏家族状况，傅以渐生平及仕宦情况、傅永绥、傅廷辉、傅绳勋、傅继勋等人情况，傅淦生平事迹、传奇故事及所作诗歌，傅旭安及李夫人事迹，通过对傅氏家族生活、社会活动的系统介绍，为研究聊城家族文化提供了重要参考。

丁延峰：《清代聊城杨氏藏书世家研究》，中华书局，2013 年。

简介：该书为山东文化世家研究书系之一，主要探讨清代聊城杨氏家族的形成及传略，杨氏治家、治学与经世，家族主要成员的社会交往，以及杨氏家族藏书情况。通过对杨氏家族及藏书的收集、保藏、编目、鉴定、抄刻、利用、亡佚情况做综合、系统、深入的研究，以摸清杨氏家族藏书的真实底蕴，揭示杨氏在保存和研究文化典籍遗产方面对中国文化学术所做的贡献。

罗衍军：《革命与秩序：以山东省郓城县乡村社会为中心（1939—1956）》，中国社会科学出版社，2013年。

简介：该书以远离大城市、经济相对落后的山东省郓城县为中心，以革命政权与乡村民众的互动为考察视角，将档案资料与访谈资料相结合，分析中国共产党在乡村革命运动中对原来趋于动荡的乡村社会秩序的整合与重塑，考察抗日动员、土地革命、集体化等革命性运作对基层社会的影响，指出要实现乡村社会的良性发展，不仅要保持乡村社会的稳定，而且须使乡村社会的运行富有弹性与活力，这就必须对革命运作下秩序僵化的一面进行深刻的变革。

马亮宽：《傅斯年评传》，中国社会科学出版社，2014年。

简介：傅斯年是著名的历史学家、教育家、爱国民主人士，是研究中国近代知识分子群体不可忽视的人物。该书是作者多年研究的成果，对傅斯年的教育思想与实践、学术理念与贡献、爱国思想与民族意识、参政议政与政治改革思想等进行了实事求是地论述，改变了长期以来学术界由于资料的缺乏对傅斯年评述的偏颇。

马亮宽等：《聊城文化史》，中国社会科学出版社，2015年。

简介：该书共分上、下两篇，上篇写聊城历史文化的发展脉络，下篇写聊城历史文化的特色，系统论述了聊城地域文化的渊源及发展变化。该书既突出了学术性，注重问题探究；也突出了翔实性，力求充分收集、挖掘、整理、运用相关资料，尤其突出新材料的发现和使用，为研究聊城地域文化提供了重要参考。

郑民德：《明清京杭运河沿线漕运仓储系统研究》，中国社会科学出版社，2015年。

简介：明清两朝倚漕为命，所以对关系国家政治、经济、军事的漕运异常重视，为将江南漕粮顺利运往京师，中央政府不但设置了河道总督、漕运总督、仓场总督等官员相互配合、彼此合作，共同保障国家漕运秩序的稳定，而且在地方州县置小型漕粮收兑仓，在沿河重要城市设大型水次仓，在京城与通州立京通仓,这些规模不等、管理不同、作用各异的漕仓都属于国家漕运的重要组成部分,与漕粮、漕军、漕船、漕丁形成了完整的漕运系统。该书以明清运河漕仓为研究对象,对仓储的存储、供给、转运功能进行了详细的论述,并对漕仓的建置沿革、管理运作、仓弊整顿做了全面的分析,揭示了明清时期漕运变革与国家政治、经济、区域社会之间的关系,为中国大运河成功申遗后的相关研究提供了借鉴与参考。

丁延峰,周广骞:《杨以增研究丛集》,中国社会科学出版社,2017 年。

简介:该书包括《杨以增年谱》《杨以增奏稿校注》两册,前者全面反映了杨以增作为藏书家、学者、官员的生平面貌;后者真实记录了杨以增任职期间积极治吏服民、管理河道等情状,对研究清中晚期的政治、经济、水利及运河史具有重要参考作用。

马亮宽:《张自忠传论》,中国社会科学出版社,2018 年。

简介:张自忠,山东临清人,是公认的民族英雄,也是世界反法西斯战争中战死疆场的重要军事将领。该书以近几年面世的档案资料为主,参考以往各种相关著述,以还原历史真相为宗旨,对其一生进行了客观的论述。

胡克诚:《逋赋治理与明代江南财赋管理体制的变迁》,科学出版社,2019 年。

简介:中国历代王朝的财政收入主要依赖于田赋(土地税),但在田赋的实际征解过程中,常伴随着不能及时足量缴纳的客观情况,以及拖欠、逃避田赋的主观行为,大致相当于现代财政学中"滞税"与"逃税"的综合体,此即常见于古代典籍中的一个专有名词——"逋赋"。大量史实证明,逋赋与国家财政政策的制定和调整息息相关,逋赋治理是财政管理体制变迁的重要动力之一。该书主要从明代国家财政管理的视角切入,选取最具典型意义的江南地区为考察范围,围绕永乐北迁与明代货币财政体制变迁两条线索,探索明朝不同时期各级政府和主管部门对江南等地出现的逋赋问题的基本认识、应对措施、治理办法、实施效果,以及由此引发的一系列制度变迁。本书可供历史学、财政学、法学等相关专业的师生阅读与参考。

胡梦飞:《明清时期山东运河区域民间信仰研究》,社会科学文献出版社,2019 年。

简介:该书以明清时期山东运河区域民间信仰为考察对象,对其种类及构成、特点及成因、功能及影响等问题进行跨学科、多角度、综合而细致的研究。

全书总计 24 万字,共分为八章,内容涉及民间信仰形成与发展的社会环境、民间信仰的构成及分布、信仰人群和信仰活动、民间信仰与区域社会整合等诸方面,力求在勾勒和梳理山东运河区域民间信仰基本状况的同时,归纳和总结其地域特色,探讨民间信仰在促进区域社会整合和变迁中的地位和作用,以此分析运河区域社会的发展脉络和运行规律,揭示运河区域环境、信仰、人群三者之间的关系。

周广骞:《山东方志运河文献研究》,中国社会科学出版社,2020 年。

简介:山东是中国大运河流经的重要省份,也是方志纂修大省。山东沿运地域方志存录的大量运河文献,是山东地域文献的重要组成部分,具有很高的研究价值。该书梳理了山东运河区域方志的纂修脉络,探究了方志运河文献的纂修特色,从运河本体、运河河务、运河文化、运河建筑等角度,对山东方志运河文献进行了解读,并对其文献价值及现实作用进行了探究,较为全面系统地展现了山东方志运河文献的独特风貌,对山东运河文化的保护、传承、利用,亦具有较大的意义。

郑民德:《明清运河漕运仓储与区域社会研究》,人民出版社,2020 年。

简介:漕运是中国古代政权的经济命脉,具有浓厚的国家性。作为漕运系统的重要组成部分,漕仓既包括北京、通州、天津、德州、临清、徐州、淮安等大型官仓,也包括张秋镇、七级镇、魏家湾镇等基层社会水次兑军仓,不同类型漕仓在不同的社会结构中发挥着不同的功能。该书在叙述漕仓历史沿革、种类、管理、运作的基础上,深刻探讨了明清运河漕仓与区域社会之间的互动关系,分析了京杭大运河对国家与社会的辐射与影响。同时,对史料的分析与研究,为当今的大运河文化建设、地域运河文化挖掘、运河旅游规划提供了一定的参考与借鉴。

胡梦飞:《山东运河文化遗产保护、传承与利用研究》,中国社会科学出版社,2021 年。

简介:该书以山东运河文化遗产为研究对象,在对其内涵、特点和价值进行论述和梳理的同时,剖析遗产保护所面临的困境及问题,并在此基础上,归纳和总结运河文化遗产保护和传承的具体路径,探寻其开发和利用的策略和方法。全书总计 28 万余字,共分为七章,在对山东运河文化遗产进行宏观、整体考察的同时,采用个案研究和比较研究的方法,对重点区域和典型案例进行深入、细致的研究和考察,力求在勾勒文化遗产发展全貌的同时,为运河文化遗产的保护、传承和利用提供经验和启示。

罗衍军:《矜式百世:绍兴史学史》,中国社会科学出版社,2021 年。

简介:该书系统考察了绍兴史学的嬗变历程,探究自我国第一部严格意义上的地方志著作《越绝书》和结构严谨的史料学著作《吴越春秋》始,直至民国时期绍兴史学的内容、发展历程和影响,探究绍兴史学演变的复杂脉络及深层缘由。阐释绍兴史学演进的多元并存、多方合作性,指出在绍兴史学的演进中,乡土意识与全国性关照相融会,其灵魂在于经世致用。在中国史学的演进过程中,绍兴史学发挥了至关重要的作用,足以矜式百世。

王玉朋:《清代山东运河河工经费研究》,中国社会科学出版社,2021 年。

简介:作为京杭大运河地势最高、科技含量极高的河段,山东运河是元、明、清三代高度重视的河段。该书以清代山东运河河工经费为研究对象,广泛搜集正史、政书、档案、方志、文集等史料,采用计量分析等研究方法,侧重河工经费的数据分析,对清代山东运河河工运作机制及河工经费筹支运作加以细致研究,对山东运河河工运作机制的得与失进行更准确的评价。该书在梳理清代山东运河各类工程设置、河政制度变革的基础上,对运河河工运作的制度成本、河工经费的收入及支出项目做了细致的研究。该书将清代山东运河经费的筹销制度与河政机制演变紧密联系,着重考察河工经费收支结构及运作机制,充分挖掘第一手档案材料,将山东运河的研究进一步推向深入。

苏新红:《太仓库与明代财政制度演变研究》,中国社会科学出版社,2021 年。

简介:明代太仓库始建于正统七年(1442),至明末额定岁入白银达到两千余万两,成为国家重要的赋税存储机构。该书以太仓库收支制度的演变为主线,对明代内库,皇室财政与国家公共财政的关系,中央财政制度,中央与地方财政的关系,屯田、民运、盐法、京运等北边军镇军饷供应制度,田赋、徭役等税收征收体系与白银、纸钞货币制度的关系等进行研究,动态呈现明代财政制度从初期到末期的整体演变。

胡克诚:《大运之旅:运河学研究论集(初编)》,中国社会科学出版社,2022 年。

简介:该书为聊城大学运河学研究院科研人员近年来发表的运河研究代表性论文选编,内容涵盖大运河研究诸领域,如运河学研究的理论与方法、漕运与交通、河道工程与河政管理、运河区域经济与社会、运河文化与文献、研究综述,可为我国当前的运河历史文化研究、运河文化保护传承利用、大运河文化带和大运河国家文化公园建设等提供一定的理论参考和智力支持。

王玉朋:《明清山东运河区域社会生态变迁研究》,中国社会科学出版社, 2022年。

简介:明清时期,权力高度集中的帝制国家将保漕济运作为确保大运河畅通的首要政治任务。保漕至上的国策成为影响山东运河区域社会生态变迁的一个关键因素。该书研究明清时期(1411—1901)山东运河的开挖、维持以及大运河与区域社会的互动博弈关系,具体讨论大运河贯通引发的自然环境的连锁反应、山东运河区域社会经济发展动力以及内生性社会力量的演变形态等问题。本书全面考量大运河在鲁西地区社会发展演变过程中扮演的角色,引证史料丰富,并与学界现有研究积极对话,新见颇多。

周广骞:《山东运河区域方志序跋校注(聊城卷)》,中国社会科学出版社, 2022年。

简介:山东省聊城市为京杭大运河流经的重要地级市,存世方志均为明中期之后纂修,保存了明代以来京杭大运河疏浚维护、漕粮运输、城市建置、民俗文化等丰富的地域文献资料。聊城方志序跋是方志文献整理的重要组成部分,是明代以来聊城方志纂修理念和发展脉络的直观记述。该书通过对聊城方志序跋的系统搜集、整理与注释,全面展现聊城旧志纂修的基本风貌,有助于整体把握、深入研究聊城方志,对于充分挖掘聊城方志运河文献资料,服务于大运河文化保护传承利用,也具有重要的现实意义和价值。

三、课题

1. 科研项目(2012—2022)

立项年度	项目编号	项目名称	申报人员	项目来源	项目类别	批准经费/万元	备注
2012	12BZS082	京杭运河与明清时期区域农业开发	李泉	国家社科基金	一般项目	20	纵向

立项年度	项目编号	项目名称	申报人员	项目来源	项目类别	批准经费/万元	备注
2012	12YJA870002	民国时期的古籍丛书研究	崔建利	教育部人文社科基金	一般项目	8	纵向
2013	13CDSJ10	革命动员与乡村变迁：以山东抗日根据地为中心的考察	罗衍军	山东省社会科学规划项目	一般项目	2	纵向
2013	—	中国运河志·文献	李泉	凤凰出版传媒集团	—	20	横向
2013	—	运河地名文化数据库	李泉	民政部地名所	—	10	横向
2014	14BTQ023	汲古阁藏书、刻书、抄书研究	丁延峰	国家社科基金	一般项目	20	纵向
2014	14BZS044	革命动员与山东乡村社会变迁（1937—1945）	罗衍军	国家社科基金	一般项目	20	纵向
2014	2014GM093	新型城镇化背景下散杂居少数民族的文化适应和重构	郭福亮	国家民委民族研究项目	一般项目	5	纵向
2014	YWHQ14-02	宋元时期四川盐业资源与社会博弈	裴一璞	四川省教育厅项目	一般项目	0.8	纵向
2014	3.21E＋08	运河城市的空间研究	周嘉	聊城大学博士科研启动基金项目	一般项目	6	纵向

续表

立项年度	项目编号	项目名称	申报人员	项目来源	项目类别	批准经费/万元	备注
2015	15YJC770013	递赋治理与明代江南财赋管理体制的变迁	胡克诚	教育部人文社科基金	青年基金项目	8	纵向
2015	15YJC770051	明清运河漕运仓储与区域社会研究	郑民德	教育部人文社科基金	青年基金项目	8	纵向
2015	15YJC840049	运河城市的空间形态及生命历程研究——以临清为中心的历史人类学考察	周嘉	教育部人文社科基金	青年基金项目	8	纵向
2015	15YJC850003	新型城镇化背景下散杂居少数民族的社会融入——基于晋冀鲁豫回族的考察	郭福亮	教育部人文社科基金	青年基金项目	8	纵向
2015	15SFB5009	区域史视野下的法律秩序研究	吴欣	国家法治与法学理论研究项目	一般项目	5	纵向
2015	15CLSJ11	明清山东运河城镇研究	朱年志	山东省人文社会科学课题	一般项目	2	纵向
2015	—	中国运河志·人物	王云	凤凰出版传媒集团	—	20	横向

立项年度	项目编号	项目名称	申报人员	项目来源	项目类别	批准经费/万元	备注
2016	16AZS014	民间文献与京杭运河区域社会研究	吴欣	国家社科基金	重点项目	35	纵向
2016	16CZS017	明清山东运河河政、河工与区域社会研究	郑民德	国家社科基金	一般项目	20	纵向
2016	16CDSJ07	山东党组织土地政策与实践研究（1937—1956）	罗衍军	山东省社科规划办公室	一般项目	2	纵向
2016	16DLSJ07	明清时期山东运河区域民间信仰研究	胡梦飞	山东省社会科学规划项目	青年项目	1	纵向
2016	16DLSJ03	清代山东河工经费研究	王玉朋	山东省社会科学规划项目	一般项目	5	纵向
2016	16JDGH115	越地史学史	罗衍军	浙江省社会科学规划项目	一般项目	2	纵向
2016	16JDJGH075	资源博弈与秩序调控:宋元四川盐业社会研究	裴一璞	浙江省社科规划办	一般项目	2	纵向
2016	J16YH12	非物质文化遗产保护视域中的东昌府木版年画研究	刘玉梅	山东省高校人文社会科学研究计划	一般项目	0.8	纵向

续表

立项年度	项目编号	项目名称	申报人员	项目来源	项目类别	批准经费/万元	备注
2016	R16WD1007	矜氏百世：绍兴史学史	罗衍军	绍兴市哲学社会科学规划办公室	—	5.5	横向
2017	17BF102	中国佛教艺术中的外道形象研究	吕德廷	国家社科基金	艺术学项目	20	纵向
2017	1742	《杨以增奏稿》校正——附《杨以增年谱》	丁延峰	全国高校古籍整理委员会	直接资助项目	8	纵向
2017	1743	吴棠文献汇笺	杜宏春	全国高校古籍整理委员会	直接资助项目	6	纵向
2017	17CCYJ08	后申遗时代山东传统年画传承与创新研究	刘玉梅	山东省社会科学规划项目	一般项目	1	纵向
2017	J17RA074	明清山东黄运地区水事纠纷问题研究	高元杰	山东省高校人文社科项目	一般项目	0.7	纵向
2017	YWHZ17-01	宋代四川食盐冲突与政府调控研究	裴一璞	四川省教育厅	四川省教育厅项目	1.5	纵向
2018	18JHQ051	魏光焘行述长编	杜宏春	教育部人文社科基金	后期资助项目	10	纵向
2018	1856	潘效苏集辑注	杜宏春	全国高校古籍整理委员会	直接资助项目	5	纵向

立项年度	项目编号	项目名称	申报人员	项目来源	项目类别	批准经费/万元	备注
2018	2018-GMH-013	陶模治理边疆行述长编	杜宏春	国家民委研究项目	后期资助项目	3	纵向
2018	2018-GMH-022	大运河区域民族民俗文化现状调查	刘玉梅	国家民委研究项目	委托项目	3	纵向
2018	18CLSJ06	近代小清河食盐运输研究（1855—1937）	裴一璞	山东省社科规划项目	一般项目	3	纵向
2018	18CSJJ24	山东运河区域回族的民族认同研究	孙凤娟	山东省社科规划项目	一般项目	2	纵向
2018	ZK20180206	新疆巡抚潘效苏治疆文献整理与研究	杜宏春	中央社会主义学院研究项目	智库项目	20	纵向
2018	R18WC06	宋代三峡地区食盐冲突与政府调控研究	裴一璞	湖北省高校人文社科重点研究基地	开放基金项目	0.8	纵向
2018	140018	大运河文化资料数据平台	吴欣	山东省文化和旅游厅	中华传统文化传承发展工程重点项目	90	横向
2018	R18WD24	中国大运河蓝皮书:中国大运河发展报告（2018）	吴欣	扬州市政协办公室	—	20	横向
2018	—	大运河文化资料数据平台	吴欣	山东省委宣传部	—	90	横向

续表

立项年度	项目编号	项目名称	申报人员	项目来源	项目类别	批准经费/万元	备注
2018	—	中国运河志·大事记	李泉	凤凰出版传媒集团	—	20	横向
2019	19FZSB003	柯劭忞年谱长编	崔建利	国家社科基金	后期资助一般项目	25	纵向
2019	19CZS028	清代黄运地区河工经费研究	王玉朋	国家社科基金	青年项目	20	纵向
2019	17DA184	明清山东运河区域社会生态变迁	王玉朋	国家社科基金	重大项目子课题	7	纵向
2019	1951	海源阁杨氏诗文校注	周广骞	全国高校古籍整理委员会	直接资助项目	3	纵向
2019	1950	徐世昌诗集整理	崔建利	全国高校古籍整理委员会	直接资助项目	5	纵向
2019	1949	明代通惠河史料四种	胡克诚	全国高校古籍整理委员会	直接资助项目	4	纵向
2019	19CLSJ06	山东方志运河文献研究	周广骞	山东省社会科学规划研究项目	年度一般项目	2	纵向
2019	19CDSJ05	山东传承中华优秀运河文化体系构建研究——以"大运河文化资料数据平台"建设为中心	高元杰	山东省社会科学规划研究专项	中共山东党史研究专项	2	纵向

立项年度	项目编号	项目名称	申报人员	项目来源	项目类别	批准经费/万元	备注
2019	19WL66	大运河山东段文化旅游融合发展的问题与对策研究	刘玉梅	山东省文化和旅游厅	文化旅游发展研究课题	1	纵向
2019	2019RWD009	山东运河区域乡村社会振兴研究	罗衍军	山东省教育厅	高校青创科技计划立项	10	纵向
2019	ZD201906104	山东运河非物质文化遗产保护与传承研究	胡梦飞	山东省艺术科学协会	重点课题	0	纵向
2019	QYYJC1902	南宋川东抗蒙山城地方武力研究	裴一璞	四川省高校人文社科重点研究基地科研项目（四川省教育厅）	一般项目	0	纵向
2019	ZK20190127	宋代边疆食盐调控与少数民族国家认同研究	裴一璞	中央社会主义学院	统一战线高端智库课题	3	纵向
2019	ZDEP2019-21	聊城方志运河文献利用与运河文化带建设研究	周广骞	聊城市社科规划项目	重点项目	0	纵向
2019	ZDEP2019-20	临清运河文化遗产保护及古城内涵式发展研究	周嘉	聊城市社科规划项目	重点课题	0	纵向

续表

立项年度	项目编号	项目名称	申报人员	项目来源	项目类别	批准经费/万元	备注
2019	R19WD24	中国大运河蓝皮书：中国大运河发展报告（2019）	吴欣	扬州市政协办公室	—	20	横向
2020	20AZD121	新疆巡抚饶应祺文献汇辑	杜宏春	国家社科基金	重点项目	35	纵向
2020	20FZSB033	明清山东黄运地区环境史研究	高元杰	国家社科基金	后期资助一般项目	25	纵向
2020	20YJC770006	明清黄运地区河漕赋役与社会变迁研究	高元杰	教育部人文社科基金	青年基金项目	8	纵向
2020	2046	清代运河日记五种校注	朱年志	全国高校古籍整理委员会	直接资助项目	3	纵向
2020	R20WA18	《以介编》校注	丁延峰	全国高校古籍整理委员会	间接资助项目	0.5	纵向
2020	R20WA17	运河钞关志史料三种	周嘉	全国高校古籍整理委员会	间接资助项目	0.5	纵向
2020	2020-GMD-005	刘锦棠治疆行述长编	杜宏春	国家民委民族研究项目	自筹项目	0	纵向
2020	ZKSL-2020-07	山东省大运河国家文化公园建设路径及对策研究	丁延峰	山东省社会科学界联合会	山东社科智库重大调研咨询项目	5	纵向

立项年度	项目编号	项目名称	申报人员	项目来源	项目类别	批准经费/万元	备注
2020	20CWYJ39	山东运河文化遗产保护、传承与利用研究	胡梦飞	山东省社会科学规划研究项目	一般项目	3	纵向
2020	ZD202008535	山东运河区域少数民族文化调查与研究	胡梦飞	山东省艺术科学协会	重点课题	0	纵向
2020	ZD202008284	省级历史文化名城临清文化遗产价值体系与内涵式发展研究	周嘉	山东省艺术科学协会	重点课题	0	纵向
2020	ZXYB2020021	明万历修《东昌府志》纂修及文献价值研究	周广骞	聊城市社科规项目	一般项目	0	纵向
2020	321022030	河长制与水资源管理基层治理模式研究	周嘉	聊城大学人文社科基金项目	一般项目	1	纵向
2020	2020-SKZZ-75	聊城运河文化保护传承利用研究	朱年志	山东省人文社会科学课题	社科普及应用研究项目	0.5	纵向
2020	ZD202008285	聊城运河文化遗产保护与传承研究	朱年志	山东省艺术科学协会	重点课题	0	纵向
2020	R20WD37	山东省大运河非物质文化遗产基础性研究	刘玉梅	山东省文化和旅游厅	—	5	横向

立项年度	项目编号	项目名称	申报人员	项目来源	项目类别	批准经费/万元	备注
2020	R20WD24	中国大运河蓝皮书：中国大运河发展报告（2020）	丁延峰	扬州市政协办公室	—	20	横向
2020	R20WD01	大运河文化研究	丁延峰	汶上县干部德育教育中心	—	5	横向
2020	R20WD03	聊城市大运河国家文化公园建设保护方案	丁延峰	聊城市文化和旅游局	—	4.8	横向
2020	R20WD06	山东省大运河国家文化公园建设保护研究	吴欣	山东省发展和改革委员会	—	20	横向
2020	R20WD21	聊城市大运河国家文化公园样板工程规划与建设方案	胡梦飞	聊城市委宣传部	—	15	横向
2021	21VXJ014	晚晴、北洋时期新疆外交档案汇集、整理与研究	杜宏春	国家社科基金项目	新疆历史问题研究专项	50	纵向
2021	21BMZ017	宋代边疆民族地区食盐冲突、政府调控与国家认同研究	裴一璞	国家社科基金项目	一般项目	20	纵向
2021	21BZS066	明代江南上供物资转运研究	胡克诚	国家社科基金项目	一般项目	20	纵向

续表

立项年度	项目编号	项目名称	申报人员	项目来源	项目类别	批准经费/万元	备注
2021	31	徐世昌集校笺	崔建利	国家古籍整理出版专项资助	一般项目	0	纵向
2021	21JHQ007	谭文勤公奏稿校证	杜宏春	教育部哲学社会科学研究后期资助	重大项目	20	纵向
2021	2145	毛鸿宾奏稿校注	周广骞	全国高校古籍整理研究工作委员会	直接资助项目	6	纵向
2021	21WL（H）38	山东运河区域红色文化与运河文化带建设研究	周广骞	山东省文化和旅游研究课题	专项	0	纵向
2021	21CZDJ07	中国古代家训文化与领导干部家风建设研究	周嘉	山东省社科规划研究一般项目	干部政德教育研究专题	3	纵向
2021	2021RW011	山东省大运河国家文化公园建设与发展研究	郑民德	山东省高等学校优秀青年创新团队项目	团队项目	15	纵向
2021	L2021C10290401	聊城非物质文化遗产保护、传承与发展研究	胡梦飞	山东省"传统文化与经济社会发展"专项课题	一般项目	0	纵向

续表

立项年度	项目编号	项目名称	申报人员	项目来源	项目类别	批准经费/万元	备注
2021	21ZR06010003	山东运河区域传统庙会与文化旅游融合发展研究	周嘉	山东省艺术科学重点课题	重点项目	0	纵向
2021	21ZQ06070021	大运河聊城段文化与旅游融合发展研究	朱年志	山东省艺术科学重点课题	重点项目	0	纵向
2021	GHXM2021004	新时代武训精神研究	郑民德	聊城市社科规划项目	重大项目	0.6	纵向
2021	NDZD2021045	乡村振兴推进路径研究:以莘县张鲁回族镇为中心	罗衍军	聊城市社科规划项目	重点项目	0	纵向
2021	NDZD2021041	聊城运河船闸的时空演变及其价值研究	郑民德	聊城市社科规划项目	重点项目	0.2	纵向
2021	NDZD2021052	聊城市大运河国家文化公园建设与发展研究	胡梦飞	聊城市社科规划项目	重点项目	0.5	纵向
2021	GHXM2021009	聊城旧志序跋汇集与整理研究	周广骞	聊城市社科规划项目	重点项目	0	纵向

立项年度	项目编号	项目名称	申报人员	项目来源	项目类别	批准经费/万元	备注
2021	NDZD2021051	宣统《聊城县志》所附《耆献文征》文献价值与聊城文化建设研究	周广骞	聊城市社科规划项目	重点项目	0.5	纵向
2021	NDYB2021090	京杭运河聊城段文化与旅游融合发展的现状、问题与对策研究	刘玉梅	聊城市社科规划项目	一般项目	0	纵向
2021	NDYB2021114	谢肇淛居官聊城研究	崔建利	聊城市社科规划项目	一般项目	0	纵向
2021	NDYB2021018	乡村振兴视阈下聊城乡村生态宜居建设研究	吴金甲	聊城市社科规划项目	一般项目	0	纵向
2021	—	山东运河文献纂修与大运河文化保护传承利用研究	周广骞	聊城大学科研基金项目	一般项目	1	纵向
2021	NDYB2021126	山东运河区域传统庙会与文化旅游综合体发展研究	周嘉	聊城市社科规划项目	一般项目	0	纵向
2021	NDYB2021108	历代《高唐州志》纂修及价值研究	朱年志	聊城市社科规划项目	一般项目	0	纵向
2021	R21WD03	南四湖水质分析服务	吴金甲	江苏师范大学	—	3	横向

续表

立项年度	项目编号	项目名称	申报人员	项目来源	项目类别	批准经费/万元	备注
2021	R21WD12	聊城中国运河文化博物馆改造提升展览大纲设计	丁延峰	聊城中国运河文化博物馆	—	19.9	横向
2021	R21WD13	大运河(聊城段)文化和旅游融合发展实施方案	胡梦飞	聊城市文化和旅游局	—	3.6	横向
2021	R18WD07	京杭大运河山东段志编纂	吴欣	山东省委党史研究院	—	30	横向
2021	R21WD24	中国大运河蓝皮书:中国大运河发展报告(2021)	丁延峰	扬州市政协办公室	—	20	横向
2021	R20WD03	聊城市大运河国家文化公园建设保护方案	丁延峰	聊城市文化和旅游局	—	4.8	横向
2022	22BTQ014	徐世昌图书收藏及出版研究	崔建利	国家社科基金	一般项目	20	纵向
2022	22FZSB051	毛鸿宾集辑校	周广骞	国家社科基金	后期资助一般项目	25	纵向
2022	R22WC1001	麟庆奏稿校注	胡梦飞	山东省教育厅古籍整理资助项目	一般项目	0.5	纵向

立项年度	项目编号	项目名称	申报人员	项目来源	项目类别	批准经费/万元	备注
2022	—	铸牢中华民族共同体意识背景下的孔繁森精神研究	罗衍军	山东省民族宗教事务委员会	重点项目	0	纵向
2022	—	铸牢中华民族共同体意识视域下运河区域民族"三交"史料整理与研究	周嘉	山东省民族宗教委民族宗教问题重点研究课题	重点研究课题	0	纵向
2022	LCHR-SZ-20220402	京杭大运河聊城段地名文化遗产研究	周嘉	聊城市民政局项目	一般项目	15	纵向
2022	—	冀鲁豫边区的历史与发展经验研究	罗衍军	聊城大学	重点项目	3	纵向

2. 科研项目（2012 年之前）

立项年度	项目编号	项目名称	申报人员	项目来源	项目类别	批准经费/万元	备注
2001	01BZS015	明清运河区域社会变迁	王云	国家社科基金	一般项目	20	纵向
2007	07BTQ008	京杭运河文献整理与研究	王云	国家社科基金	一般项目	20	纵向
2008	08BTQ020	海源阁藏书研究	丁延峰	国家社科基金	一般项目	20	纵向
2010	10CZS032	明清时期京杭运河区域社会组织研究	吴欣	国家社科基金	一般项目	20	纵向

立项年度	项目编号	项目名称	申报人员	项目来源	项目类别	批准经费/万元	备注
2011	41072258	全新世以来东平湖变迁与黄河洪水关系及动力机制研究	陈诗越	国家自然科学基金	面上项目	60	纵向
2011	11BZS078	明清黄运地区的河工建设与生态环境变迁研究	李德楠	国家社科基金	一般项目	20	纵向

附:代表性项目简介

课题名称:明清运河区域社会变迁

项目来源:国家社会科学基金一般项目(01BZS015)

主持人:王云

课题组成员:李泉　江心力

完成情况:结项

该课题选择具有典型意义的山东运河区域作为考察研究的重点,目的在于通过考察运河兴衰对山东运河区域社会的巨大影响,探究明清时期京杭运河区域社会变迁的历史动因、态势与特点。本课题首先对明清时期山东运河区域的社会背景、地理环境以及导致该区域社会变迁的历史动因进行总体考察和把握;其次,从经济结构的变化入手,考察该区域社会变迁最基础、最本质的特征,探讨其变迁的过程与深度;再次,从精神文化层面解析了明清山东运河区域文化传统与民众心态变化的原因,即各地不同类型的文化在山东运河区域的交流与融合刺激了这些改变的产生;最后,概括分析明清山东运河区域社会变迁的历史趋势及特点。

课题名称:京杭运河文献整理与研究

项目来源:国家社会科学基金一般项目(07BTQ008)

主持人:王云

课题组成员:李泉　吴欣　李德楠　崔建利

完成情况:结项(优秀)

中国大运河有 2500 多年的历史,记载运河的相关资料,除了上百种专著(书)外,大量散布于各种史书、政书、方志、奏疏、档案、实录、文集、笔记乃至小说中。该课题对京杭运河文献进行全面系统的收集整理,采用现代科学技术手段将其制作成专题数据库。同时对散藏于各地图书馆中的关于运河的历史著作进行了研究与整理,分成"治黄保运""运河工程""运河水利""漕运关志"四个大类,撰写了 100 余篇书目提要,包括作者生平、写作背景、各卷主要内容,该文献在学术、史料及实用方面的价值,版本流传及收藏情况。该课题能够有效促进我国运河文化研究的不断深入,也为中国大运河成功申报世界文化遗产提供了强有力的资料支撑。

课题名称:海源阁藏书研究

项目来源:国家社会科学基金一般项目(08BTQ020)

主持人:丁延峰

课题组成员:苗菁　杨连民　崔建利

完成情况:结项(优秀)

海源阁是京杭大运河沿岸的一颗璀璨明珠,也是清代运河文化繁荣的重要标志。海源阁由江南河道总督杨以增于清道光二十年(1840)创建,其藏书以质高量多而享誉海内外,为中国古代私家藏书的典型代表。本课题以文献聚散史、文化学术史的交织理路,对海源阁的形成、发展过程及衰亡原因进行了深入探讨;对其藏书的收集、保藏、抄刻、利用、亡佚情况做了全面、系统、深入的研究;对杨氏在目录版本学、经史治学方面的贡献进行了梳理总结。历时百余年的海源阁形成了丰富独特的藏书文化,而丰富多彩、博大精深的中国古代传统文化正是由个体文化积淀而成的。

课题名称:明清时期京杭运河区域社会组织研究

项目来源:国家社会科学基金一般项目(10CZS032)

主持人:吴欣

课题组成员:胡克诚　李德楠　郑民德　王玉朋

完成情况:结项(免予鉴定)

本课题以明清时期京杭运河区域社会组织为研究对象,通过探讨其内部组织结构、功能特点、相互关系来阐释运河区域社会秩序的稳定与混乱、社会发展脉络与进步动力。运河区域既是一个区域单位(学术研究概念或地理概念),又是一个由多个行政、经济、文化区域组成的跨区域综合体。本课题注重京杭运河范围不同社会组织的地域流动,打破原有的区域界限,将局部的"地方史"与跨区域研究取向相结合,努力在更高层次上实现对"大历史"的把握;在现实层面上,本课题为运河申报世界文化遗产和南水北调工程的有效实施提供了一定的学术支持。

课题名称:明清黄运地区的河工建设与生态环境变迁研究

项目来源:国家社会科学基金一般项目(11BZS078)

主持人:李德楠

课题组成员:孙景超　胡克诚　郑民德　刘炳涛

完成情况:结项

水利工程建设往往引发区域生态环境变迁。关于历史时期水利建设与生态环境变迁的研究,学界已取得了一系列成果,但主要集中在长江堤防、江南圩田、关中水利、永定河筑堤、小清河治理等方面。与上述水利工程相比,明清时期的黄河、淮河、运河河工是国家层面的大型公共工程,修建过程中耗费了大量的人力、物力、财力,影响远非一般工程可比。但目前已有研究成果多集中于河湖变迁、治河方略、河工技术、洪涝灾害等方面,关于河工环境影响的研究还比较薄弱。本课题着重从河道开挖、堤防修筑、闸坝创建、物料采办等方面,探讨明清黄运地区河工建设与生态环境间的互动关系,在此基础上揭示区域生态环境的变迁轨迹、特点与规律。

课题名称:京杭运河与明清时期区域农业开发

项目来源:国家社会科学基金一般项目(12BZS082)

主持人:李泉

课题组成员:王云　吴欣　陈诗越　李德楠　朱年志

完成情况:结项(优秀)

本课题从五个方面研究京杭运河与明清时期江北运河区域农业开发的关系:江北运河区域水道变迁及农业水环境变化;运河沿线湖泊涨涸与农业结构变化;运河沿线土壤和植被变化;运河水利与水旱蝗灾害;运河区域赋役征派对农业生产的影响。本课题的研究意义在于促进运河史研究的进一步深入;还原历史时期运河与区域生态环境及农业生产关系的本来面貌;促进生态环境史学研究的发展;总结历史经验教训以资借鉴,提醒人们关注水利工程与生态环境的关系,全面认真审视大型水利工程对生态环境及农业生产的影响,以避免不必要的决策失误。

课题名称：汲古阁藏书、刻书、抄书研究

项目来源：国家社会科学基金一般项目（14BTQ023）

主持人：丁延峰

课题组成员：崔建利　郑民德　陈丹阳

完成情况：结项

江苏常熟毛氏汲古阁是明末清初乃至中国古代最为著名的藏书楼之一，其藏书名列前茅；刻书、抄书、校书则为历代私家之冠。毛氏以书为中心，是首位将藏、刻、抄、校融为一体的集大成者。课题以收藏（聚散、编目、题跋）、利用（刻、抄、校）、再利用（翻刻、影印及校勘整理等）之史实为经，以学术平议为纬的理路，对汲古阁做全面深入、综合系统的调查、整理、研究和总结，同时对藏书、刻书、抄书三者的内在联系进行梳理剖析，以摸清汲古阁的真实情况和文化底蕴。常熟乃江南历史文化名城，距京杭运河名城苏州、无锡不足百里，文化交流频繁。汲古阁的藏书、刻书、抄书正是通过运河输往南北方，于南北文化交融及保存和传播中国古代典籍文化做出了卓越贡献。

课题名称：革命动员与山东乡村社会变迁（1937—1945）

项目来源：国家社会科学基金一般项目（14BZS044）

主持人：罗衍军

课题组成员：刘卫东　梁家贵　吴修申　张艳　王克霞

完成情况：结项

本课题以抗战时期山东乡村社会的经济、社会、思想观念等为研究对象，深入考察时代剧烈变革的宏观背景下，乡村社会的复杂嬗变历程。通过广泛搜集运用一手档案资料和进行深入的实地访谈，系统剖析乡村各阶层的变动状况及行为和观念演化。课题从六个方面进行研究：抗战时期的山东乡村社会概况；抗战动员与乡村民众民族意识的发展；生产动员与乡村社会变迁；减租减息运动与乡村社会变迁；村政权建设与秩序整合；乡村妇女动员的历史阐释。本课题可为区域社会史、抗日战争史等方面的研究提供借鉴，而且对深化不同区域乡村社会变迁的比较研究也具有重要学术价值。

课题名称：明清山东运河河政、河工与区域社会研究

项目来源：国家社会科学基金青年项目（16CZS017）

主持人：郑民德

课题组成员：胡梦飞　王玉朋　陈丹阳　高元杰　宋艳丽

完成情况：结项

本课题以明清山东运河河政、河工与区域社会关系作为研究对象，旨在通过对明清山东运河河道管理、工程维护与修缮，夫役制度的建立、征派、功能，河银与物料的来源、使用等方面的探讨，揭示明清山东运河河政、河工的历史演变对区域社会农业、生态、文化等方面的影响。课题从六个方面进行研究：山东运河的历史演变；明清山东运河主要河道工程与水利设施；明清山东运河的河政建设与河工管理；明清山东运河河工夫役、河银与物料；明清山东运河河政、河工对自然环境的影响；明清山东运河河政、河工对社会环境的影响。本课题可以丰富运河史、水利史、区域社会史等方面的内容，对于扩大运河学研究视野、深层次挖掘区域运河文化、促进运河文化遗产的保护与开发也具有重要意义。

课题名称：民间文献与京杭运河区域社会研究

项目来源：国家社会科学基金重点项目（16AZS014）

主持人：吴欣

课题组成员：王云　丁延峰　罗衍军　崔建利　李德楠

完成情况：结项

本课题以运河区域民间文献资料为基础，对明清京杭运河区域展开研究。运河区域不仅是地域概念，更是与运河相关的包含经济、政治、思想、意识等层面交互作用的综合体。本课题更强调其作为"人们生活基本场所"的方面，研究重点集中在明清时期作为"生活方式的运河区域社会"。通过对新旧史料、正史专书与民间文献的结合运用，从"社会"角度出发，将"政治化、工具化、工程化"的运河转为"生活方式"的运河，考察运河区域社会运行的内在逻辑与脉络；将整体的运河细化为"区域化"的运河，对运河区域进行更精确的分析，建立起不同区域之间的对比与对话，最终实现对标签化的"运河线性共同体"的整体认识。

课题名称：明清山东运河区域社会生态变迁

项目来源：国家社会科学基金重大项目子课题（17ZDA184）

主持人：王玉朋

课题组成员：延玥　胡梦飞

完成情况：结项

明清时期，保漕济运的国策是影响山东运河区域社会生态变迁的一个关键因素。本课题研究明清时期山东运河的畅通与维持对区域社会所引发的一系列连锁反应，以及随之而来的区域社会再整合问题。本课题内容包含明清时期山东运河的开挖、维持以及大运河与区域社会的互动博弈关系，具体讨论大运河贯通引发的自然环境的连锁反应、山东运河区域社会经济发展动力以及内生性社会力量的演变等内容。

课题名称：刘铭传文献汇集、整理与研究

项目来源：国家社会科学基金项目（18XZS006）

主持人：杜宏春

课题组成员：徐光元　张彦虎　吴清海　高彬彬　张从华

完成情况：结项

本课题首次对刘铭传文献进行全面搜集、整理与研究，内容涉及政治、经济、军事、外交、民族、民生、地方治安等一系列重大问题，真实记录了刘铭传在稳定海疆、发展生产、督修水利、奖励农桑、酌改田赋、捐资助赈、关注民生、兴办学堂、改革军事、废除旧制、修治铁路、完具城池等方面的贡献和成就。本课题资料翔实、体例严谨，可为边疆史研究者提供内容可靠而完备的研究文本。

课题名称：清代黄运地区河工经费研究

项目来源：国家社会科学基金项目（19CZS028）

主持人：王玉朋

课题组成员：胡梦飞　延玥　高元杰

完成情况：在研

本课题从长时段视角研究清代黄运地区河工经费的筹支运作，并与河政机制演变紧密联系，着重考察河工经费收支结构及运作机制，将河工经费研究置于河政机制变迁视角下考量，拓展清代政治史和水利史的研究视域和发展方向。本课题将河工经费与赋役制度变革结合，着重揭示河工经费筹支运作机制背后的河政部门与地方政府、与中央机构之间复杂的博弈关系。

课题名称：柯劭忞年谱长编

项目来源：国家社会科学基金后期资助项目（19FZSB065）

主持人：崔建利

课题组成员：高一萍　刘敏　袁明霞

完成情况：结项

本课题主要内容为柯劭忞生平行迹及相关史事的记述。谱主柯劭忞为光绪十二年（1886）进士，晚清时期历任翰林院编修、湖南学政、国子监司业、翰林院侍讲等职。民国年间曾任清史馆总纂并代馆长职。柯劭忞生平治学广博，涉及传统国学的各个领域，著作等身，为近代重要学者。但因其生平传记资料相对匮乏，很大程度上限制了世人对其生平的认识、对其学术成就的深入研究，这是本课题的主要立论依据。本课题内容分为谱前、正谱、后谱、附录四大部分。谱前部分按柯劭忞家族世序记述柯氏先人、同胞及子女简况。主体部分为正谱及征引参考文献，正谱按年代先后及重要节点共分八部分记述柯劭忞生平及相关史事。后谱部分主要记述柯劭忞去世后至新中国成立之前有关柯劭忞（部分亲友）之消息。附录部分主要有柯氏传记资料、本年谱主要人物小传及人名索引。

课题名称：明清山东黄运地区环境史研究

项目来源：国家社会科学基金后期资助项目（20FZSB033）

主持人：高元杰

课题组成员：高元杰

完成情况：在研

山东黄运地区在明清史研究和近代史研究中呈现出截然不同的面貌，从一个高度发达的城镇商业社会衰变为一个贫穷动乱的社会，本课题从环境史的视角分析这个变化是如何发生的。山东运河作为国家漕运的咽喉河段，深受朝廷重视，被严格地保护、控制和维护，它的咽喉地位和独特的闸河特性极大地促进了沿线商业市镇的崛起，为破产农民提供了大量的工作机会，保证了漕运时代山东黄运地区普遍危机下的长期稳定。晚清黄河改道冲断运河，漕粮改为海运，这个稳定局面被打破，长期压抑的贫穷和暴力在灾害大暴发、河漕佣工失业以及外来暴动的影响下蜂拥而起，使山东黄运地区成为咸同动乱的主要战场之一。晋商、徽商等山东运河市镇经济的主力商帮撤离，繁华的市镇也陷入萧条之中。咸同动乱平定后，清政府在内忧外患中选择"变法图强"开展洋务运动，注意力转向东部沿海，逐步裁汰河漕管理机构，河漕事务边缘化，黄运缺乏有效治理，各种灾害持续暴发，进一步加剧了区域社会的异化。

课题名称：明代江南上供物资转运研究

项目来源：国家社会科学基金一般项目（21BZS066）

主持人：胡克诚

课题组成员：朱年志　高元杰　吴金甲　韩丽华

完成情况：在研

　　"上供"是中国古代财政史领域的一个专有名词。上供物资是明代皇室收入的主要来源和国家财政税收的重要内容之一。上供物资的转运,是明代漕粮运输之外,江南地区财政负担的最大宗项目。明廷为维持上供物资转运的畅通,曾构建起从中央到地方,从内廷到外廷,诸司衙门协同参与的上供转运管理系统。本课题在前人研究基础之上,聚焦于明代的上供制度,选取在明代居于财赋重心地位的江南地区,从国家的管理政策及其同区域社会互动关系的视角,全面考察有明一代江南上供物资的转运情况与地方财政结构变迁,有助于进一步拓展明代财政史、交通运输史和江南区域史的研究视域。此外,探究古代中国物资转运的管理制度、基本情况与经验教训,亦可为当今的财税制度改革、交通运输管理提供一定的历史借鉴和智力支持。

课题名称:宋代边疆民族地区食盐冲突、政府调控与国家认同研究

项目来源:国家社会科学基金一般项目(21BMZ017)

主持人:裴一璞

课题组成员:纪丽真　吴欣　崔建利　周嘉　郭福亮

完成情况:在研

　　本课题通过对宋代边疆民族食盐冲突过程、中央政府调控措施、民族食盐生态空间重构的解读,一方面尝试对现有宋代民族关系史与盐业史研究进行视角创新与内容深化;另一方面通过各民族食盐博弈双赢结果的呈现,为现有边疆民族关系的处理、民族政策的调整、民族团结与国家认同等问题提供参考借鉴。

课题名称:徐世昌图书收藏及出版研究

项目来源:国家社会科学基金一般项目(22BTQ014)

主持人:崔建利

课题组成员:高一萍　袁明霞　刘敏　刘艳朵

完成情况:在研

　　本课题主要内容为徐世昌图书收藏及著述暨出版情况之研究。徐世昌为光绪十二年(1886)进士,晚清时期官至内阁协理大臣,民国年间位至北洋政府大总统,素有"诗人总统"和"文治总统"之称。徐氏生平最大成就不在政绩,而在著述及图书出版。徐氏藏书以实用为主,生平自著、主持编纂并资助出版各类图籍文献近60种,于近代中国文献传承及文化发展功不可没。但为其政客形象所累,徐氏藏书及出版成就一直被世人忽视,罕见全面梳理和系统研究。

本课题在梳理徐世昌家世及生平履历基础上,展开对徐世昌图书收藏及出版、资助出版情况的全面深入研究。重点对前贤未关注或研究未深之徐氏著述及徐氏资助出版文献之内容、编纂出版情况、版本流布、文化价值等进行深入探讨。内容大体分五个方面:一是徐世昌家世与履历,二是徐世昌藏书研究,三是徐世昌自著出版研究,四是徐世昌编纂出版研究,五是徐世昌资助出版研究。另附徐世昌年谱简编。

课题名称:全新世以来东平湖变迁与黄河洪水关系及动力机制研究

项目来源:国家自然科学基金面上项目(41072258)

主持人:陈诗越

课题组成员:申洪源　王建军　姚敏　陈永金　张菊　陈影影

完成情况:结项

东平湖是京杭运河山东段的重要湖泊。本课题拟通过对全新世以来东平湖湖泊沉积物中高分辨率的洪水记录的研究,建立东平湖流域洪水序列;结合环境指标和黄河洪水的历史文献记载,分析黄河洪水泛滥与东平湖变迁的关系模式;通过气候、湖泊环境、湖泊沉积和人类活动四类序列的比较与多项拟合,综合分析东平湖变迁的动力机制。从地质记录中识别和恢复古洪水的大小、强度和发生规律等,对于水利工程建设和防洪减灾等具有十分重要的意义。课题研究可为正确评估现代社会对黄河洪灾的承受能力以及东平湖防洪工程与南水北调输水工程安全提供科学依据。

课题名称:民国时期的古籍丛书研究

项目来源:教育部人文社科基金一般项目(12YJA870002)

主持人:崔建利

课题组成员:王云　丁延峰　杜季芳　刘化兵　高金华　等

完成情况:结项(免鉴定)

民国时期的古籍丛书既具备传统古籍丛书的主流特征,又吸纳了近现代印刷技术、分类思想等因素,呈现出鲜明的时代特征。本课题研究从两方面入手,一是总体概述,主要从民国时期古籍丛书相对繁荣的背景和编纂出版情况、古籍丛书的种类、重要古籍丛书编纂家、重要古籍丛书编纂机构等环节对民国时期的古籍丛书加以概括与梳理;二是分类研究和个案分析,主要是以民国时期古籍丛书的种类为纲,对民国时期各类古籍丛书的特点及代表性丛书的编纂出版、内容及价值等进行详实考述。

课题名称：逋赋治理与明代江南财赋管理体制的变迁

项目来源：教育部人文社科基金青年基金项目（15YJC770013）

主持人：胡克诚

课题组成员：王玉朋　范传南　田雨　韩丽华　裴广强

完成情况：结项

逋赋是中国古代社会一种比较常见的经济行为、财政现象和社会问题，常见于历代典籍之中。它概指在田赋征解过程中不能及时足量缴纳的客观情况，以及拖欠、逃避田赋的主观行为，大致相当于现代财政学中"滞税"与"逃税"的综合体。大量史实证明，逋赋与明代国家财政政策的制定和调整息息相关，逋赋治理是明代财政管理体制变迁的重要动力之一。本课题以"逋赋"为研究对象，并将其放置于明代财政管理体制变迁的视野下和"江南"这个特定区域之中，做长时段、全面系统的史实梳理和制度考察，不仅有利于拓展明代财政史的研究视域和发展方向，丰富"江南学""运河学"的研究视野，还可为当今中国财税、司法体制改革提供一定的借鉴和参考。

课题名称：明清运河漕运仓储与区域社会研究

项目来源：教育部人文社科基金青年基金项目（15YJC770051）

主持人：郑民德

课题组成员：周嘉　胡克诚　裴一璞　陈丹阳　刘玉梅　等

完成情况：结项

本课题从九个方面对明清运河漕运仓储与区域社会之间的关系进行探讨：明清运河漕仓的分类、关系与结构模式；京通仓、水次仓、地方小型漕仓的管理与运作；漕仓存粮稳定市场与灾荒赈济的功能；漕仓的公共工程用粮及稳定运军队伍、补给边防、保障地方驻军的作用；漕仓官员的贪腐与国家整顿；漕仓内部基层劳役人员与外部食利者的勾结与斗争；明清地方民众的抗粮、闹漕、上诉、京控斗争；仓政文化与区域社会文化之间的关系；明清漕运仓储建设与现代仓储管理的关系及借鉴。本课题可丰富中国漕运史的内涵与外延，对强化地域文化遗产的保护与开发、加快城市旅游业的发展也有指导与参考意义。

课题名称：运河城市的空间形态及生命历程研究——以临清为中心的历史人类学考察

项目来源：教育部人文社科基金青年基金项目（15YJC840049）

主持人：周嘉

课题组成员:刘行玉　徐京波　陈丹阳　裴一璞　王玉朋

完成情况:结项

在中国古代社会城市体系形成过程中,运河城市属于一种比较特殊的发展形态。本课题选取山东运河沿岸重要城市临清为个案,结合人类学和历史学的方法对其城市史做整体性研究。研究的主要目的在于,从空间形态的历史演变入手,在变迁的视野下聚焦于临清的历史命运,以期揭示帝国治理与国家转型的实践逻辑。本课题注重将临清置于更大的地域、文化与社会背景下考察,时间断代以区域发展周期为标准,并关照到当下的实践维度。在中国大运河成功入选世界文化遗产名录的时代背景下,在后申遗时代遗产保护的现实情境下,对运河城市个案进行系统研究具有重要意义。

课题名称:新型城镇化背景下散杂居少数民族的社会融入——基于晋冀鲁豫回族的考察

项目来源:教育部人文社科基金青年基金项目(15YJC850003)

主持人:郭福亮

课题组成员:吴欣　梁树广　刘立敏

完成情况:结项

散杂居少数民族的城镇化水平与同区间汉族相比相对较低,社会融入水平也较低,且散杂居少数民族的城镇化关系到我国新型城镇化的大局,关系到各民族共同富裕。鉴于此,本课题对新型城镇化背景下散杂居少数民族的社会融入进行了探讨。晋冀鲁豫四省位于中东部,且多为运河区域,地域相连,是典型的少数民族散杂居区,但是学术界关于四省回族的整体研究较少,因此选择晋冀鲁豫的回族进行研究具有典型性,对晋冀鲁豫四省回族的新型城镇化建设和运河区域隆起带建设具有借鉴与指导意义。

课题名称:魏光焘行述长编

资助项目:教育部后期资助项目(18JHQ051)

主持人:杜宏春

课题组成员:高彬彬　张从华

完成情况:结项

本课题主要是将魏光焘读书求学、投效湘军、进疆平乱与为官甘肃、布政新疆、赴辽抗日及巡抚陕西与总督陕甘、两广、闽浙期间所形成的函牍、奏议、咨函等文献加以汇辑、凝练,并参考《湖山老人自述》,以年谱的形式进行整理与编撰,内容涉及清末新疆、陕甘、云贵、两江、闽浙等地区的政治、经济、军事、外交、民族、民生、地方治安以及宗教等一系列重大问题,充分展现了清王朝与地方官吏对新疆、陕甘、两江、闽浙等地区的治理情况。

课题名称:明清黄运地区河漕赋役与社会变迁研究

资助项目:教育部人文社科基金项目(20YJC770006)

主持人:高元杰

课题组成员:吴方浪　朱年志　吴金甲

完成情况:在研

河漕赋役是明清有漕省份和黄运两河沿线特有的赋役种类,上关国家命脉——河漕二政,下系地方社会和民众生活。山东、河南两省是北方河漕赋役集中区域,河漕赋役在该地区的国家事务和民众生活中占据举足轻重的地位。基于此,本课题提出"河漕型"(水利)社会的概念。"河漕型"(水利)社会以黄运两河河漕事务为核心,关注中央政府与地方民众在河漕水利事务上的互动关系,尤其注重该区域不同阶层人群的生计与压力,展示该区域社会特有的结构、运转和演变。本课题选取黄运地区河漕赋役作为研究对象,旨在通过对河漕赋役的考察、统计、分析以及与其他地区的对比研究,探究河漕赋役在民众负担中的地位,分析其对该区域农业生产和农村社会发展的影响,展现国家行政权威下地方社会的承受、应对和嬗变,客观全面地评价黄运河漕的历史作用。

课题名称:山东省大运河国家文化公园建设路径与对策研究

资助项目:山东社科智库沙龙重大调研咨询项目(ZKSL—2020—06)

主持人:丁延峰

课题组成员:丁延峰　周广骞　胡梦飞　等

完成情况:结项

本课题就山东省大运河国家文化公园建设存在的问题和建设路径提出了有针对性的意见建议,形成了调研报告《山东省大运河国家文化公园建设存在问题与对策建议》,并于2021年2月获山东省原省委书记刘家义的肯定性批示。建议指出,山东省应按照"完善机制＋突出重点＋旅游支撑＋科技引领＋绿色发展"的推进路径,使大运河国家文化公园建设成为我省文旅融合示范带、西部地区旅游经济隆起带、彰显齐鲁风采的大运河文化带、具有国际示范意义的历史文化遗产廊道。要完善建设推进机制,推动运河区域一体化高质量发展。突出规划建设重点,明确运河文化公园推进路径。发挥旅游的支撑作用,打造沿运文旅融合示范带。用好数字技术手段,提升运河文化遗产展示利用水平。突出沿运绿色发展,着力打造运河生态样板工程。

横向课题简介

课题名称:《中国运河志·文献》编纂

主持人:李泉

课题组成员:研究院全体成员

完成情况:结项

按照突出重点、兼顾全面的原则,《中国运河志·文献》一书选录具有重要价值的中国运河文献史料,力求展示各个历史时期运河的全貌及运河研究资料的来源,既可在史料方面为其他各卷起到支撑及补充作用,又可为读者提供关于运河的基本知识、原始文献及资料线索。本课题共分五个部分:先秦至隋唐部分选录了各种史书、政书、方志、类书、笔记、文集中的运河史料;宋金元、明代、清代部分除节选正史、政书、志书外,还选录运河专书及文集、笔记中的史料;民国部分选录了报告书、计划书及总结纪实性概要、纪略、日记、档案等资料;最后附有"今人论著索引"。本课题所选资料,已整理出版者以整理本为底本,未经整理者则选最好的版本为底本,然后以其他版本参校。

课题名称:《中国运河志·人物》编纂

主持人:王云

课题组成员:研究院全体成员

完成情况:结项

本课题从运河历史变迁的视角,对中国历代运河的规划与开凿者、河工水利建设者、漕运管理者、运河著述与旅行记录者进行了全面的收录。通过对运河人物生平、经历及与运河关系的介绍,可以清晰地看到中国大运河从萌芽到发展、演变乃至衰落的过程。运河变迁的影响因素既有国家政策、地理环境、政治需求,也有运河人物自身的思想、观点与社会实践。人物的相关活动与国家、区域社会是一种互动的双向关系,人在不断地改造运河,使其更加符合国家与社会发展的需要,同时运河又影响着国家相关政策的制定、运河沿线民众的生活、生态环境乃至运河人物自身观念。本课题力图通过对运河人物的描述,展现"人"在中国大运河发展史、黄运关系史、水工技术史、运河区域社会发展史上的作用。

课题名称:《中国运河志·大事记》编纂

主持人:李泉

课题组成员:高元杰　周广骞　胡克诚　朱年志

完成情况:结项

《中国运河志·大事记》以时间为线索,简要记述自古迄今与中国运河有关的重要事项,勾画中国运河的历史轨迹,展现运河发展的脉络。主要内容包括不同历史时期的运河开凿及变化,与运河相关的工程设施修建情况,运河管理机构的置废迁移,主要职司长官的更迭,历代运河水源管理及通运制度的变化,与运河相关的自然灾害和人为灾难,有关运河的重要著作、诏令、奏议、文件、政策法规,与运河直接相关的重要历史事件等。

课题名称:《京杭大运河山东段志》编纂

主持人:李泉　吴欣　丁延峰

课题组成员:研究院全体成员

完成情况:结项

本课题紧扣京杭大运河山东段本体,兼及运河沿线的文化与社会,全面、系统、翔实地记述了断限内京杭大运河流经区域的相关历史,包括自然环境、河道变迁、水工设施、管理制度、与运河相关的重要事件、区域经济发展、文化现象及文化遗存、与运河相关的人物及重要文献等,真实反映了京杭大运河山东段的历史全貌。本课题可为当前大运河文化带、大运河国家文化公园建设提供历史依据和参考借鉴,对于弘扬和传承山东运河文化亦具有重要意义和价值。

四、获奖

1. 获奖统计(2012—2022)

时间	成果名称	奖项名称	获奖者
2012	海源阁藏书研究	入选"国家哲学社会科学成果文库"	丁延峰
2012	海源阁藏书研究	山东省社会科学重大成果奖	丁延峰
2013	存世宋刻本书录	入选"中国社会科学博士后文库"	丁延峰
2013	存世宋刻本书录	优秀博士后学术成果奖	丁延峰

续表

时间	成果名称	奖项名称	获奖者
2013	古籍文献丛考	华东地区古籍优秀图书奖二等奖	丁延峰
2013	直隶惊雷——辛亥革命在京津冀	山东省社科优秀成果二等奖	马亮宽
2013	人际关系与土改的推动:以两个鲁西南村庄为中心	聊城市社科优秀成果三等奖	罗衍军
2014	村落与宗族:明清山东运河区域宗族社会研究	山东省社科优秀成果一等奖	吴欣
2014	唐女郎鱼玄机诗	山东省社科优秀成果二等奖	丁延峰
2014	山东区域文化通览(18 卷)	山东省社科优秀成果二等奖	马亮宽
2014	明清山东运河区域水环境变迁及其对农业影响研究	山东省优秀硕士学位论文奖	高元杰
2014	集体记忆与历史书写——基于寿县清真寺的考察	聊城大学优秀科研成果三等奖	郭福亮
2015	清代聊城傅氏家族文化研究	山东省社科优秀成果重大成果奖并一等奖	李泉
2015	清代聊城杨氏藏书世家研究	山东省社科优秀成果重大成果奖并一等奖	丁延峰
2015	傅斯年传	山东省社科优秀成果二等奖	马亮宽
2015	革命与秩序:以山东省郓城县乡村社会为中心(1939—1956)	山东省社科优秀成果二等奖	罗衍军
2015	傅斯年评传	山东省高等学校社科优秀成果一等奖	马亮宽
2015	中国大运河历史文献集成(全80 册)	聊城市社科重大成果奖	王云
2015	安丘市出土清代《铭德记功碑》考释	聊城大学优秀科研成果奖三等奖	裴一璞
2015	白鹿化龙:从宋代四川盐神信仰变化看官民盐权分配的博弈	聊城市社科优秀成果二等奖	裴一璞
2015	明代苏松督粮道制考略	聊城市社科优秀成果三等奖	胡克诚
2016	傅斯年评传	山东省社科优秀成果三等奖	马亮宽

时间	成果名称	奖项名称	获奖者
2016	海源阁善本叙录	聊城大学优秀科研成果三等奖	丁延峰
2016	明清京杭运河沿线漕运仓储系统研究	聊城大学优秀科研成果一等奖	郑民德
2016	减租减息与乡村社会变动	聊城大学优秀科研成果三等奖	罗衍军
2016	沉涸之间：明清以来山东南运湖河区域"沉粮地"的历史与记忆	聊城市社科优秀成果二等奖	胡克诚 李德楠
2016	东昌府年画与杨柳青年画之比较	聊城市社科优秀成果二等奖	刘玉梅
2017	聊城文化史	山东省社科优秀成果一等奖	马亮宽
2017	宋代川盐经营中的豪民群体与政府控制	聊城大学优秀科研成果奖三等奖	裴一璞
2017	山东运河区域美食文化遗产资源的开发与利用	聊城大学优秀科研成果三等奖	刘玉梅
2017	明代漕运监兑官制初探	聊城大学优秀科研成果三等奖	胡克诚
2017	鹿头梵志的早期形象及宗教内涵	聊城市社科优秀成果三等奖	吕德廷
2017	论明代一条鞭法的实施与推行——以山东地区为中心	聊城市社科优秀成果二等奖	朱年志
2017	运河城市的空间形态与职能扩张——以明清时期的临清为个案	聊城市社科优秀成果三等奖	周嘉
2017	京杭运河桥梁遗产与地名	聊城市社科优秀成果三等奖	胡克诚
2017	抗战时期的生产动员与乡村社会整合：以山东为中心	聊城市社科优秀成果二等奖	罗衍军
2018	李渔生活审美思想研究	山东省高等学校社科优秀成果一等奖	刘玉梅
2018	运河城市的饮食文化考论——以山东临清为例	聊城市社科优秀成果三等奖	周嘉

续表

时间	成果名称	奖项名称	获奖者
2018	山东运河遗产与地名文化	山东省民政厅研究成果二等奖	周嘉 窦淑芬 张晓伟
2018	李渔生活审美思想研究	聊城大学优秀科研成果一等奖	刘玉梅
2018	李渔与袁枚饮食思想差异及其原因	聊城市社科优秀成果二等奖	刘玉梅
2018	神圣与世俗：明清时期聊城地区的碧霞元君信仰	聊城市社科优秀成果三等奖	胡梦飞
2018	宋代四川夷汉盐权博弈与族群食盐生态空间的重构	聊城市社科优秀成果三等奖	裴一璞
2018	清中叶至民国初年山东"沉粮地"的垦务开发	聊城市社科优秀成果三等奖	胡克诚
2018	明清山东运河小城镇的历史考察——以七级镇为中心	聊城市社科优秀成果三等奖	朱年志
2019	文化四季	山东省科学优秀成果一等奖	吴欣
2019	山东运河遗产与地名文化	山东省政府系统优秀调研成果三等奖	周嘉
2019	山东运河区域移民变迁与地名发展研究	山东省民政厅研究成果三等奖	周嘉
2019	何处是江南：论明代镇江府"江南"归属性的历史变迁	聊城大学优秀科研成果二等奖	胡克诚
2019	杨以增研究丛集	聊城大学优秀科研成果三等奖	丁延峰
2019	运河名城临清碧霞元君信仰考略	聊城市社科优秀成果二等奖	周嘉
2019	明代山东高唐州均粮记碑考释	聊城市社科优秀成果三等奖	朱年志
2019	明代漕运视野下的金龙四大王信仰	聊城市社科优秀成果三等奖	胡梦飞
2019	储才与备用：清代河工效力制度研究	聊城市社科优秀成果三等奖	王玉朋

时间	成果名称	奖项名称	获奖者
2019	《周易》中的女性审美思想及其美育意义	聊城市社科优秀成果三等奖	刘玉梅
2020	明清京杭运河沿线漕运仓储系统研究	山东省社科优秀成果二等奖	郑民德
2020	通赋治理与明代江南财赋管理体制的变迁	山东省高等学校社科优秀成果三等奖	胡克诚
2020	环境史视野下清代河工用秸影响研究	聊城大学优秀科研成果奖二等奖	高元杰
2020	山东冠县出土明钱楷夫妇墓志铭考释	聊城大学优秀科研成果三等奖	王玉朋
2020	地方神庙、信仰空间与社会文化变迁——以临清碧霞元君庙宇碑刻为中心	聊城大学优秀科研成果三等奖	周嘉
2020	元明高唐州重修庙学记碑文考略	聊城大学优秀科研成果三等奖	朱年志
2020	苏州神仙庙的历史变迁	聊城大学优秀科研成果三等奖	胡梦飞
2020	宋元四川盐业地理与区域社会研究	聊城大学优秀科研成果三等奖	裴一璞
2020	通赋治理与明代江南财赋管理体制的变迁	聊城大学优秀科研成果二等奖	胡克诚
2020	运河区域老字号文化的传承与利用	聊城市社科优秀成果三等奖	朱年志
2020	运河城市临清历代城址变迁考略	聊城市社科优秀成果三等奖	周嘉
2020	明清时期山东运河区域民间信仰研究	聊城市社科优秀成果三等奖	胡梦飞
2020	社区福利的空间差异:清代山东运河区域慈善事业研究	聊城市社科优秀成果三等奖	王玉朋
2020	皇权与财政:试论明代大运河上的宦官角色	首届山东青年史学家论坛论文评选二等奖(山东省历史学会)	胡克诚

续表

时间	成果名称	奖项名称	获奖者
2020	临清运河文化遗产保护及古城内涵式发展研究	山东社科论坛优秀论文一等奖	周嘉
2020	清代前期山东运河湖田开发的讨论与实践	山东社科论坛——大运河山东段建设研讨会征文二等奖	王玉朋
2021	大运河文化的内涵与价值	山东省社科优秀成果二等奖	吴欣
2021	共有产权与乡村协作机制：山西"四社五村"水资源管理研究	山东省社科优秀成果三等奖	周嘉
2021	环境史视野下清代河工用秸影响研究	山东省社科优秀成果三等奖	高元杰
2021	明清运河漕运仓储与区域社会研究	聊城大学社科优秀成果一等奖	郑民德
2021	新见傅斯年《巴黎燉煌写本集读记》考述	聊城大学优秀科研成果三等奖	吕德廷
2021	山东高唐出土元代宣使李处贞墓志考释	聊城市社科优秀成果二等奖	裴一璞
2021	明代运河功臣宋礼历史地位的演变及其原因	聊城市社科优秀成果三等奖	高元杰
2021	明代隆庆、万历初期的运河治理探析	聊城市社科优秀成果三等奖	朱年志
2021	中国运河文化遗产概论	聊城市社科优秀成果三等奖	胡梦飞
2022	—	山东省社科突出贡献奖	马亮宽
2022	明清运河漕运仓储与区域社会研究	山东省社科优秀成果二等奖	郑民德
2022	李渔生活审美思想研究	山东省社科优秀成果三等奖	刘玉梅
2022	民国时期的古籍丛书研究	山东省社科优秀成果三等奖	崔建利
2022	山东运河文化遗产保护、传承与利用研究	聊城大学优秀科研成果三等奖	胡梦飞
2022	矜式百世：绍兴史学史	聊城大学优秀科研成果三等奖	罗衍军

时间	成果名称	奖项名称	获奖者
2022	历史时期山东小清河盐运述论	聊城市社科优秀成果二等奖	裴一璞
2022	清代山东运河河工经费研究	聊城市社科优秀成果二等奖	王玉朋
2022	苦难的言说：以一项抗战口述访谈为中心	聊城市社科优秀成果二等奖	罗衍军
2022	策彦周良《入明记》中的明代江苏运河城镇	聊城市社科优秀成果三等奖	胡梦飞
2022	苏伊士运河的地缘政治学分析	聊城市社科优秀成果三等奖	吴金甲
2022	黄运关系与明清时期的改漕治河思潮	聊城市社科优秀成果三等奖	高元杰

2. 获奖统计（2012 年之前）

时间	成果名称	奖项名称	获奖者
2001	《中国古代史》课程教学改革	山东省高等教学教学成果二等奖	李泉 傅永聚 王云 江心力 马亮宽
2001	傅斯年学术评传	山东省高等学校优秀科研成果二等奖	李泉
2002	中国运河文化史	山东省社科优秀成果一等奖	李泉
2005	辛亥滦州兵谏与滦州起义	山东省社科优秀成果三等奖	马亮宽
2005	高师历史学专业综合教学改革	山东省高等教学教学成果一等奖	李泉 张礼恒 陈德正 曹胜强 刘卫东
2005	综合性大学开放式教师教育模式的构建与运行	山东省高等教育教学成果二等奖	董泉增 李建萍 李泉 赵国强 陈传利

续表

时间	成果名称	奖项名称	获奖者
2005	加强宏观调控,促进重心下移,构建高效教学管理新体制	山东省高等教育教学成果三等奖	王瑛 李泉 赵国强 陈传利 都超
2005	聊城山陕会馆戏楼墨记及其史料价值	山东省高等学校社科优秀成果二等奖	王云 李泉
2005	辛亥滦州兵谏与滦州起义	山东省政协优秀文史书刊一等奖	马亮宽
2008	明清山东运河区域社会变迁	山东省社科优秀成果二等奖	王云
2009	清代的民事诉讼与社会秩序	山东省高等学校社科优秀成果一等奖	吴欣
2010	傅斯年社会政治活动与思想研究	山东省高等学校社科优秀成果二等奖	马亮宽
2011	傅斯年社会政治活动与思想研究	山东省社科优秀成果二等奖	马亮宽
2011	当代高校图书馆与地方"校地共建"运行模式及管理机制的探讨研究	山东省软科学优秀成果二等奖	王云

五、应用成果

1. 2020 年,山东社科智库沙龙重大调研咨询报告《山东省大运河国家文化公园建设路径与对策研究》,获省委主要领导肯定性批示。

2. 2021 年,《关于改善我省新型农村社区养老问题的调研与建议》获省委主要领导肯定性批示。

六、荣誉称号

年度	荣誉称号	姓名
2001	国家级教学成果奖	齐涛,王玮,曹胜强 顾銮斋,李泉
2006	聊城大学校聘优秀人才	马亮宽

年度	荣誉称号	姓名
2010	聊城大学校聘优秀人才	马亮宽
2011	民革山东省参政议政工作先进个人	马亮宽
2012	山东省三八红旗手	王云
2012	民革全国祖统先进个人	马亮宽
2013	山东省高等学校社科研究基地首席专家	吴欣
2013	山东省有突出贡献的中青年专家	丁延峰
2015	聊城大学首批"百人计划"	马亮宽
2015	聊城大学首批"百人计划"	罗衍军
2016	民革全国祖统先进个人	马亮宽
2016	山东省人民政府参事	马亮宽
2016	山东省有突出贡献的中青年专家	吴欣
2016	山东省优秀学位论文指导教师	罗衍军
2017	省政协委员(2012—2017)	王云
2017	香港中文大学—中山大学历史人类学研究中心特聘研究员	吴欣
2017	世界运河城市组织(WCCO)专家委员会特聘专家	吴欣
2017	聊城大学"百人计划"	郑民德
2018	中国社会史学会理事	吴欣
2018	中国地理信息产业协会大运河工作委员会特聘专家	吴欣
2018	江苏省大运河文化带建设研究院专家咨询委员会专家	吴欣
2018	光岳英才	罗衍军
2018	光岳英才	吕德廷
2018	山东省高层次人才	马亮宽
2018	聊城市社科突出贡献奖	王云
2019	聊城市社会科学院智库专家	吴欣
2019	光岳英才	杜宏春
2019	中国商业史学会理事	胡克诚

续表

年度	荣誉称号	姓名
2019	国务院政府特殊津贴	马亮宽
2019	聊城市社会科学院智库专家	罗衍军
2019	山东省电力企业协会党建专家	罗衍军
2020	光岳英才	杜宏春
2020	羡林学者	郑民德
2020	光岳英才	王玉朋
2020	光岳英才	胡克诚
2020	光岳英才	崔建利
2020	光岳英才	周广骞
2021	光岳英才	郑民德
2021	光岳英才	朱年志
2021	光岳新秀	周嘉
2021	羡林学者青年计划	周嘉
2022	羡林学者	高元杰
2022	羡林学者青年计划	王玉朋
2022	光岳英才	高元杰
2022	光岳英才	裴一璞
2022	光岳英才	郑民德

《光明日报》专题论文

中国大运河的形成、发展与繁荣

程玉海

　　如果把邗沟的开挖作为中国运河的起点，那么它至今已有近 2500 年的历史了，把它称为"运河"却晚了千余年。在二十四史中，"运河"这一概念最早出现于北宋欧阳修编撰的《新唐书》中，即"开成二年夏，旱，扬州运河竭"。在此之前，运河的各段都是用"沟""渠""水"等来命名的。用"大运河"统称运河各段，最早也出现于北宋年间，《咸淳临安志》卷三十五有"过东仓新桥入大运河"之说。此后，虽然各段的名称，如通济渠、永济渠、通惠渠、会通河等概念仍广泛使用，但宋史、明史、清史中对"运河"某段或整体，已常使用"运河"和"大运河"的概念了。

　　究竟何时把"大运河"冠以"京杭大运河"，现尚未考据清楚。在白寿彝1937 年所著《中国交通史》、郭沫若《中国史稿》和范文澜《中国通史简编》等著作中，均未使用"京杭大运河"，而是用"大运河""运河"进行表述。1997 年，白寿彝先生为总主编的《中国通史》一书，使用了"京杭大运河"概念，指出元代"划直修凿大都通往江南的京杭大运河，以替代隋唐以来那条以中原地区为中心的旧运河"，并使用"京杭大运河的全线贯通与整治"作为该节的标题。但这里只是以京杭大运河来表述元代后的大运河，对元前运河的表述中，则并没有加"京杭"两字。可见，"京杭大运河"这一概念，出现和使用的时间不会太早，现代历史著作使用这一概念时，也明确把它限定在元代以后中国大运河的范围里。

　　今天看来，由于概念使用上的不同，人们往往对中国大运河的历史和河道走向、本区运河意义等方面产生许多误解，而造成这一误解的主要原因就在于把京杭大运河等同于中国大运河。但实际上，元代后被称为"京杭大运河"的阶段，仅是有2500多年历史的中国大运河的一部分。早在这之前，已经形成了以中原地区为中心，南到湖广和南海，东南到宁波和东海，北至北京甚至辽东，东以淮河下游为东端，西到长安和咸阳的中国大运河体系。因此，"京杭大运河"的概念无法包容中国大运河的内涵。同样，在许多人的心目中或表述里，还往往有意无意地把京杭大运河和隋唐大运河等同起来，甚至同隋炀帝联系起来，这就又造成了一系列认识上的混乱。应该承认隋代特别是隋炀帝时期，是中国运河体系发展过程中的重要阶段，但当时的"京"是长安，洛阳则被称为"东都"，运河在黄河以北到今天北京的河段，也和"京"毫无关系。所以把京杭大运河和隋代大运河联系起来也是不合适的。

而用"中国大运河"或"大运河"来称我国运河是准确的。实际上，当宋代使用"大运河"这一概念时，它指的就是隋唐至北宋的运河及河道流域。元、明、清使用"大运河"也主要指元代后形成的运河及河道流域。显然"大运河"这一概念本身，已经被史籍和我国现代历史著作所界定。所以，用"大运河"简称或统称"中国大运河"是有依据的。"大运河""中国大运河""京杭大运河"这三个概念所包含的历史、地理、河道走向、文化研究范围是不同的。在开展运河文化研究时，应对此有足够的重视。

中国大运河体系的初步形成

纵观2000余年的中国大运河修建史，根据各个时期开挖的规模、航运及繁荣程度，我们可以将其划分为三个阶段：隋以前为中国大运河体系的初步形成阶段；隋唐至北宋为中国大运河进一步完善和稳定发展阶段，也可称为中国大运河繁荣阶段；元、明、清为中国大运河南北直航和再次繁荣阶段。

据记载，中国大运河最早开掘于春秋战国时代，而其中最著名的便是吴国开挖的邗沟。吴王夫差时期，为解决因北上与齐、晋争锋称霸中原所带来的军事物资与给养补给等问题，于公元前486年，从今扬州附近开挖运河，引长江水向东北入射阳湖，然后折向西北，直到今淮安市附近进入淮水。据《国语·吴语》载，吴王夫差战胜齐国后，又在今河南商丘、山东曲阜之间"阙为深沟"，沟通了沂水和济水。据后人考证，这条运河就是菏水。当时济水与黄河相通，所以夫差所开的菏水沟通了淮水与黄河，也是黄淮之间最早的运河。

在中国大运河体系初步形成过程中，"鸿沟"的作用是不容低估的。约于魏惠王十年（前360年）至十八年（前352年），魏国在黄河与淮河之间开挖了著名的鸿沟。鸿沟主水道由今河南荥阳东北引黄河水东行（黄河此时为北上），过魏都大梁转而向东南流,至陈(今河南睢阳)折向南流,入于颖水。

当长江以北的运河已联通淮河和黄河到达洛阳的时候,长江以南的运河体系尚处于进一步联通的过程中。秦朝江南运河的开通和灵渠的建成终于完成了这一任务。灵渠是中国大运河不可缺少的组成部分。它联通了长江与珠江流域,使中国大运河体系向南伸延到南海。直到唐宋年间,灵渠仍为南下两广的唯一水道。当时大量的漕运和货物都由此转运。唐宋几代都对它进行过大规模的整修,并设置专门机构进行管理。

在中国大运河体系形成过程中,曹操开挖的白沟等几条运河,使运河得以向黄河以北延伸。建安九年至十一年(204—206),为北上消灭袁氏残余势力,曹操陆续在黄河以北开挖了白沟、平房渠、泉州河与新河四条运河。白沟本是黄河古道,原名宿胥渎。曹操采取修筑枋堰的方法,将流入黄河的淇水强行拦截,逼其改变流向,注入白沟,经过内黄通入邺城附近的洹水。攻下邺城后,曹操继续北征乌桓,又向北开平房渠,引滹沱水在今天津市境内入泒水。平房渠入泒水后,离塞上还有一段距离,于是,曹操又继续向北开渠。新开之渠纵贯泉州县(今天津武清区南)东部,故取名泉州河。至此,曹操北伐乌桓所需军粮可由许昌或邺城经漳水、白沟、滹沱河、平房渠、泒水入泉州渠,北达塞上。当时乌桓正盛,紧守边塞,曹操只得采用迂回战术,绕道出塞,由泉州河向东,沿海边开挖了新河,这条运河由雍奴县承潞河东出,到达今滦县南进入濡水(今滦河),出濡水后可浮海或陆行达于辽东。

东晋南朝时期,着力开凿修治浙东运河。浙东运河自杭州东渡钱塘至萧山县的西兴镇,再由西兴镇东至宁波,沟通了姚江、甬江、钱塘江、曹娥江等12条自然河流,全长400里。

可见,隋代之前,以中原地区为中心,具体来说以洛阳为中心贯通东西南北的中国大运河体系的框架已经形成。隋唐时期对运河大规模的开挖、整治,并由此造成的航运繁荣,基本是在这个框架基础上完成的。

隋、唐、北宋:中国大运河的完善、发展与繁荣

隋唐至北宋是中国大运河完善、发展的极为重要的一个阶段。隋朝统一后,我国东南地区经济逐步恢复并繁荣起来,我国的经济重心也开始逐步向东南一带转移。而隋唐两代的首都设在长安或洛阳,北宋年间虽然建都开封,但国家政治中心仍没有离开中原地区。为巩固中央集权的国家政权,解决京师众多官兵民众的粮食和日用供给,同时也为了对北方大规模用兵,必须通过运河把经济重心和政治中心联系起来。因此,大规模修建运河的作用和意义充分显

示出来，而且大运河在国家经济和军事上的战略地位也被凸显出来。与此同时，伴随着以数学、地理学为代表的科学技术的发展，河道规划、设计与施工，在当时也达到了很高的水平。

对大运河的修建工作，在隋文帝时就已经开始。他在关中修建的潼关至长安的广通渠，便利了关中地区的漕运和交通。隋炀帝时的运河达到了前所未有的规模和程度，这一时期修建的运河全长 2700 多公里，以洛阳为中心，由相互连通的四段运河组成，即通济渠、永济渠、山阳渎、江南运河。

隋、唐、北宋年间的大运河，已不仅是单一的因战争而修的运输线，而成为沟通经济重心与政治中心交通、运输、人员交流的大动脉和维护国家统一的生命线。到北宋年间汴河运输日益繁巨，以致"漕引江湖半天下财赋，并山泽百货悉由此路而进"（白寿彝：《中国通史》，第 93 页）。同时隋、唐、北宋年间，通过大运河已形成了全国四通八达的北上交通网。所以运河在"隋唐水道交通上的地位，比江河等水运要居较高的地位"，已成为"中央政府的支柱"，而到北宋年间，大运河"至成为建国之本"（同上，第 129 页）。

元、明、清：大运河格局的新变化与新繁荣

元统一中国建都北京后，也面临着国家政治中心在北京而经济中心在东南的局面。黄河的变迁，决定了元代重修淮河以北运河必须另辟新径，这导致了淮河以北大运河格局和走向的根本变化。元大运河由以下几部分组成。北运河：通过拓宽、疏浚，取直白河段到直沽。南运河：重修宋代御河北段，由天津到达临清。会通河：由两段组成，以济宁市任城为中心，向南至鲁镇与泗水相连，向北经南旺、袁家口至现梁山县小安山，全长 150 余里。后接济州河向北继续开挖，由小安山经寿张、阳谷、聊城到临清，入南运河，全长 250 余里。元世祖赐名"会通河"。由于济州河与新开会通河联为一体，故两河也通称会"通河"。

明初建都南京，漕粮北运任务并不重。但永乐年间建都北京后，大运河的意义再次凸显出来。1441 年 2 月，由宋礼主持对会通河进行大规模整修。明代对大运河百余年的治理，是确保明、清两代 500 余年大运河繁荣的重要措施。有明一代，由运河运输漕粮达 340 万担，航行漕船达 3000 余艘，各类船只达到万余艘（白寿彝：《中国通史》，第 15 册 852 页）。

清代对大运河的治理，基本沿用明代的方法，使得大运河全程各项设施更加完善。咸丰以前，运河漕粮也达到 400 万担（同上，第 13 册 877 页）。咸丰五年即 1855 年，黄河在河南铜瓦厢决口，从此结束了其长达 700 年的"夺淮入海"

的历史,在今阳谷张秋镇将运河拦腰截断,从而也截断了张秋以北到临清河的水源。光绪年间,清政府虽采取了各种措施以"通漕保运",但由于各种原因终未奏效,只好罢漕。清末民初,随着海运的发展,几乎与运河平行的京津、京浦铁路的兴修,从根本上动摇了大运河作为中国南北交通大动脉的地位。于是,中国大运河带着它辉煌的荣光成为历史。

(《光明日报》2008 年 11 月 30 日第 7 版)

大运河与社会政治文化变迁

马亮宽

中国大运河是隋代开凿的贯通南北的人工河,它的贯通改变了传统区域文化发展、交流的空间格局,将南方经济发达地区和北方政治文化中心密切联系起来,推动了中国文化的发展,促进了中国社会的进步。

一、运河贯通改变了文化交流空间格局

中国地域广阔,山河纵横,其间最大的山川河流多东西走向,将先民分隔为以东西走向为主的几个大的区域,形成了各具特色的区域文化。这些区域文化在长期发展过程中,既各具特色,又不断交流、渗透和融合。从隋代开始,大运河的开凿沟通了海河、黄河、淮河、长江、钱塘江五大水系,打破了南北长期对峙的局面,真正是沉沉一线穿南北,起到了沟通南北的巨大作用,促进了中华民族文化多元一体格局的形成。此后,南方丰富的物产源源不断地通过运河流向北方,而中原先进文化也不断地通过运河传播到江南;经济文化的交流和融合由横向变为纵横交叉发展,尤其是元代建都北京,中经明清两代,北京一直保持着全国政治、经济、文化中心的地位,这其中运河所起的作用举足轻重。同时,由运河发展起来的漕运和水利,使运河一带成为南北交通的大动脉,吸引了南北各地的客商往来、商品贸易,也形成了独具特色的运河文化。各区域文化的代表者、传承者汇聚到运河流域,又经运河向外扩散,使运河的文化积淀越来越深厚。

二、运河与唐宋以来封建王朝的兴衰密切相关

隋唐以来,中国古代各王朝的兴衰继替与运河畅通南北具有密切的关系。隋代统一全国,结束了 260 多年的战乱,这期间晋室南渡,民众大量南迁,为长江流域输入了大量先进的生产技术和劳动力,促进了江南地区经济的快速发展,而北方由于长期处于战乱之中,经济遭到极大的破坏,隋统一全国后,要利用江南财富充实北方,隋炀帝开凿大运河的主观动机或不在此,但从此以后,南北财富经运河调剂,成为支持唐以后中央政权的经济力量,的确是一个不争的事实。近代学者陈寅恪先生对东南财富经运河运往北方对唐政权所起到的支持作用有精辟的论述。他说:"唐代自安史之乱后,长安政权之得以继续维持,除文化势力外,仅恃南东八道财赋之供给,至黄巢之乱既将此东南区域之经济几全加破坏,复断绝汴路运河之交通,而奉长安文化为中心仰东南财赋以存立之政治集团,遂不得不土崩瓦解,大唐帝国之形势及实质,均于是告终矣。"陈寅恪的论述强调了两个方面:一是在唐代中后期东南经济发展迅速,已成为支持唐中央政权存亡的重要力量;二是运河作为从东南向长安运输物资的主要途径起着重要作用,它的畅通和断绝亦关系唐政权的存亡。陈寅恪论述的主要是唐王朝中后期,实质上唐的灭亡及五代诸政权的继替也是如此。正如有的研究者所说:"运河自唐末溃决为淤泽后,便淤塞而不宜于航运。一向靠运河把军事政治中心的北方和经济重心的南方联系起来而发荣滋长的大唐帝国,就是在这种情形下崩溃的。"(全汉昇《唐宋帝国与运河》,第 92 页)宋王朝在建立过程中,就决定以汴州为都城,其中一个重要原因就是因为汴州(今开封)在运河旁边。整个北宋,甚至上溯至隋唐两代,都是以运河为链条,将西北地区的政治、军事中心与东南地区的经济中心联系在一起的。江淮地区以粮食为主的物资、赋税通过运河源源不断地运往西北地区,保证了西北地区政治中心对于财富的需要,因而也就保持了国家的统一和强盛。唐宋政权与大运河畅通与否的关系如此,其后,元明清大一统政权的兴替与大运河畅通与否的关系也复如此。

元朝定都北京,政治中心仍在北方,但"百司庶府之繁,卫士编民之众,无不仰给于江南"(《元史》卷九十三),因而对大运河的依赖就更为关键。元初,运河因年久失修,全线无法贯通,元政府起初想通过海上运输解决问题,但实践证明,海运风险很大,因而,元政府决心疏通运河,并且废弃原来的运河,开修会通河,会通河开通后基本取直了原来自洛阳南到杭州、北到涿州的大运河,航程缩短上千里。正是大运河的修通,保证了元朝统治集团所仰赖于江南的物资粮食的供应。元代末年,南方群雄并起,截断了运河经济对元政权的支持,迫使

蒙古族统治集团放弃对中原的统治,退守漠北。明清王朝的统治中心也一直在北方,但统治者无不重视大运河的作用,并且采取许多措施,加强对运河流域的政治、经济的控制,保证这个经济、政治、文化的大通道的畅通。正如有的研究者所说,从历史上看,运河的开凿与开发,无不是围绕着巩固和强化王朝的政治统治而展开的,其最直接的目的即是出于军事需要和经济开拓的需求。由于大运河区域在全国范围内始终处于政治、军事、经济、文化诸方面的重心位置,因而成为历代封建王朝着力控制的最重要的政治区域。每一代王朝统治者都要凭借运河区域理想的地理位置、优越的经济条件和卓越的人文环境来控制全国。同样,王朝的嬗变与鼎革,也总使运河区域的武力争夺和战争角逐最为激烈。在某种意义上说,谁拥有了运河地区,谁就能建立起稳固的政治统治,从而控驭全国。总之,大运河自开通以后,其主要功能与政治统治就发生了密切关系,许多情况下直接影响着封建王朝的兴衰甚至更替。

三、运河促进了社会变迁和文化发展

京杭大运河的开通,便利了内陆交通,加速了社会流动,使各种社会思潮的传播也变得快捷,因而大大促进了中国古代社会特别是大运河流域的社会变迁和文化发展。这主要表现在以下几个方面。其一,大运河开通后,全国各地、各个时期都有大量文人骚客与运河结缘,留下了丰富的文化遗产。因为大运河连通了几个主要的经济、政治、文化中心,所以不同时代的文人学士与大运河结下了不同程度的情缘,写下了大量与大运河有关的文字。同时,各个朝代也都有人为发挥运河的功能而对其进行深入研究,他们的思想和实践也多数形诸文字。这些与运河具有密切关系的文字本身即成为运河文化的重要部分,同时也是我们研究运河文化最直接、最基本的史料,又是我们探索运河文化对中国历史产生影响的最主要的内容。其二,运河流域的文化教育因运河的开通而昌盛发达。无数历史事实证明,交通的便利是经济发达、文化昌盛的重要条件。大运河的开通对运河流域也发挥了这方面的影响。例如,自元代会通河开通,山东聊城便成为运河流域的北方重镇,聊城及其周围各州县私塾遍布,书院林立,文人骚客、儒士缙绅来此会客访友,传播学术,交流信息,促进了聊城地区文化教育的普及和发达,陶冶了无数才华卓越之士,成就了众多官宦书香世家。据记载,明清两代录取的山东籍进士共4047人、状元17人,其中隶属东昌府州县籍者有进士290人、状元3人。其三,各种民间信仰、秘密社会、会党、传教士也利用运河交通之便,沿途传播。仅以明清冀鲁豫边区为例,由于各种会党、传教士、秘密社会会聚,形成社会信仰和习俗变化,致使民变迭起,教案丛生。

综上所述，中国大运河的开凿与贯通，为中国社会的发展与进步营造了新的环境和条件，加强了国家的政治统一和民族团结，促进了全国各地经济文化的交流，助推了中国多元一体文化的形成和发展。

（《光明日报》2009 年 1 月 20 日第 12 版）

明清时期活跃于京杭运河区域的商人商帮

王　云

随着社会生产力和商品经济的不断发展，从明朝起，开始出现以徽商和晋商为代表的许多地缘性商人集团，人们称其为"商帮"。贯通南北、连接五大水系的京杭大运河，是当时南北物资交流的主动脉。运河的畅通带动了两岸经济社会的发展，使这一区域逐渐形成了以运河为商品流通主干线的城乡市场网络，这个网络由流通枢纽城市（北京、临清、扬州、苏州、杭州等）、中等商业城镇（德州、聊城、张秋、济宁、淮安、镇江、无锡、常州等）和农村集市相互连结而成，覆盖华北、华东的大部分地区。全国各地的商帮都被京杭运河这块巨大的磁石所吸引，他们争先恐后来到运河区域，抢占商机，分攫市利。

永乐年间运河南北贯通后，徽商相机而动，凭借地利之便，最先进入京杭运河区域。地处运河最南端的杭州是丝织业中心、木材集散地，又是两浙盐业经营中心，徽州的丝绸商、木商、盐商在这里拥有极大势力；运河之滨的商业都会苏州，也是徽商最早的云集地，他们在该地的米、布、茶、木、丝绸、颜料等行业中占有极为重要的地位；扬州是运河区域最繁盛的商业都市，徽商在此称雄一方，主要经营两淮盐业；淮安是黄河、运河、淮河交汇之处，是运河沿线重要的商业枢纽，徽商与山西商人一起垄断了这里的盐、布经营；地处漕运咽喉的临清，明朝中后期成为徽商在北方的大本营，以致有"山东临清，十九皆徽商占籍"（《五杂俎》卷十四）之说；运河最北段的京师，徽商也是趋之若鹜，到明末来京经营的徽州人已达万余，清代北京的徽商会馆有 36 所。

明初，随着"开中法"的实施，山西商人通过运粮到边镇换取食盐并销售食盐获得厚利，势力迅速崛起。他们与陕西商人一道，大量向淮浙地区移居，靠近两淮盐场的扬州成为山陕商帮麇集之地。杭州、苏州等运河重镇寄居着难以计数的山陕商人,以至于明朝政府不得不在此设立"商籍",以解决山陕商人子弟异地参加科举考试的困难。入清以后,山陕商人在南方的势力有所减弱,但在北方,特别是运河沿线,则仍处于独执市场牛耳的地位。北京、通州、天津、德州、临清、聊城、张秋、济宁、台儿庄等,到处都有山陕商帮建立的会馆。据不完全统计,清代北京的山陕商人会馆多达71所。

江西商帮素以人数众多、吃苦耐劳、活动范围广泛著称,在运河区域到处都有他们的商号和会馆。明代北京的会馆见于文献记载者有41所,其中江西商人会馆有14所,占34%,居各省之冠。在运河南段的苏州,江西商帮的势力也很强盛,嘉庆年间重修会馆时,有11种行业的各类商户101家参与捐资。江西商人把临清作为运销瓷器的重镇,瓷器铺在明代多达20余家,清代亦有10余家。

山东本是孔孟之乡,重农抑商的观念比较浓厚,但是,在商品流通和外地商人商帮的带动与刺激下,山东商帮逐渐崛起,并雄居四方。明代,胶东商人经常到临清贩货,青州、烟台的商人则汇集到济宁参与药材转售。清代,在北京,山东商人完全掌控了估衣、饭庄、绸缎等行业;在天津,山东商人多经营绸布、饭馆、茶叶、皮货等行业;在一个小小的盛泽镇上就有济宁商人建起的济宁会馆和金龙四大王庙,所用工匠及砖瓦木料皆从山东老家运来。

福建商帮本以海上贸易为主,随着明清两朝海禁政策的逐步实施与加强,许多人转而向内陆发展。万历年间,福建八府的商帮都在苏州建立了会馆。雍正时苏州最喧嚣的阊门南濠一带,有万余福建人经营糖茶、布匹、珠宝、香料、纸张等。山东的德州、临清、聊城、济宁、峄县等地也多建有福建商人建立的天后宫、妈祖庙。

洞庭商帮是形成于江苏省太湖洞庭山的商人集团,因其南北转毂,随处设肆,故有"钻天洞庭"之称。洞庭商人起初是在附近的苏州、松江、嘉兴和湖州等城市和江南星罗棋布的市镇,以经营花果和粮食起家,以后逐渐扩展到丝绸、布匹、刻书印书等业务,贸易范围也日趋北上,长江以北的运河沿线成为他们的主要活动地区。明代中后期,洞庭商人中的翁氏、席氏、葛氏、叶氏等家族以山东运河沿岸最大的商埠——临清为中心,开展南北布匹贸易和经营典当业长达40年之久。至今临清舍利塔内碑文中仍保存有修塔时席氏捐资人的姓名。

明清时期,广州是中国对外贸易的唯一港口,广州商帮借此有利条件,大做国际贸易和长途贩运批发生意,一方面到全国各省收购货物运回广州出口,一方面将广州进口的洋货贩销内地。其中部分商人到运河沿线的嘉兴、杭州、苏州、松江、天津等地贩运棉花、色布、白糖、谷米、铁器等,并到处设立会馆。

宁波商帮和龙游商帮是浙江商人的骨干力量,以经营纸张、书籍、丝绸、绒线、银楼、成衣、竹木、桐油、药材、海货为主。这两个商帮虽然不大,却以勇于吃苦冒险、贸易无弗届远的品格享誉商界,行商坐贩遍布全国。在运河沿线的杭州、常熟、苏州、济宁、聊城、临清、天津、北京等地,都有他们开设的商铺和会馆公所,其中尤以苏州、天津、北京最为密集。此外,两湖、河南、辽东等地的商人商帮也在京杭运河区域留下了许多转贩营销的踪迹。

各地商帮借助运河交通的便利和市场网络的完善,腾挪辗转,多方经营,在自己获利的同时也给中国东部地区带来了极大的生机与活力,推动了运河区域社会的发展与繁荣。

首先,促进了各地物资的大流通。明代,江南是全国的纺织业中心,其产品行销各地。而北方广大地区棉花种植虽已普及,棉纺织业却不发达,在各地商帮的运营下,形成了"吉贝则泛舟而鬻诸南,布则泛舟而鬻诸北"(《阅世编》卷七)的流通格局。每年秋季各地商人纷纷来到盛产棉花的直隶河间、广平,山东东昌、兖州等地大量收购棉花,运销江南的苏、松、杭、嘉、湖;将江南所产棉布北销山东、直隶、秦晋乃至辽东、蒙古。明清两代,商人们经由运河北销的大宗商品有棉布、丝绸、茶叶、纸张、瓷器、铁器、粮食、食盐、竹木等,经由运河南下的有棉花、大豆、米麦、花生、梨枣、食盐、烟叶、油、麻等。这种全国范围的商品大流通是前所未有的,由此,带来了运河区域商品经济的空前繁荣。

其次,加强了不同地域间的文化交流与融会。商人在外经商,为了营造良好的贸易环境,往往结交官府士绅,兴办义举善事,参与地方公益活动。这些活动有效地拉近了客商与当地社会的距离,消弭了因不同地域、不同风俗造成的文化隔阂。遍布各地的商人会馆,既是客商的休憩宴飨之所和联乡谊、祀鬼神的精神家园,更是他们结交地方、联络社会的最佳场合。会馆演戏等活动也带动了各区域文化的交流,促进了京杭运河区域文化的兴盛。

最后,推动了运河区域社会发展的进程。各地商帮的经营活动将运河区域的农产品、手工业产品等卷入了市场流通领域,由此也带来了该区域产业结构的调整、工商业城镇的繁荣、世情民风的变化。明清时期的京杭运河区域是中国东部的一条经济繁荣带、文化兴盛带、城镇隆起带和人才流动带。无疑,在如此剧烈的运河区域社会变迁中,商人商帮的活动起到了推波助澜的作用。

(《光明日报》2009 年 2 月 3 日第 12 版)

京杭运河历史文献的整理与研究

李 泉

　　20 世纪末,随着南水北调工程实施和京杭大运河申报世界文化遗产活动的开展,京杭运河研究开始受到学术界的关注,著作论文大量问世。与京杭运河学术研究相比较,运河文献的搜集、整理明显滞后,不仅制约了学术研究的深入和研究水平的提高,而且影响了人们对运河历史和现实作用的认知。运河学术研究应该以运河文献及相关资料的搜集、整理为基础和起点,运河文化遗产保护更需要历史文献的指证和支撑。现将中国京杭运河历史文献分作六大类,就每一类文献的整理使用情况及研究方法发表一些粗浅看法。

　　一是专门著作。元代以来,参与运河兴修管理的官员、学者编撰了许多关于运河的书籍著作,流传至今的有 100 多种,散见于几种丛书及各大图书馆藏的珍善本书中。这些著作,有的是修治运河的论著,有的是治河名臣奏议奏疏选编,有的专门记述运河及相关工程,有的是漕运资料汇编。就内容而言,涉及治河治水的理论理念、运河河道开挖挑浚、运河工程建设维护、漕运及其管理体制、黄河与运河关系、运河区域生态环境与社会状况等。这上百种专门著作,有几部书如《漕河图志》《行水金鉴》《治水筌蹄》已经整理出版,但印量不大;有几部如《清代漕运全书》《治河全书》已单独影印出版,有一些收入《续修四库全书》《四库全书存目丛书》《中华山水志丛刊》《中国水利志丛刊》影印出版,但均未加整理;还有很多重要典籍,作为珍善本书藏于各大图书馆,一般读者难以寓目。因此,我们一方面要搜求那些散藏于各地的至今尚未出版印行的典籍,以方便关注运河的人们阅读。另一方面,未经整理校勘的典籍存在卷帙残缺、书版漫漶、文字错讹、编目淆乱等问题,应择其重要者校勘、标点,弄清作者生平、写作背景,撰写内容提要,揭示其史料价值。

　　二是史书方志。二十五史的《河渠志》《食货志》《地理志》中有不少关于运河与漕运的记载,人物传记中散落着大量治运人物事迹及河政河务方面的材料。其他史书中也有关于运河的资料,但均较为零散。明、清《实录》中涉及运河的材料很多,但卷帙浩繁,且属编年体,相关材料分系于年月之下,故需进行系统的检选整理。运河流经区域的省志、府志、州志、县志、镇志、乡土志、山水志、榷关志等等,总量有数百种之多,内容涉及运河修治、河道变迁、漕粮征运、城市街区、商品交换、手工业门类、河务漕务管理、民风民俗等各个方面。另外,《明一统志》《清一统志》及其他地理类著作中,也有不少可以利用的材料。方志是运河研究的资料库,关于运河工程、管理机构、重要建筑、风景名胜的具体位置、历史沿革,关于社会下层文化、市风民俗等,比正史和一般史书的记载详尽具体。方志数量大,材料丰富,但使用检索比较困难,相关材料的使用还很不充分。

三是档案资料。据初步统计,中国第一档案馆藏上谕档和大臣奏疏中,内容涉及运河的约有5000件,是研究历朝治水思想、河道工程、河务管理、漕粮运输、运河区域经济发展和社会状况的第一手材料。这些材料使用起来最为困难,一方面是查阅档案犹如披沙拣金,工作量很大;另一方面是上谕奏疏的内容与史实未必完全吻合,需要其他相关资料为依据,方能弄清事情原委及君臣言论的内容实质。目前的学术研究中,这类材料基本上没有被使用。将其中重要史料编排影印,实为嘉惠学林的盛事。明清时期,各地政府及水利部门也保存了大量与运河有关的档案,如开挖运河的奏疏详文、勘察报告、工程预算、往来公文、竣工验收报告、开支清册。明代朱国盛的《南河志》、清代李庆云的《江南水利全案》等,都是当时的水利工程档案选编。明清时期地方档案多毁于兵燹,晚清民国档案尚有保存至今者,解放初期治理运河的档案数量甚多、分布甚广,也是研究运河的宝贵资料。

四是政书类书。明清时期官修政书种类多,部头大,内容包罗万象,其中运河方面的材料不少。如《明会典》《清会典》《大清会典则例》《大清会典事例》《续三通》《清三通》,大都有河工水利、漕粮征运、钞关仓储等类目,集中保存了与运河有关的史料。唐代以后,历代编有类书,宋代以后,类书亦有官修,其中多有与运河相关的材料。清代《古今图书集成》是类书的集大成者,《食货典》《山川典》搜集了运河方面的材料。《清稗类钞》的《地理类》《名胜类》《巡幸类》《屯漕类》《吏治类》等篇目中,都有与运河有关的资料。政书、类书按内容分类编排材料,运河方面的资料相对集中,使用比较方便。但类书多属工具书性质,其材料全由其他书籍摘录抄掇而来,在使用的时候应查找原始出处,认真核对,以免出现错讹。

五是文集笔记。明清时期官员文士通过运河往返于京城与南方各地,或在运河沿线地方政府任职,或沿途办理公务、驻足游历、访朋会友、求师问学、购买商品、娱乐消费,他们将自己的经历见闻记录下来,著为文章。文人以赋诗抒怀为习尚,遇山水胜景、奇闻轶事便即兴吟诗作歌。粗略翻阅一下明清时期的诗文集就会发现,运河沿线的城市,即便是仅仅建有船闸码头的小镇,也都有文人留下的文章诗作。这类文字有的是无病呻吟,言之无物,但不少是有感而作,有的则具有纪实的性质。明清时期的文人笔记常见的有五六百种之多,其中所记与运河有关的史事人物生动形象,关于运河区域社会生活的具体描述,更是其他书籍所欠缺。明清小说有些以运河区域社会为背景,某些篇章直接描写运河沿线人物世事,可以为运河研究提供帮助,如《金瓶梅》中描写临清商业繁华、钞关胥吏奸诈、富商大家生活的文字,都是运河区域社会研究的有价值的佐证材料。文集、笔记、小说中的资料十分零散,虚构夸张、道听途说者很多,使用时要特别慎重。其一,要做必要的考证,下些去伪存真的功夫;其二,仅可拿来作为旁证材料,且不可作为直接史料使用。这方面的资料难以系统地搜集整理,目前很多有价值的材料还没有进入研究领域。

六是外国史料。元代以后,亚洲各国的使者商团经常沿大运河往返北京与沿海港口之间,欧洲各国的传教士、商人、使臣等也浮海由运河前往各地,他们留下了大量关于中国运河及运河区域社会的记述。其中比较著名的如朝鲜人写的《漂海录》《燕行录》《奉使录》,日本贡使写的《初渡集》《再渡集》《壬戌入明记》,欧洲人写的《马可波罗游记》《鄂多立克东游录》《利马窦中国札记》《英使谒见乾隆纪实》等。朝鲜大臣崔溥的《漂海录》中关于明代运河工程、宦官奢华骄横、南北社会生活及风俗习惯差异等记述,有很高的史料价值。日本和尚策彦周良的《入明记》,以日记形式记下日本贡使两次沿运河往返北京与宁波间的所见所闻,其内容之丰富翔实,中国文人笔记无出其右者。朝鲜、日本人的著作多用汉语写成,欧洲人的著作今大都翻译成了汉语,一般人阅读使用均无困难。这些著作虽然早已引起了学界的关注,但使用其中的材料研究中国运河与运河区域社会的论著并不多见。

此外,散见于民间的灰色文献如碑文、族谱、民间契约,在运河研究中的价值也不可低估。各地政协编印的文史资料、各社会团体印行的民间文艺方面的材料,记载了与运河有关的见闻、回忆、民谣、传说、风俗民情、民间文学、民间艺术等等,也是很有价值的历史资料。

聊城大学运河文化研究中心承担了国家社会科学基金项目"京杭运河文献的整理和研究"课题,正在制作京杭运河文献数据库,上文所述文献资料大部包含其中,届时将为人们了解、研究运河历史及运河区域社会提供基本资料。

(《光明日报》2009 年 2 月 15 日第 5 版)

明清时期的运河钞关

吴 欣

明清时期的京杭运河南北贯通,商贾络绎,征收过往船只、商品的关税遂成为政府的税收来源之一。钞关作为京杭运河上的税收关署,既是京杭运河畅通的产物,也是商税制度在明代发展的必然结果。

钞关的设置始于明宣德四年(1429),名为钞关,是因为它与当时流通的大明宝钞密切相关。据《明史》载,公元1429年,"以钞法不通,由商居货不税。由是于京省商贾凑集地市镇店肆门摊税课……悉令纳钞",钞关之名由此而生。成化以后,钞关开始折收银两,后虽几经变化,但这一名称始终未变。清沿明制,但将原有钞关改称常关,也统称榷关,因常关隶属户部管辖,亦称户关。

明代实行禁海政策,京杭大运河是全国南北商品流通的主干道。全国八大钞关有七个设在运河沿线,由北至南依次为:崇文门(北京)、河西务(清代移至天津)、临清、淮安、扬州、浒墅(苏州城北)、北新(杭州)。其中临清、北新两关征收船料与货税,其他关只征收船料。至万历年间,运河七关商税共计31万余两,天启年间增为42万余两,约占八大钞关税收总额的90%。清代前期,运河七关被全部保留下来,但至康熙年间,三藩平定,台湾统一,清廷于康熙二十年(1684)废除海禁,原由运河展开的南北商品流通格局变为运道和海道并行,于是南北商品流通格局为之一变。京杭运河七大钞关的税收也远不如明代,运额虽达140余万两,但在全国关税额中所占比重逐渐下降,从清初的50%降至嘉庆年间的30%左右。咸丰五年(1855),因黄河北徙,截流汶水,运道梗塞,河运停止十有余年,钞关税收受到很大影响。至清光绪二十七年(1901)运河漕运停止,运河钞关署治逐渐废止。

钞关的职能是进行税务征收,包括征税、税则(制)和税收分配几个方面。其中征税是钞关最主要的职责。因明清社会变迁,船只携带的物品各有差异,所征税款也因时就迁,各有等差。但总体看来,明清税则变化不大,税率基本稳定。每一个行商过关时,要亲自填写税项,管关官员根据所填内容对不同种类的商品征收数目不等的税款。如船料税一项,明代主要依照船的规模征收,即所谓"每船百料,纳钞百贯"或"量舟大小修广而差其额"。清代修订船料则例,课税加重变细,如"里河并北河来五尺船,一只纳银三两八钱一分二厘"。货税一般分衣物类、食物类、用物类、杂物类四大类，主要是依据通关货物之精粗、时价之高低来确定税额，分别征收白银一分、二分，一钱、二钱至一两、二两不等。钞关征收来的税款大部分要上缴户部，用以赈济灾民、修建河堤、漕船等，余留的作为本关的经费、管关官员的俸银等。同时政府还可定额拨解，将某些榷关税收拨解给其他相邻贫穷省份或用作军饷等等。关税的专项利用，从一个侧面表明关税收入在国家财政中作用的增大。

钞关税收至关重要，管关官员的选拔与任用也备受朝廷重视，并因之逐步完善，尤其在差遣、稽考两个方面管理力度不断加大。明代钞关始设时期，管关官员的任命、担任期限、归属与管辖相对混乱，均无定制。至弘治年间，始由户部固定派遣官吏管辖榷关，隶属于户部贵州司。明中期，管关官员被中官（太监）所垄断，一些中官坐守各地关卡，横征暴敛，激化了商民与政府的矛盾，著名的临清关"马堂事件"就是典型事例。入清以后，选官或奉钦差，或放地方，时有更易。顺治朝由户部汉司官管理榷务，后改为满汉兼管；康熙朝，因满汉兼管制度弊病太多，造成榷务管理上的混乱，遂废除兼管方式，由皇帝钦定一名监督到榷关进行管理，一般推选内务府"操守好"的司员。由中央直接派遣的监督多管辖重要钞关，而一些税收少的钞关则由巡抚代管或地方官兼管。雍正朝至清末，清政府对各榷关沿用中央政府直接管理与地方政府代管的两种管理模式。对税官的考核以半年或一个季度为期限，税官根据税收征集的情况，题本专奏，说明盈亏原因。中央政府根据奏报情况及其实际操行进行考察，如果管关官员完不成规定的任务，则要根据数额的多少给予或降级或赔补等不同的惩罚。尽管考核制度相对完善，但钞关的腐败仍然较为严重，尤其是乾隆以后，"私自放行、私自加税"及"书丁舞弊侵害商民"的情况时有发生。

明清运河钞关的设置以财政需要为目的，是政府利用税收杠杆调节供求关系、收益分配关系的工具，同时运河钞关的设置也在客观上促进了商品经济的发展。政府不断加大对税关的管理，整顿钞关内外环境，力图从制度约束、考核检查、强制力保障等多方面确保国家的控制和钞关税收功能的正常执行。乾隆时期，为抚恤民生或赈灾的需要，曾三次不同程度地对过往关卡的米麦等实行大规模的免税，在一定程度上起到了平抑物价、刺激商品流通的作用。但是在税收实际征收的过程中，由于存在着控而不严、利益分成不均、吏治腐败、商品市场混乱等问题，关弊仍不断出现。从中央的官僚到地方的士绅以及把关的胥役都想从中获利。官府逐渐增加税收机构和税收项目，提高税额和税率；地方官僚士绅私立关卡、额外苛索；把关的胥役则与地方无赖勾结，随意拦截征税；在榷关附近为行商准备的塌房、官店、私店等服务设施，也被官府和牙行垄断……层层盘剥加重了商民的负担,妨碍了商人的经营和商业的资本积累,从而部分地削弱了钞关的经济功能。

在具体的区域空间中,钞关又与区域经济网络的建立和城镇发展密切相关。首先,关署"事关政体",是中央设在地方的直辖机构,由中央或地方派驻官员进行管理,并不断加强军事保卫措施,这不仅进一步提升了设关城市的政治地位,而且良好的治安环境也为商业的繁荣提供了保障。其次,钞关都设在运河要冲之地,北京、杭州关分置运河南北,中间诸如天津、临清、淮安、扬州、浒墅都是运河沿岸的重要城镇,每到漕运盛时,"帆樯如林,百货山积",过往船只往往在等待过关验收的同时进行商品贸易,进一步加大了商品贸易的流转。同时,等待过关的行商往往在钞关附近的塌房、官店、私店内居住,带动了钞关附近商业和服务设施的发展。便利的交通和繁荣的贸易促使运河各钞关所在城镇逐渐成为区域经济中心和流通枢纽,并进而辐射、带动了周边区域经济的发展。最后,钞关的存在也一定程度上关涉城镇人口数量与结构性变化。管关官员和依附钞关生存的胥役、关棍、牙商、脚夫等社会群体在城镇中大量增加,在明清传统户籍控制政策松动和雇佣关系进一步发展的大背景之下,这种依附关系部分地解决了破产农民、手工业者的生活来源问题。

(《光明日报》2009 年 3 月 3 日第 10 版)

明清时期的漕运总督与河道总督

崔建利　　马忠庚

古代运河的一项主要功能就是政府组织转运粮食,以满足国家正常的行政开支和皇室消费,这就是通常意义上的漕运。因此,大运河在古代又被称为漕河。明朝政府将元代改造取直后的京杭大运河进一步疏通,通过构筑山东境内号称"水脊"的南旺分水工程,使京杭大运河具有了真正意义上贯通南北的航运价值。此后,京杭大运河成为明清政府经济流通和政治统治赖以维系的交通生命线。为了确保这条生命线的畅通无阻,明清历代王朝几乎是不计成本地从政治、经济、军事等方面给予保障。其中一个重要表现,便是对运河事务管理的渐趋规范和加强。随着京杭大运河的南北贯通,运河航道治理维护的重要性在某种程度上比漕运本身更显重要且更加棘手。因此,明清政府改变了以前由水政部门管理或由漕运官员兼理河务的现状,专门设置了两套直属中央的京杭大运河地方管理机构——漕运总督和河道总督。

漕运总督和河道总督均于明代开始设置,有明一代称它们为总督漕运和总督(理)河道,后世又分别称其为总漕和总河,其中总督漕运设置较早。景泰二年(1451),因漕运不继,明政府任命副都御使王竑总督漕运,驻扎淮安,标志着明廷设置漕运总督一职的开始。当时全称为“总督漕运兼提督军务巡抚凤阳等处兼管河道”,其主要职能除督促涉漕各省经运河输送粮食至京师外,还有巡抚地方并兼管河道维护治理职能。成化七年(1471)十月,鉴于河道淤塞,漕运时有受阻,需有专员统筹河务,朝廷便命刑部左侍郎王恕总理河道,驻扎山东济宁,专门主持运河与黄河的治理维护,这是明代中央设置治河专官的开始,也是京杭运河事务管理中漕运、河道分开署理的标志。不过,有明一代大部分时间里,漕运总督和河道总督只是作为皇帝的代表外出督漕或治河,属临时差遣性质,并非固定官职。同时,漕运总督和河道总督在职能上也时有分合,机构上则废置无定。

清代对运河的管理进一步加强,漕运管理系统和河道治理系统职责上更加分明,制度上更加规范。顺治初年,清廷设河道总督和漕运总督各一名,作为负责漕粮运输和河道治理的最高行政长官,正式将漕运总督和河道总督纳入官制,二者官秩均为正二品,兼兵部尚书或都察院右都御史衔者为从一品,与其他八大地方总督地位平等。漕运总督以下之设官有巡漕御使、督粮道、管粮同知等,所辖军队称“漕标”。河道总督所属机构,乾隆以后定为道、厅、汛三级,分段管理。属官有河库道、河道、管河同知、通判等,所辖军队称为“河标”。但漕运总督和河道总督衙门内均不设属官,只设书吏二十人,办理衙门内一应文牍事宜。

清代漕运总督衙门仍驻淮安,管辖山东、河南、江苏、安徽、江西、浙江、湖北、湖南八省漕政,具体负责漕运、检选运弁、漕船修造、查验回空、督催漕欠等事务。从漕粮收缴、起运,到漕船北上过淮、抵达通州,漕督都要亲自稽核督查,运输过程中出现的重要情况均需随时向皇帝报告。康熙二十一年(1682)规定,粮船过淮后,总漕应随船北上,率所属员弁视察运道情况,调度全漕。粮船过津后,总漕即入京觐见述职,而后回淮办理下年之征收起运诸事。

由于涉及运河的分段治理,清代河道总督的设职情况要比漕运总督复杂得多。顺治初年只设河道总督一人,掌管黄河、京杭大运河及永定河堤防、疏浚等事,治所在山东济宁。随着江南河工兴举日多,修守事务渐趋繁巨,康熙十六年(1677),河道总督衙门不得不由济宁迁至江苏清江浦(淮安市)。这样一来,河南武陟、中牟一带堤工若有险情,驻扎淮安的河道总督往往鞭长莫及,清廷便于雍正二年(1724)设立副总河一职,驻河南武陟,负责河南河务。雍正七年(1729)改总河为总督江南河道提督军务(简称"江南河道总督"或"南河总督"),副总河为总督河南、山东河道提督军务(简称"河东河道总督"或"东河总督"),分别管理南北两大河段河道事务。遇有两处共涉之事,两位河督协商处置。雍正八年(1730),清廷又设直隶河道水利总督,管辖海河水系各河及运河防治事务。至此,清代河道总督一分为三,而就河工任务及对漕运的影响来看,三总河中地位最关紧要的是南河总督。乾隆十四年(1749),直隶河务渐趋正轨,北河总督一职遂被裁撤,其职能由直隶总督兼任。

有清一代,黄河夺淮已有四五百年的历史,泥沙淤积导致的河患频发,使运河治理面临死结性难题,特别是南河黄淮运交汇处的清口一带,河工任务特别艰巨。这一局面使漕运总督与河道总督的社会角色发生了一些微妙变化。一是清廷对河道总督的重视远胜明代,总河地位渐渐凌驾于总漕之上。明代总漕常常代理河务,总河一职时设时废,清代总河一职从未空而不设,而且总河代理总漕事务者很多,总漕兼理河务的现象却很少。二是总河面临的仕途危险性比总漕大得多。面对当时情况下难以根治的河患,河道总督(特别是南河总督)往往如履薄冰,突发的河患常常会给他们带来丢官获罪的仕宦结局。正如清末两广总督周馥在其《国朝河臣记》序中所言:"河益高,患愈亟,乃罚日益以重。嘉道以后河臣几难幸免,其甚者仅贷死而已。"

"两督事虽异,一漕事本同。"乾隆帝这一诗句表明,漕运总督与河道总督虽事有专责,但共同目标都是为了保障漕运畅通,因此,双方必须做到分工不分家。但是,漕运总督与河道总督毕竟是两个独立的行政系统,双方具体任务有别,所关注的重点各异,而且面对的是同一条运河,在很多地方很多事务中往往会遇到权力重叠,产生利益冲突。因此,总漕与总河之间往往会矛盾重重,有时甚至闹得不可开交,以至于朝廷不得不加以干预。像康熙年间的河督靳辅和漕督慕天颜,均为康熙所倚重的漕河干将,但二人分别站在河、漕二督的立场上相互攻讦,结果均被削官。

随着黄河于咸丰五年(1855)北移至山东境内夺大清河入海,京杭大运河航道受阻,内河漕运意义不大,漕运总督和河道总督也失去了存在的意义。江南河道总督在黄河改道后第三年(1858)即被裁撤,东河总督和漕运总督也分别于光绪二十八年(1902)和光绪三十一年(1905)被裁撤。

(《光明日报》2009年3月17日第12版)

明清小说与运河

宋益乔　苗　菁

　　研究明清小说的发展史,我们会发现,这一时期小说的繁荣、发展和贯穿南北的京杭大运河之间有着至为重要的关系。

　　运河沿岸城市和市镇中商业的繁荣与文人对这种生活的关注促成了明清小说题材的拓展。明清小说的全面繁荣,不仅表现在作品数量多和创作技巧成熟,更表现为作品创作题材的开拓。明清小说在继承宋元话本传统的基础上,拓展了商人题材。之所以如此,从创作者的角度说,必须满足两个条件:一是当时社会上出现了商业社会,商人生活成为整个社会生活中的重要部分,人们的观念开始发生变化。二是作者能够或直接或间接地接触这种生活。就地域而言,在当时的中国,能够满足这两个条件的,非运河沿岸城镇莫属。京杭大运河贯通南北,交通繁荣带来沿途商业的繁荣,在运河沿岸形成了杭州、苏州、扬州、镇江、淮安、济宁、临清、天津、北京等重要的商业城市,同时还出现了大大小小的商业市镇。这些商业城市和市镇是当时中国最为繁华的地方,不仅聚集了以商人为主体的大批城市市民,也涌进了不少留恋繁华城市、习惯于出入市井的文人。他们开始关注商人的经商活动与私生活,并逐渐改变了不屑与商贾为伍的清高态度。正是在这样的大背景下,文人创作或改编的小说中,商人生活的题材出现了。这方面的代表作是"三言"(《喻世明言》《警世通言》和《醒世恒言》)与"二拍"(《初刻拍案惊奇》《二刻拍案惊奇》)。而它们的编撰者冯梦龙与凌濛初都是长期生活在运河沿岸城市并熟悉商人生活的文人。

　　冯梦龙的籍贯是长洲。长洲明代隶属苏州府,紧靠京杭大运河,是一个"舟楫益集"的工商业极为发达的地方。作为一个科场屡屡失利、长期生活在下层(主要是市民中)的文人,他充分接触并且熟悉当时的商人生活。因此,他的"三言"虽主要是对一些宋元话本的再加工,但已非简单改编,而是融合了时代文化、经济、政治以及审美观念和价值取向的再创造。"三言"的120篇小说中,写到商人生活和以商人为主人公的有50多篇。这些作品在一定程度上反映了明中后期城市商业的繁荣,以及城市市民阶层的意识和价值取向,有些甚至具体描写了一个商人的发家史和经营的全过程。凌濛初的籍贯乌程(今浙江湖州），亦属于运河流域苏杭经济圈范围之内。他本人还有长期在苏州与南京生活的经历。更重要的是，从其父亲起，凌濛初家就经营出版业，是一个亦商亦宦的家庭。因此，商人题材在其作品"二拍"中占的比重超过了"三言"。凌濛初对当时社会的观察是"以商贾为第一等生业，科第反在次着"（见《叠居奇程客得助，三救厄海神显灵》）。这一评价，较之冯梦龙的"一品官，二品客"，无疑又将商人的地位提高了一个档次。类似的例子，还可以举出陆人龙（今杭州人）的《型世言》、金木散人（今苏州人）的《鼓掌绝尘》、周楫（今苏州人）的《西湖二集》、西湖渔隐主人（今杭州人）的《欢喜冤家》等，这些小说中都有不少反映商人生活的故事，而它们的作者也大都是生活在运河沿岸城市并熟悉商人生活的文人。

　　京杭大运河是一个南北交通大动脉，从北方南下到苏浙，或转道福建、广东，或西去四川等地都需要借助这条黄金水道。小说，尤其是长篇小说，其故事的展开需要有一个广阔的背景，只有如此，才能充分地展开情节，反映丰富的社会内容。运河沿岸是当时中国经济文化生活最丰富的地方，也是人们趋之若鹜的地方，这样的地方给小说家叙写故事提供了极其广阔的人文背景。因此，许多明清小说，其故事发生与延展的地方也往往被放在了运河沿岸。如"二拍"写了 80 个故事，其中 40 多个故事的发生地是运河沿岸城市（主要是杭州、苏州、常州、镇江以及南京、松江府等地）。《金瓶梅》描写了西门庆由发迹到暴亡的全过程，既有当时繁荣的商业现象，又有西门庆的商业发达史以及具体的商业经营信息。该书作者也是把故事放在了以临清为主的运河岸边的城市中展开的。临清位于山东西北部，居会通河与卫河交界处，交通极为便利，是当时南北水路上的一大重镇，时称"临清码头甲天下"。作于清初顺治年间，与《金瓶梅》同属世情小说的《醒世姻缘传》，全书共 100 回，说的是两世姻缘。在小说中，作者把前世姻缘放在了武城县。武城县是运河边上的一个县城，清代属于临清州，北上南下，交通方便，能比较充分地展开故事情节。第 22 回后写到后世狄家时，也没有离开运河，如狄希陈到北京做监生需要走运河，到成都做官需要走运河，而薛素姐追赶狄希陈也是从济宁走的运河。再如《梼杌闲评》是明末一部揭露宦官魏忠贤的小说，属于时事小说范畴。据历史记载，魏忠贤本是明代肃宁（在今河北省境内）人。但为了能在更广阔的时代背景上展开故事、刻画人物，这部小说把魏忠贤的出生地放在了临清，他进北京做太监之前的活动也主要是在扬州、淮安、徐州、东平等运河沿岸城市。

　　运河沿岸城市印刷业的发达和民间书坊的遍布对明清小说的繁荣也起了推波助澜的作用。大量民间日常生活中所需要的通俗作品的刊版印行，有赖于民间书坊。明清两代,民间书坊主要集中在运河流域,运河的起点杭州与终点北京始终是民间书坊的集中地,沿岸的苏州、扬州以及离运河不远的南京也是民间书坊聚集的地方。明代嘉靖、万历两朝,南京成为大量刊行小说、戏曲和彩色套印的中心,一些著名的书坊,如富春堂、文林阁、广庆堂、世德堂、继志斋、万卷楼、长春堂、汇锦堂,都以刻印杂剧、传奇、小说相标榜。清代道光以后,北京著名的书坊,如老二酉堂、聚珍堂、文宝堂、泰山堂、文锦斋也都刻印了大量精美的明清小说。清后期东昌府最大的书坊书业德,被称为"闲书"的小说类是其刻印图书的一大门类,并专门设有"小说版库"。在其 1000 多种书版中,光是小说类书版就有 200 余种,占其所拥有书版的五分之一。一些著名明清小说的出版,也和书坊有着很深的渊源关系。"三言"一经出版,苏州、南京地区的书商就竞相传刻,广泛印行,因此导致"三言"在当时有多种版本。而从凌濛初为《拍案惊奇》所写的序中可以看出,"二拍"更是直接应书商的邀请而创作的。

(《光明日报》2009 年 3 月 31 日第 12 版)

中国运河文化遗产及其保护

李德楠

中国大运河是世界上开凿最早、里程最长的人工运河,跨越今京、津、冀、鲁、苏、浙、豫、皖六省二市,沟通钱塘江、长江、淮河、黄河、海河五大水系。由于地理位置和开发早晚不同,大运河呈现出明显的时空差异。从时间上看,大运河历史悠久,自战国时期邗沟的开挖,到隋唐时期大运河的发展,再到元明清时期大运河的繁荣,绵延 2000 多年;从空间上看,大运河沟通南北,纵贯 3000 多里,将王朝的政治中心与东南财赋之区联系起来,至今,部分河段仍被作为北煤南运的重要通道,在接下来的南水北调工程中,大运河还将继续发挥作用。

千百年来,在运河的开挖、修治和使用过程中,由于自然环境和人文因素的作用,在运河区域形成了一条独具特色的文化长廊,积淀了丰富的文化遗产。联合国教科文组织《保护世界文化和自然遗产公约行动指南》认为,运河遗存"代表了人类的迁徙和流动,代表了多维度的商品、思想、知识和价值的互惠和持续不断的交流,并代表了因此产生的文化在时间和空间上的交流与相互滋养"。也就是说,运河文化遗产是在具体的时空架构内,以流动的运河为载体而形成的类型多样、特色鲜明的物质与非物质文化遗产,它是人类发展过程中物质文化和精神文化的历史积淀。

运河文化遗产内容丰富,既包括河道、闸坝、堤防、驿站、码头、榷关、桥梁、城镇等有形的物质文化遗产,又包括文学、戏剧、民俗、信仰、礼仪、节庆等无形的非物质文化遗产。这些类型多样、特色鲜明的运河文化遗产,凝结了劳动人民的创造智慧,具有很高的历史、科学和艺术价值。从整体的视角来看,大运河是一条叠加的"文化线路":首先,它是一条物资交流之路。大运河的开凿与贯通,方便了南北方漕粮以及其他农产品、手工业品的运输,加强了各地的物资交流,极大地促进了运河区域社会经济的发展,促成了一批城镇沿运河兴起。其次,它是一条文化传播交融之路。通过这条流动的黄金水道,齐鲁文化、吴越文化、燕赵文化等在这里交融,中外文化在这里碰撞,运河成为中国历史文化的重要载体。再次,它是一条河工技术方略的延续之路。由于地形、水源、泥沙、黄运关系等原因,运河沿线修建了大量闸座、越河、减河、水柜、引河、节制闸、减水闸等水工建筑,与此同时,相关河工技术和治河方略也不断得到改进与完善,得到延续与传播。此外,它是一条制度文化的承袭之路。与运河管理有关的职官制度、夫役制度、官民船过闸制度等制度运作,是运河制度文化的重要内涵,相沿承袭,代有发展。最后,它还是一条运河环境与社会的变迁之路。历史时期运河修防材料的时空演变、运河水系的变迁、运河区域人文景观的更替、运河水神崇拜以及河工竹枝词的传播等,作为传统文化的见证,展现了独具特色的运河地域社会变迁。

1855 年黄河在河南兰考铜瓦厢决口,致使京杭大运河南北断流,1901 年漕运完全废止。大运河废弃以来的百余年间,由于自然或人为的原因,沿河风貌和人文景观都发生了很大变化。目前,除一些重点文物得到较好的保护外,大多数遗产或因缺乏保护资金,或因认识管理不到位,或因规划不科学等,保护现状不容乐观:一些河段水质较差,杂草丛生,两岸垃圾随处可见,交通和卫生条件亟待改善;一些附属河工建筑物或因年久失修或因破坏性改造而失去传统风貌;一些目前仍发挥作用的河道也因拓宽或改建,使原有景观遭到人为破坏;部分运河古镇由于不适当的开发,历史真实性及风貌完整性遭到破坏。另外,大运河非物质文化遗产的保护现状也不容乐观。随着经济的高速发展、生活水平的不断提高,运河区域大量的风俗信仰、戏曲曲艺、文学歌谣、民间艺术等非物质文化遗产也在日趋消亡,大运河面临严峻挑战,若再不加强保护,大运河的历史遗存和自然生态环境将不复存在。

运河文化遗产作为不可再生的珍贵资源,体现了运河文化区域内所具有的特定历史信息,代表了一种具有独特创造性的历史、文化、艺术和科学成就。但"作为一种线型文化遗产,大运河有着跨区域、跨管理单位、历史信息叠加程度高、流动性强、边界模糊的特点",使得运河保护问题十分复杂。因此,如何完整地发掘整理运河文化遗产,科学地保护好、管理好、利用好大运河,是我们必须积极面对的问题,至少应注意以下几点:第一,应摸清运河的文物家底和保存现状,做好运河文化遗产资源调查。第二,应将运河申遗与遗产保护协调起来,在申遗的大框架下有针对性地保护。第三,注意保护遗产的真实性、延续性与完整性。第四,要建立健全大运河保护的长效机制,客观上要求打破行政界限,在国家层面下设立一个跨区域、跨部门、跨专业的运河保护协调机构,尽快编制和实施保护规划。第五,要加大宣传力度,加强对运河价值、特色的认识与宣传,特别要注意发挥民间团体组织在运河保护宣传中的作用。第六,非物质文化遗产保护应着眼于继承和弘扬优秀的地方文化艺术,注意发掘和保护具有地方特色的传统戏曲、传统工艺、传统产业、民风民俗等。第七,运河遗产可在保护的前提下进行合理的开发利用,要在深入调查的基础上,制订详细的保护开发规划,注意挖掘文化内涵,合理有效地配置资源,避免只注重开发而轻视保护的做法。总之,加强运河文化研究及其保护,既是大运河申遗的迫切需要,也是运河区域经济文化建设的内在要求。运河文化遗产保护要以科学发展观为统领,正确处理好保护与改造的关系,既要注重保护历史文化资源的真实性、风貌的完整性,又要注意科学利用和合理开发,而运河文化遗产的开发利用必须建立在切实保护好的基础之上。

(《光明日报》2009 年 5 月 5 日第 12 版)

从"制度"到"生活":运河研究的新维度

吴　欣

近年来,随着大运河申遗成功,运河历史文化研究也成为备受关注的热点。作为一种水运工程,运河首先是一种国家制度下的经济措施,然后生发出诸如商业发展、社会活动、文化交流等内容。随着运河研究的不断深入,如何由"从历史视角看运河"转而进入"从运河视角看历史"的模式中,对运河进行更为深入的描述,成为新的研究方向。从宏大叙述的学术视角到生活经验的转向,"生活方式"视域下的运河研究,或可为区域社会研究提供新的经验。

一

关于运河的研究始于 20 世纪 30 年代,历史地理学者首开研究之先河。大运河申遗成功后,运河研究进一步引发学界关注,研究者涉及多个领域和学科。近几年,又有"运河学"之说,试图创建运河研究的知识体系及理论方法,将纯粹客观现象的解释、历史意义的解读、艺术价值的体现、客观规律的总结等内容进行多元整合,最终获得有关运河的整体性研究成果。

从知识体系而言,运河研究实则包括三个方面的内容:一是作为大运河"本体"的河道、闸、坝、仓窖、衙署以及相关建筑、文化街区等的兴废、改造与空间延展;二是作为制度与历史现象的"运河"在历史时空中价值与意义的变迁;三是运河区域人群的生活方式、文化传承、社会心理等人文情态的沿承与渐变。此三者或可分别概括为"(水利)建筑—物质"层面、"国家—社会"层面、"精神—行为"层面的运河研究。当下对运河水利资源和文化资源的保护与利用,对运河整合与调控功能的借鉴与评价,也都应着眼于此三者。

运河的特性,决定了学界对其研究具有明显的跨学科性质,史学、文学、地理学、艺术学、政治学等都能在运河及其影响下的社会中寻找到研究内容。因此,分属自然与人文类的研究理论和方法都可为其所用。在这个意义上,运河研究的理论与方法本身即是方法交叉、理论借鉴、问题拉动三个方面的融合。在可操作层面或具体的研究中,以较大问题为中心和目标,以问题拉动不同学科学者在本位意识之下形成整体性研究。

在此种研究主旨之下,"漕运""河工""商业市场"等宏大主题成为运河研究的代名词,运河作为一个政治、水利线性共同体存在于研究者的视野中,解决了运河的根本性问题,即大运河存在的根本意义和价值。显然,作为水利和制度的运河是政治共同体的附庸,运河工具性的一面明显地体现于各个朝代对运河的控制与调节中。从开挖到断流,运河自始至终带着"国家至上"的宿命,这种宿命的核心是如何利于专制王权,当然,运河的一变再变,也说明它本身即是王朝寻求改变的一种手段。漕军到漕帮的演变,屯田到雇佣的变迁,漕粮征收时正兑、改兑的辗转,漕运、河道总督的错位与比肩,等等,制度性的变化无一不考验着一个朝代领导者的眼光、魄力及对时势发展的认知与把握,也成为后人回眸历史时可见的一种借鉴。运河的每一次改变,意味着经济与政治资源的重新配置,也意味着社会人群上下调适平衡模式的重建。

二

运河是一种政治现象,也是一个具有明显区域、跨区域特性的人文线性共同体。仅就京杭运河而言,其流经的区域包括了北京、天津、河北、山东、江苏、浙江等行政区域,也跨越了江南、江北自然区域,以及燕赵、齐鲁、江南等不同文化圈。因此,有关"运河与其区域"的研究既是运河本体研究的延伸,也是地方利益诉求的反映,更是区域社会史研究的重点。学界从各自研究领域出发,形成了本位鲜明又可互为借鉴的研究成果:历史地理学界前辈如陈桥驿、史念海、邹逸麟等从水利、环境史等角度,厘清了大运河的开凿与疏通对区域生态环境、水利灌溉、资源开发的重大影响,并客观分析了区域社会因人工开凿运河而形成沧海桑田变化背后的差别有等。此类研究在开创运河史研究的同时,也将区域社会地理空间差异置于历史脉络中,在区域发展水平和方向上讨论了运河的利与弊。经济史学界对运河流经区域的关注,因典型性选择意识的主导,更多集中于江南区域,此类研究的初衷或不着意于对运河与区域之关系的解读,但亦将运河作为"一种因素",讨论城镇专业化、市场层级化、区域社会的内变迁等经济史问题;国内外学者有关"内卷化""大分流"等理论的提出与讨论,不仅量化了江南区域田产赋役、生产效率等内容,将"描述性"研究转化为"实证性"研究,且发展了史学研究的新范式,在国际比较视野之下探讨了江南区域社会的发展模式与动力机制。这类研究使区域社会研究日益深入,运河区域社会经济发展的类型化意义也更加凸显。社会史学界对明清时期运河区域的研究相对细化,多以人口、宗族、社区、信仰为对象,讨论漕运政治之下不同区域的社会发展脉络与结构性变化,其中尤以韩书瑞的《山东叛乱》为著。该书运用"通过构成日常生活经纬的个人活动"去观察运河区域社会的方法,分析了运河区域自主性发展的可能与样态。这类研究看似"细碎",但实则是将触角下沉,对区域若干现象进行"层累"式剖析,以实现对运河区域"立体"历史的整体性认识。

以上三类研究的研究意识、领域、地域全部或者部分涉及运河之"本体、整体与地方",研究内容互为借鉴,逐步深化,且每一类研究都有意无意地对运河"空间坐标与历史标签"的身份进行了揭示,为运河及其区域社会研究奠定了坚实基础。综观这些研究成果,在研究主旨方面体现出两种倾向:一是研究成果较多强调运河的功能性,或是认为运河沟通南北,促进了经济和文化的融合,强化了运河城镇的形成与经济发展;或是认为人工开挖的运河,违背了"天注定"的河流东流入海的自然规律,改变了自然河道的方向,给沿岸区域的生态环境与民众生活带来了极大的破坏性影响。二是在区域史研究中,囿于资料和区域内部的结构性限制,未将运河流经区域作为一个以运河为功能整合载体的、兼具生态、政治、社会、经济、环境等要素的动态系统和跨区域整体来认识,运河区域之间的比较研究薄弱。

形成这种现象的原因,很大程度上源自研究意识的差异以及微观资料的缺乏。从研究意识来看,"运河盛衰决定论"与"运河利弊二元论"框架中缺乏"人"的主动性研究,因此运河区域历史层累过程中所形成的民众生活方式及生活场域建立的自主性问题被忽略,"生活方式的运河"的理念未得到体现。微观史料缺乏也凸显了运河更"精确"研究的困难:一方面需要新的研究视角与理论的支持,另一方面需要在原有文本之上获取新的资料,就此对"民众主体""生活方式"以及"区域差异"进行系统化和整体性分析。

三

对于运河区域而言,"运河"是一种文化符号,更是一种生活方式。京杭运河这一集漕运政治、文化交融、经济繁荣于一体的特殊区域中,社会呈现出人口频繁流动、结构多层分级、人群协作平衡、矛盾尖锐对立的多重表象。因为漕帮组织、河工组织、信仰人群乃至每一个生活在运河岸边的个体生命,都参与其中,或多或少地影响着运河,又或多或少地被运河所改变,且这种改变是交叉的、叠加的……运河岸边的村落、城镇中的人们,运河上南来北往的使节、官人和商贾,他们的交集不只是在会馆、驿站、酒店和等闸的间隙,也在沿岸庙宇的膜拜中、收购与推销的交易中、明抢与暗劫的水上岸边的血腥争斗中。运河搁浅商船难行的愁怨,与因为缺水而荒芜的土地一样,成为官员的心疾与治理成绩的同时,更是民众的痛楚与无奈后的自救。一条运河所呈现的,是活色生香的社会全景,是多重视野下的多层面相互叠加的鲜活历史。运河将不同地域的人群带到河流之上,在陌生的环境里演绎着从移民到土著、从斗争到融合的故事,并最终变成了"大运河人"。或许我们更应该关注的是,区域社会的层累,如何使运河变成一个巨大的磁场,市场制度如何改变了人与人之间的关系,让人们在繁重的赋役、频繁的水灾与"熙熙攘攘,皆为利往"的交融之中,经历着代代相传的创造与煎熬。这种历史真实脉络的延伸,之于今,是可以咀嚼的故事,更是可以品味的现实。

因此，未来的运河区域史研究应沿着"强化运河标签的整体史"与"弱化运河功能的区域史"相结合的路径发展。或者说，弱化运河的"功能"性标签意义，强化其影响下区域社会的主体性研究。在这种路径之下，运河影响下区域的"社会性"及其作为"人们生活基本场所"的方面将成为重点，从区域生活条件、生活主体与生活活动方面入手，以运河区域社会为立足点，勾勒出运河区域民众生活方式的基本面相与其背后的运作机制。事实上，从整体上看，运河区域社会发展有一套内在逻辑，运作机制值得关注，这套机制有其创造性和自发性，只是随着运河的断流以及清代后期漕运的腐败，其内在的合理性遭到质疑。若将运河研究放置在"区域与跨区域研究中的生活方式与社会发展"的框架之下，运河区域社会研究历史意义或更为可鉴。

当然，进行上述研究，传统文献与民间文献以及档案资料的结合运用必须为之。传统文献自不待言，目前学术界已经在民间文献的搜集、整理上取得了较大成绩，但是研究相对滞后。因此，在收集和整理民间文献的同时，应重视对新发现民间文献的研究。或者，民间文献和"生活方式"视域下的社会史研究，既是运河研究同时也是区域社会史研究的希望所在。

（《光明日报》2016 年 8 月 10 日第 14 版）

大运河文化的内涵与价值

吴　欣

一部运河史，即是半部中华文明史。大运河开挖、畅通与衰落，在一定程度上凸显了中国社会特殊的运行与发展轨迹。因此大运河是一条河，更是一种制度、一个知识体系和一种生活方式。运河及其流经的线性区域所孕育的文化既是中国传统文化的一部分，也是形塑中国文化的基因之一。运河的"运"字本意为运输，但在社会体系之中，借助水的流转，运河成为漕粮运输、文化传播、市场构建和社会平衡的载体；在文化体系中，运河之"运"又与国祚、文脉、人命紧密相连。在这个意义上，进行大运河内涵、价值的追问，对大运河文化带的建设，或应首先从其脉络源头与历史进程的文化意义谈起。

一、"大运河"名称的历史变化

在历史脉络中，"运河"名称的由来与变化，是不同历史节点时势所勾连的历史进程的反映。从典籍记载来看，早期运河多称沟或渠，如邗沟、灵渠；天然河道则称水，如黄河就被称为"河水"，后世也将"河"看作黄河的专称。尽管运河历史悠久，滥觞于灵渠、邗沟，甚或更早，但运河名称的产生以及专称的确定是中古以后的事情。汉代"漕渠"名称出现，特指汉武帝在关中开凿的西起长安、东通黄河的水利工程。《说文》解释曰"漕，水转谷也"，即水路转运粮食。至隋唐时期，具有漕运功能的人工河多被称为"漕渠"，又因该时期"河"字已不再是黄河的专称，所以"漕河"一词也出现，用来指称漕运河流，如唐杜佑《通典》记："天宝二年，左常侍兼陕州刺史韦坚开漕河，自苑西引渭水，因古渠至华阴入渭，引永丰仓及三门仓米以给京师，名曰广运潭。"宋代"漕河"名称广泛使用，但同时"运河"一词开始出现，《四库全书》所列宋代文献中有94种使用了"运河"的名称。"大运河"的概念也首次在南宋江南运河段出现，据南宋《淳祐临安志》载："下塘河，南自天宗水门接盐桥运河，余杭水门，二水合于北郭税务司前，由清湖堰闸至德胜桥，与城东外沙河菜市河泛洋湖水相合分为两派，一由东北上塘过东仓新桥入大运河，至长安闸入秀州，曰运河，一由西北过德胜桥上北城堰过江涨桥、喻家桥、北新桥以北入安吉州界，曰下塘河。"这里所说的"大运河"指江南运河。可见，这一时期，运河已然成为一个特有名词，指称某段人工河，但前需加地名指代。值得注意的是，从文献所记录的名称分布来看，"运河"一词多出现在江淮和江南区域，包括龟山运河、扬楚运河、浙西运河等。

元明清时期"运河"开始指称南北贯通的京杭大运河，元代已有"运河二千余里，漕公私物货，为利甚大"的说法，但使用并不广泛，相反"运粮河"一词在北方区域多用来称谓运漕河流。明代正史文献虽亦称运河，《明史》给予运河的专称却为"漕河"："明成祖肇建北京，转漕东南，水陆兼輓，仍元人之旧，参用海运。逮会通河开，海陆并罢。南极江口，北尽大通桥，运道三千余里。……总名曰漕河。"明代其他专书、地方志等文献也多用"漕河"之名，如《漕河图志》《万历兖州府志·漕河》，可见"漕河"之称在明代更为广泛。事实上，《明史·河渠志》《清史稿·河渠志》中都列"运河"专篇，指北至北京南至杭州的运河，但两者又有不同。前者列"运河"篇，但称"漕河"，并且运河每一段河道都被增加上了"漕"字，漕河又有"白漕、卫漕、闸漕、河漕、湖漕、江漕、浙漕之别"；后者则直接称"运河"："运河自京师历直沽、山东，下达扬子江口，南北二千余里,又自京口抵杭州,首尾八百余里,通谓之运河",且每段河道称谓去掉"漕"字,尤其是雍正四年(1726)官方正式设置北运河的管理机构以后,多使用"通惠河""北运河""南运河""鲁运河""中运河""里运河"和"江南运河"的说法。近世以来,民间则往往将其称为"京杭运河"或"大运河",《不列颠百科全书》也将南北沟通的运河译为"The Grand Canal"。2014年运河申遗过程中,又将隋唐、浙东两段运河与京杭运河并称为中国"大运河"。

　　清代水利学家傅泽洪在《行水金鉴》中说:"运道有迹可循,而通变则本乎时势。"运河名称的变化直接指示了运道以及其背后时势发展变化的趋势,从渠、沟到漕渠、漕河,再到运河、运粮河、大运河,大运河名称经历了由区域到跨区域、由专称到统称再到专称、由"漕"到"运"或"漕""运"兼称的不同阶段。长时段来看,尽管称谓本身是语言习惯的表现,但是称谓习惯的形成也是社会意识的反映和社会文化的积累。首先,漕运是运河的基本功能,因此以"漕"为核心的漕河或漕渠的名称无疑都突出了这种功能,同时,"运河"一词也并未脱离漕运的主旨,而是以"运"的名称突出了"漕"的状态。其次,漕河、运河等名称都经历了从地方专称到南北通途或地方河流专称的过程,这个过程不仅是中国社会发展的过程,也是运河附属功能逐渐增加和社会交流日渐频繁的过程。"运河"一词在宋代出现似非偶然,比之隋唐时期,运河在保留漕运功能的同时,贸易交流的职能进一步加强,正如陆游所言,运河"假手隋氏而为吾宋之利",这种"利"一方面是漕粮运输的便利,更主要的是商业运输以及对外贸易之利,尤其是南宋时期,浙东运河、浙西运河是其经济命脉,而此时的浙东运河主要承担了对外贸易的功能。最后,运河名称的变化不仅体现了历时性变化的过程,而且区域差异亦可见一斑。宋代以运河命名的河流多集中于江南区域,辽金元时期,运粮河的名称则多出现在北方,这种看似并无实质差异的不同,可能正是不同的文化及其实践在语言上的反应。

　　咸丰五年(1855)黄河在河南铜瓦厢决口北徙后改由山东入海,致使山东境内河道废弛,南北航运中断。光绪二十六年(1900),河运漕粮停止,运河的漕运功能结束。漕河之名随之彻底失去了存在的意义。在经济崛起与文化保护、传承的背景之下,大运河作为中华文明象征载体的整体性与延续性价值凸显,在历史上有着重要意义的三段运河及其影响下的区域遂被看作一个具有实际和文化象征功能的整体性的运河带。所谓"运河带",是指因大运河流经而形成的空间上的带状区域;而"大运河文化带",则是指置于运河带状区域之内,在历史进程中积累的,由民众创造、遵循、延续的制度、技术和社会文化的总和。与其他区域文化相比,这种文化带因存在严重的区域差异,而缺乏实际意义上的归属感和认同感,但由于运河具有强烈的历史、地域的整合、沟通功能,因此,"文化带"又是一个符号化意义上的线性共同体。

二、大运河文化的内涵

《周易·传易》言:"观乎人文,化成天下。"《彖传》进一步解释曰:"刚柔交错,天文也;文明以止,人文也。关乎天文以察时变,关乎人文已化成天下。"文化是凝结在物质之中又游离于物质之外的能够被传承的历史、地理、风土人情、传统习俗、生活方式、文学艺术、行为规范、思维方式、价值观念乃至信仰等。笼而统之,运河文化的内涵也不外其二,但对于运河而言,其又有别于其他文化而具有特殊内涵:人工开挖是其区别于其他河道的水利属性;国家制度是其作为文化的一种战略高度;联结南北是其社会属性。从这三种属性中,可以看出运河文化的内涵包括了技术文化、制度文化、生活文化三大类。这三个特性看似不相统属,实则是运河文化内涵在不同层面的价值体现。

首先,运河的技术文化,即运河的文物特性。相对于长江、黄河等河流,运河人工开挖的特点决定了其首先反映了人与自然的关系,辩证地看,这关系中既蕴含着人定胜天的积极态度,也有相地而流、本乎时势的理性,是人类适应自然和改造自然这一矛盾的权衡。当这两种思想共同反映在运河河道开挖、疏通、改变及维护的层面上,就变成了一种技术文化。运河工程技术文化系统分为水运工程、引水工程、蓄水系统、整治系统、防灾系统等,而节制工程、穿越工程、跨江河工程、闸坝工程等专门性工程是工程技术的核心。诸上完备且高技术含量的工程及历代皇帝、水利专家甚至布衣百姓所贡献的智慧,在皇帝谕旨、各种奏章及水利专家们的文献论著中都有体现。如此完备的工程思想及技术实践,支持着中国古代的运河技术系统一直走在世界前列。

其次,漕运制度,即漕运及运河治理所反映的制度文化。康有为曾说:"漕运之制,为中国大制。"(《康有为政论集》)此"大制",跨越多个朝代,形成了稳定的运河制度文化。制度文化的变迁是分析与解决所有文化发展的前提。运河所蕴含的制度文化包含两个层面:一是行政管理文化。运河河道和漕运管理都属于国家行政的重要组成部分,包括机构组织、法律规制、人事安排等一系列河漕制度,是各朝各代执政者政治管理经验的总结与变通,同时,针对漕运和运河管理,又是行政管理的重要环节,其完备性、周密性和成熟性以及整合的意义,虽未逃脱"其兴也勃焉,其亡也忽焉"的规律,但对其得失的总结,亦见传统制度文化建设与发展的特质。二是战略文化。运河在历朝历代的功用并不完全相同,但是从历史长时段来看,运河线路的延长以及从"人"字形到南北贯通的"一"字形的改变,不仅从空间上拉近了中国南北的距离,更从国家战略格局上促进了传统经济格局和政治地缘格局的改变,解决了集权政治的稳定性、区域地方社会发展的不平衡性等问题,保证了国家的统一和安全。无疑,大运河凝聚了历代精英的政治智慧,并通过社会实践的延续而世代相传,成为中国特有的政治成就。

最后,社会文化的构成。大运河区域的社会文化是由运河及其所流经区域民众所创造、遵循、延续的文化。它是在运河开凿和通航过程中,长期积淀形成的全部物质文化和精神文化的总和,是一个以时空辐射为演变特征的跨区域、综合性的文化系统。与其他文化相比,运河社会文化有着显著的"运河"特征和开放、沟通、区域的特性。事实上,运河社会文化是一个宽泛的范畴,因划分标准不同,而形成了多种文化类型,因此其内涵似难以界定。但总体看来,对于运河社会文化的认识和理解,一方面强调"运河性"文化的拼盘或多学科组合,如运河社会文化涉及商贸文化、建筑文化、曲艺文化、饮食文化、信仰文化和民俗风情等多种门类;另一方面,运河社会文化是一个整体,从"人"的视角出发,运河社会文化并非所有的事实和现象,而人们的行为以及影响人的行为要素的整体联系的事实才是运河文化的本质,从其整体性联系去把握与理解运河社会文化,才能认识运河之于中国社会发展的价值意义。所以,运河社会文化是运河区域民众所创造的文化本身与文化形成过程的结合。

三、大运河文化的价值与功能

大运河在中古及其以后的时间序列和区域、跨区域的空间里实现了功能的价值性延续,对其进行意义的追寻,既是文化遗产层面、知识系统层面、民族精神层面和伦理价值观层面传承与发展的需求,也是文化传播及战略布局的需求。运河的"社会性"价值与文化功能表现在以下三个方面。

(1)作为文化载体的运河。大运河具有物化和符号化的意义,承载了"水利—物质""国家—社会""精神—行为"三个层面的内容。运河载体,既指实际的运河河道及其附属工程、建筑,也是指人们观念中的大运河,即作为"事物"的大运河在人们观念中所构建起来并清晰存在的形象。大运河载体功能的发挥是指其对文化的聚合、传播、催生作用。运河的流动性和开放性,使得人口流动速度加快,精英文化的价值观念较快地渗入世俗生活中,区域间文化的融合性极强,各种文化相互吸收、融合、涵化,发生内容和形式上的变化,并通过相互接触、交流进而相互分拆、合并,在共性认识的基础上建立具有连续性和一致性的新文化。运河载体功能的发挥,就是不同文化相互吸收、融化、调和而趋于一体化的过程。在这个意义上,作为载体的"运河带"不是一个单纯的地域概念,更是一个与运河相关的包含经济、政治、思想、意识等层面交互作用的统合体。

(2)作为文化联结纽带的运河。大运河带是标签性的线性共同体,同时又具有明显的区域、跨区域特性,该区域包括了北京、天津、河北、山东、江苏、浙江、河南、安徽等行政区域,也跨越了江南、江北自然区域,以及燕赵、齐鲁、中原、江南等不同文化圈。它连接南北,进而通过其他东西之河道及交通枢纽相互联结,形成了经济、文化传播的网络。在这个意义上,大运河与其他自然河流一起,共同构建了中国地域的线性框架性格局。同时,大运河分别在宁波和洛阳与丝绸之路交叉,是海上丝绸之路和陆路丝绸之路的连接线,将草原、沙漠、丝绸之路联系成一个环状,形成了一个巨大的文化交流、人类迁徙和商品贸易的通道。所以,大运河文化本身的历时演变与附着其上的文化脉络编织了一个巨大的文化网络,沟通古今且连接世界。

(3)作为生活方式的运河。运河是一种文化符号,更是一种生活方式。美国人类学家克鲁柯亨指出,"所谓一种文化,指的是某个人类群体独特的生活方式,他们整套的'生存式样'"。大运河开挖、畅通所形成的生存环境和生活条件,已经成为一个巨大的生活磁场,不仅漕运群体、商人组织、河工人群等因运河形成了独特的生活方式,而且也造就了运河流经区域社会人群特殊的生存、生活、生计方式,并由此形成了人们不一样的世俗理性观念。生活方式不会随运河断流而消逝,也不会在时代的变迁中被固守,真实而生动地在生活场景和基本生活情态中的运河,是最有价值和活力的,人的主体价值和社会能动性在日常生活的劳作、交往、消费、娱乐、礼仪等层面得到传承。千百年来,大运河文化已经在人们日常生活中转化为一种"自我"构成,并最终成为人群共同体的自我组成部分,而在快速变迁的社会中,人们也会以文化遗产物及其承载的历史事件来重新确定自我在社会中的位置。因此,大运河文化的传承与保护,旨在唤醒、传承集体记忆,让作为遗产的"物"化运河与作为主体的"人"的边界逐步消失,在断流河道,通过物化的运河遗产构建向死而生的文化传承;在依旧畅通的河段,让运河所浸润的、人们已经过惯了的生活安静延续。

(《光明日报》2018 年 2 月 5 日第 14 版)

发掘运河文化的丰富内涵

李　泉

从隋唐到清末，京杭大运河一直是我国南北交通的大动脉，在政治、经济、军事、文化各个方面都发挥着无可替代的作用。当今大运河仍然是重要的航运通道，是仅次于长江的第二条"黄金水道"。

由于京杭大运河的开发利用缺少国家层面的统一规划，出现了各地政策不一、运河沿线资源利用不充分等问题。因此，在国家统筹全局的框架下，本着保护性开发的原则，建设京杭大运河文化经济带，很有必要。

运河文化经济带的建设，需要实现运河文化的活态传承和创新发展。

首先，重视文化遗产的传承。运河城市在保护运河遗迹的基础上，应深入开发其文化、旅游价值，深入挖掘沿河城市非物质文化遗产，在保护和传承民间工艺、民俗文化的基础上，发展文化产业。

其次，推进运河保护法制化。运河文化的发掘必须遵循保护为先的原则。建议尽快制定并实施《大运河保护条例》，从法规层面实现部门间、地域间的充分协调，与相关法律法规有效衔接，推动大运河文化遗产为经济社会发展发挥更积极的作用。各省市制定配套地方性法规和实施细则，形成完善的运河文化遗产保护法律法规体系。

再次，针对运河文明，如古代水利技术、治水精神、漕运历史、商贾文化，可以创作影视剧，扩大运河文化影响。同时，加大对大运河文化遗产研究的力度，研究内容扩展到戏曲、舞蹈、文学、民间艺术等非物质文化遗产方面，做好大运河记忆遗产的建设与申报工作，构建大运河文化遗产研究的大系列，全面挖掘运河文化。总之，要发掘运河文化的丰富内涵，讲好运河故事，以此增强民族的文化自信，使运河的文脉成为有源活水，长流不息。

（《光明日报》2017年3月25日第5版）

《中国社会科学报》专题论文

明清时期江北运河对区域农业发展的影响

李　泉

运河是我国历史上的重大水利工程。古人开挖运河的目的是改善交通运输条件，客观上引起了农业水资源和区域水环境的改变，对沿线土壤、植被、农业生产结构乃至农民生活方式都产生过很大影响。

正面效应

作为人工河道，运河本身具有灌溉和排水的功能，有些河段在改善区域水环境方面发挥过重要作用。明清时期，江北运河沿线出现了许多湖泊，有人工开辟的水柜，有因运河或其他河道下流不畅潴水而成的淀泊。湖泊对区域水资源调节有重要作用，水产、湖产使农作物种类多样化，为农民提供了乡村之外新的生存空间。

运河的某些河段对农田有淤肥的作用。明清两朝十分重视在运河沿线、相关水利设施周边及荒滩地种植柳树及其他林木，制定了一系列有关林木种植和管理的制度，运河沿线一度林木葱郁，形成了绿色廊道。这对于改善农业生态环境有重要作用。

运河作为南北交通大动脉，带动了沿线城市工商业的发展，引起了农业生产结构的变化，牵动了重农轻商的观念渐变。明代商人从南方贩运棉布到北方，同时在北方收购棉花运往南方，由此刺激了北方运河沿线农民种植棉花的热情。在鲁西北的不少州县，棉花成为主要农作物，粮食消费则主要依赖于市场。另外，运河沿线农民大量种植烟草、林果等，改变了单一种粮的生产结构。"居民弃农趋贾,城市幅凑",“小农去而贩,大农去而贾",是江北运河沿线的普遍现象。清代有人说:“未有运(河)以前其人朴而愿,有运(河)之后其人文而靡。今则佻而诡。"朴愿是农民的品格,而文、靡、佻、诡是商人的特质。运河区域民众由朴愿向文靡的转变,是传统农业社会发生变革的征兆,也是社会经济发展的表现。

在运河沿线城市与乡村的经济往来中,出现了频繁的人口流动。基本趋势是乡村人口流向城市,这些流动人口又时常回归乡村,并将自己在城市中的积蓄带回乡村。有的城市工商业者回原籍或在经商地落籍、购买房产,成为经营地主,促进了农业生产的发展和农业生产结构的调整。靠近运河的乡村,农业发展水平普遍高于远离运河的地方。再生产投入是传统农业发展的关键,商业的繁荣带动了区域经济发展,运河沿线的农业由此得到了更多的投入。

负面效应

在促进农业发展的同时,运河通航代价也是非常沉重的。明清江北运河沿线水灾比较普遍,成因也颇复杂。首先,江北运河的各个河段,都出现过程度不同的决口泛滥现象,有的河段水灾十分严重。其次,运河将自然河道截断,造成区域排水不畅而引发水灾。其中以鲁西北运河以西地区最为严重。运河将大清河、徒骇河、马颊河等自然河道拦腰斩断,使诸河上游山洪坡水无法东排。地方官员害怕冲毁运河,严禁该区域挖河排水,造成运西诸州县长年积水为灾。最后,明清时期黄河泛滥之灾遍及苏北、鲁西、豫西及皖南各地,扬州附近的里下河区域也不能幸免,黄河水灾波及范围大、破坏力强,是运河区域最严重的水灾。

黄河泛滥和运河有什么关系?从自然地理角度看,当时黄河北流经山东入海相对顺畅。但自元代贾鲁治黄,到明中期刘大夏筑太行堤,均奉行“北堵南疏"的治黄河方略,遏黄河南流侵泗夺淮入海。其中原因,元朝人讲得已经十分明白:“南方之地本高于北,河之南徙难而北徙易……议者虑河之北,则会通(河)之漕废。当筑堤起曹南迄嘉祥东西三百里以障遏之,不使之北。"之所以不让黄河北流,就是为了保全山东运河。相反,黄河一旦北流,漕路势必中断。明清时期,不少人反复申明这一观点。当然,黄河即便经山东入海,水灾也不可避免,但决口的频次、波及区域及惨烈程度都会有所降低。元明清三代黄河肆虐于淮泗流域,是治黄保漕政策的直接后果。

因运河水资源控制引起的旱灾,有两个地区最为严重。一是会通河南部地区,导泉源入运,涓滴不使外流,农田灌溉遭严厉禁止。另一地区是卫河上游的辉县百泉一带,在这里,中央直接掌控水源分配权,在保证运河用水的情况下,只留少量泉水浇灌农田。

运河沿线的植被退化与土壤沙碱化也很严重,清中期以后尤甚。建设运河闸坝、堵塞决口、修筑堤坝等工程对桩、埽等物料需求量大,运河沿线树木大量被砍伐。及至清中期,不仅林木砍伐殆尽,芦草、高粱秸秆也被征调为河工用料,造成农民燃料短缺,盗伐林木现象严重,植被根茎均被挖掘。日复一日,恶性循环,植被严重退化,农业生态环境日益恶化。江北运河沿线土地沙化现象较为普遍,成因大概有二:一是河道决口处质量较重的沙砾迅速沉淀,形成沙压地。二是废弃的旧河道、河床成为淤沙地。南运河馆陶至德州间有不少运河决口形成的沙压地,河南、山东到苏北一带黄河泛滥形成的沙压地更多。北方运河沿线盐碱地分布十分广泛,运河切断了自然河道,引起区域水系紊乱,很多地方排水不畅,出现积水洼地,地下水矿化度升高,盐分积聚于土壤表面,形成盐碱地。黄淮河平原盐碱地的形成有多种原因,其中,运河造成的水系紊乱是重要原因之一。

明清时期,运河沿线夫役佥派也是影响农业发展的重要因素。运河夫役大体可分两类,一类是常设夫役,如闸夫、坝夫、泉夫、湖夫、驿夫,另一类是临时征派的夫役,如河工夫役、纤夫等。有些夫役名义上由政府雇募,但佣金微薄,劳动环境恶劣,劳动强度大,农民不愿应募,地方官员则强行征派,运河沿线官府抓夫的记载比比皆是。农民不堪重负,只得流亡他乡,以致出现农田抛荒的现象。

启示

在传统社会中,运河工程的设计者们考虑的只是方便漕粮运输,关于运河产生的负面作用,设计者关注的不多,至于对农业生产的考量,提及者甚少。运河开挖后出现了农业生态环境恶化问题,当政者也总是从维护运河交通的立场出发,一再申说农民牺牲的只是局部利益,保全漕运才是国家大局。地方官员偶尔流露出对农民的恻隐之心,中央政府都会劝告他们:漕运是国家头等大事,其他任何利益都必须服从它。

研究明清运河与区域农业开发的关系,深层次上看是研究运河开挖和维护过程中人与自然的互动关系。开挖运河是人类改造自然的重要活动,传统社会早期生产力水平低下,人们开挖运河,大体是顺应地势,将湖泊沼泽连接起来,或对自然河道略加疏通,使之可以行船,自然环境的改变不大。元代以后在地势复杂的鲁西、苏北开挖运河,渠化泗水,拦截汶水,截断济水及徒骇河、马颊河,逼迫黄河夺淮归海,在漕运里程缩短的同时,运河对生态环境的破坏力也在增大,水灾、旱灾、蝗灾、土壤沙碱化,造成了运河区域人们生命财产的严重损失。

中国历来以农业为立国之本,水利是农业的命脉,转变农业发展方式,推进防灾减灾,发展节水农业,是现代农业发展的根本大计。以古鉴今,人们需要关注水利工程与生态环境的关系,全面认真审视大型水利工程对生态环境及农业生产的影响,以期功在当代、利在千秋。

(《中国社会科学报》2017 年 5 月 16 日第 7 版)

运河学研究方兴未艾——运河学笔谈

20 世纪 30 年代以来,运河研究已经开始并取得了一些研究成果。大运河申遗成功前后,各界又对中国大运河进行了全面调查,研究成果日益丰富,涉及多个领域和学科,运河学的学科框架初步形成。以聊城大学运河学研究院为首的运河研究单位和研究者,多次召开会议,就运河学的理论方法、知识体系展开热烈讨论。《中国社会科学报》特刊发八位专家学者的见解,并期冀以此为契机,引发学界对运河学的关注和讨论,进一步推动运河学的发展。

邹逸麟（复旦大学历史地理研究中心教授）:20 世纪 30 年代,现代意义上的运河研究已经开始。新中国成立以来,出现了大量研究成果。为了申遗,各研究机构开始对中国大运河做全面调查,逐渐形成了运河学。运河申遗成功后,关于运河学的研究日益受到重视。今后需要做好以下事情:一是从学术层面讲。① 大运河沿线城镇规制问题。以往研究多介绍运河对城市或城镇商业的发展或促进作用,而实际上运河与所经过城市的规划也有着密切的关系。如运河穿城而过、绕城而过、从侧面经过等关系的不同,导致城市的规制也差异很大。② 做好大运河沿线的区域研究。以往研究多关注"点",但同时应该做好点与区域社会相结合方面的探讨,如人口的移动对城市的影响、城镇与周围农村的关系。③ 南北文化交流融合的研究。隋唐大运河及元明清三朝的京杭大运河,在南北物资交流方面的作用很大。京杭大运河的贯通到底对文化交流的影响有多大,或者有什么样的限制性,都值得研究。④ 水利工程管理上的研究。过去学界对技术研究较多,管理研究较少。相比黄河工程而言,运河的治理技术则复杂得多,如各种闸坝的设置完全由人控制,汛情、过船都通过人力传递消息。运河的管理是一整套完整的系统，值得研究。二是从当今大运河管理、保护与开发层面讲。申遗成功后，要保护好运河遗址，还要科学开发，因此需要规范与监督。运河旅游开发需要民众的参与，要做专门系统的规划与研究。同时，运河文化要通俗化，为广大人民群众所接受，但不能是戏说，不能歪曲，因此运河研究者要重视通俗性读物的书写，让更多的人了解运河。

李孝聪（北京大学中国古代史研究中心教授）：运河，自春秋吴、楚开凿之始，迄至今日，始终伴随着中国历史的发展。运河与长城，都是中华民族伟大力量的象征，孕育着丰富的中华文化内涵。中国有些独具特色的文化遗产，由于海内外研究者众多，而被赋予了"某某学"的称谓，如汉学、敦煌学、徽学、藏学。那么对运河的研究，是否也可以赋予"运河学"之称呢？

运河，非中国所独有，世界各国都有开凿，有些古运河还在使用，而且国外也有专门的运河研究。西文构词对某一门学科的认定往往加 logy 后缀，譬如，Geology 地质学、Sinology 汉学；宽泛一些则不用"××学"，而是"××研究"。能否成为一门学科，需要完善五个层面：① 概念；② 内涵；③ 理论；④ 方法；⑤ 学科史。若能够建立运河学，需要上述知识体系的储备。

我与运河研究结缘，始于 1984 年参加中国唐史学会组织的"唐宋古运河考察"，用 44 天从宁波考察至河南洛河入黄河口。此后，曾结合运河考察写过数篇与运河研究相关的论文。建立运河学，以我对运河研究的认识，以下内容更值得关注：① 中外运河比较研究；② 运河文献整理与研究的多元一体性；③ 运河对中国历代政治、经济、文化、社会、环境的影响；④ 域外人士对中国运河的印象与意象；⑤ 运河学的数字化建设。

作为一门学科，应当能够与国外相关学科有密切的联系，就像敦煌学，由于中外学者的广泛参与，关注共同的问题、探讨同一文献，相辅相成，互相促进。运河学今后也必然要向着这个方向努力。

陈力（国家图书馆研究馆员）：运河学作为一门学科，形成完整的知识体系非常重要。要明确运河学的本体和外延。运河学涉及的领域非常宽，开展研究应该循序渐进，围绕中心，逐步扩展。如漕运是运河学延伸出来的内容。明代为何维持成本很高的漕运，而不用成本更低的海运？首先，明代海盗盛行，有很多外部因素制约；其次，关键在于漕运只是政府成本的一部分，实际上关乎着国家能否正常运行的问题。运河除了漕运，还可以跑民船、灌溉、疏解河患等。因此应该以运河为主体，同时重视外延的研究。运河学要与社会服务结合在一起。运河是非常受关注的问题，从某种意义上，政府比学术界更加重视，如带动沿线经济的发展、恢复通航、文化旅游。运河学作为一个整体，做运河纯学术研究固然重要,但不能与现实脱节。应当通过研究、数据分析等给政府提供咨询性意见,予以完善与论证。

运河学资料建设与研究队伍建设。研究最基础的是文献,尤其要搜集档案资料、日记、信札、碑刻、考古资料等,并建立数据库进行管理、服务。同时,还要重视对元数据的整理与编纂,采用国际数据标准,能够被百度等检索到,使其更具开放性与规范性。要重视免费资料的使用,如国家图书馆将全部馆藏地方志、家谱文献等数据化,提供网上免费服务,其中涉及运河的很多。运河学研究院应设有一两名对学科熟悉、对技术信息比较熟的资料专家,负责资料的搜集、整理。

常建华(南开大学历史学院教授):开凿运河在世界上许多国家与地区都有发生,不仅历史上有过,现在仍在继续。运河是人类征服自然、服务自身的行为,涉及国家与社会、自然与人文、交通流动与聚落生活,构成复杂的系统,可以形成专门的学问,不妨称之为“运河学”。概括说来,运河学是研究运河开凿、利用、管理、影响以及保护的学问,包括水利、交通、工程、区域、财经、政治、民俗以及生态诸方面,研究方法涉及多种学科。就中国运河学研究而言,由于开挖运河的历史久远,且是国家行为,研究运河首先是历史学的内容,应包括政治史、经济史、科技史、历史地理等领域。运河对于自然生态、交通与物流的影响甚大,运河研究也包括了区域史、市镇史、社会史、文化史等内容。

以我研究明清史涉及运河的有限知识,感到运河学的历史价值与社会意义尤其在于紧系国计民生,影响地方社会。明清两朝首都主要在北京,每年需从产粮的南方地区运粮三四百万石到北京,漕粮事关赋税财政,因其重要,谓之漕政。漕运也带来商品的流通,反映出南北物流与民众日常生活的关联。漕运形成了运军水手群体。特殊的生活以及广泛的社会网络、信仰、救济问题使得教门、会党扩大信众并传播。小说、戏曲等文艺活动也借助运河得以流传。特别是漕运加上卫所等因素,运河沿线城市得以产生与发展,如北京、天津、苏州、杭州等城市的繁荣与漕运不无关系,兴起的市镇就更多了。运河沿线还有着自己的民俗文化,珍珠般闪耀在我国东部地区。

李泉(聊城大学运河学研究院教授):运河学是以运河及其区域社会为研究对象的学问。这里的“学”不应理解为通常所说的“学科”,而是指一个学科方向、一门学问。一门学问能否成立,关键要看两个基本要素。一是研究范畴、基本概念是否具有丰厚的内涵和清晰的外延。就其内涵而言,运河学研究约略包括如下方面:运河河道变迁与区域水文、生态环境变化关系;运河工程,如水闸(船闸、斗门)、堰坝、堤防、纤道、桥梁、渡口、码头、引河、减河、月河;运河工程及航运管理机构、管理制度及措施、方法;漕运及其对运河交通及沿线城镇人口结构、产业结构和社会风气的影响;运河城镇的规制、兴衰、功能、空间结构、产业结构、人口结构、城乡关系等;运河区域的社会经济,如商人商帮、商品流通、商业会馆、手工业部门、服务业发展;运河引起的区域农业水环境、生产结构、土壤性质变化及区域性水旱蝗灾害;运河在中国交通史上的地位及历代交通状况;区域社会结构、社会组织、风俗、民间信仰、社会流动等;运河文化遗产及保护。运河学的外延也十分清楚,不会与其他学问混同。二是看相关资料能否支撑这门学问。运河学的研究资料极其丰富,仅明清两代就有专门著作上百种,各种史书方志中的材料汗牛充栋,历史档案、政书类书、文集笔记、民间文献(碑刻、族谱、契约文书、民谣传说、民间文学、民间艺术等作品)、图画影像中都有相关材料。这些材料,中国有,外国也有。种类繁多,数量宏大,为运河学的建立奠定了坚实的基础。

吴琦(华中师范大学历史文化学院教授):运河学的指向应该是清晰而明确的,即围绕运河的历史与现实,形成一整套研究、保护、开发的理论与方法。但就运河学的学科体系而言,应该包括知识系统、理论及方法。知识系统主要指建立在史实基础之上的关于运河的各方面知识,诸如运河演变历史,运河的地理特征,各历史时期围绕运河的重大事件;运河的理论体系包括运河的历史地位,运河的政治、经济、文化功能、社会意义,运河与中国政治、经济格局变动的关系,运河的区域性差异与辐射意义,运河所反映出来的国家治理与发展观念,运河引发或关联的环境、经济、政治、文化、社会等方面的问题,运河学史等;至于运河学所涉及的研究、保护、开发的方法问题,应该是多学科交叉共研的格局,可以根据研究的领域和解决的问题,具体酌定。

运河学在开展学科体系建设的同时,须关注一系列以运河为基点的重大学术问题、理论问题,诸如运河与中国古代经济格局变动的关系;运河与南、北社会的关联问题;由运河连接的中央与地方的关系问题;以运河为中心形成的运河经济体的内涵及外延;河运与海运的关系及其所蕴含的中国古代对于内陆与海洋的认识等。作为实物税征运形式的漕运长时期在运河上运行且朝廷为此付出巨大的成本说明了什么?意义何在?运河区域的社会秩序、社会结构、社会流动与运河的关系、运河的兴衰与中国城镇的兴衰乃至于近代化的关系等。只有对这些问题有了深入的认识和理解,才能对运河及运河学有一个科学合理的定位,并不断丰富运河学的内涵。

张士闪(山东大学文化遗产研究院教授):运河漕运曾在近代中国社会独领风骚,孕育出一条东部经济繁荣带,形成了一个南北纵向的强劲辐射域。如今虽早已风光不再,其对沿运区域社会与文化的深刻塑造却绵延至今。千年运河所留下的,既是历经沧桑、承载丰富历史记忆的一份文化遗产,也是活生生展现于我们眼前的一种文化现实。所谓"运河学"的真正魅力,应该是将二者贯通起来,将学术本位与学以致用密切结合。

当今运河学研究的主流取向,大致是以历史学为本位展开的,与经济学、政治学、文献学等学科的结合比较密切,与地理学、宗教学、人类学、民俗学等学科交叉的研究也正呈现出勃勃生机。更加微观的田野研究,和以小见大的"在运河中研究",或许将成为新的知识增长点。如东昌府年画,"灶君"样张竟然有 30 多种,据说历史上甚至有 72 种之说。如何看待这一现象?仅以"南北运河交汇"一言蔽之,恐怕难求心安。与年画相关的老字号与分店、刻版与印画、卖与买、行业组织、外销区域、货运方式、圣俗观念及其变迁,都是应该关注并深描的。我们还应注意到,对于年画这类民间工艺品来说,虽然其存在价值来自地方社会之需,但其文化创造必然要通过芸芸众生的生活交流来实现,这是其传承之本、变化之因。循此脉络,再看运河沿岸的东昌府年画,其与潍坊杨家埠、平度宗家庄等山东其他地区年画大异其趣。俗话说,山性使人塞,水性使人通。繁华逝去的运河两岸,水湖山田格局犹在,古村名镇、庙宇神诞、节庆风情依稀留存,又有多少梦想在延续,多少秘密尚未探解。

吴欣(聊城大学运河学研究院教授):中国大运河在不同历史时期的发展包括了三个层次:一是作为大运河本体的河道、闸、坝、仓窖、衙署以及相关建筑、文化街区等;二是作为制度与历史现象的运河在历史时空中价值与意义的变迁;三是运河区域人群的生活方式、文化传承、社会心理等人文情态的沿承与渐变。此三者或可分别概括为(水利)建筑—物质层面、国家—社会层面、精神—行为层面的大运河。对运河水利资源和文化资源的保护与利用,对运河整合与调控功能的借鉴与评价,都应着眼于此三者,同时也应在整体性发展的框架下讨论运河的复杂性、传承性及可借鉴性,或者说这三个方面即是运河学知识体系建立的基础。

从理论与方法角度而言,运河学虽是一门以运河为研究对象的学问,但并不等同于一般意义上的学科,其具有明显的跨学科性质。史学、文学、地理学、艺术学、政治学等都能在运河及其影响下的社会中寻找到研究内容。因此,分属自然与人文类的研究理论和方法都可为其所用。在这个意义上,运河学理论与方法本身即是方法交叉、理论借鉴、问题拉动三个方面的融合。在可操作的层面或具体的研究中,应以较大问题为中心和目标,以问题拉动不同学科本位意识之下的研究形成整体,将纯粹客观现象的解释、历史意义的解读、艺术价值的体现、客观规律的总结等内容进行多元综合，最终获得有关运河的整体性研究成果。

（《中国社会科学报》2016 年 6 月 8 日）

文化自信视野下大运河文化的当代解读

　　大运河是历史的，也是当代的；是文化的，也是生态的。坚定文化自信，重新审视大运河文化的独特价值，将大运河融入乡村振兴、生态保护、文化传承的时代潮流中，让古老的大运河在新的时代焕发更加耀眼的光彩。

大运河全线通水生态效应初显

吴金甲　　胡克诚

　　水是大运河的灵魂与载体。大运河是人工开凿的伟大水利工程，沟通了海河、黄河、淮河、长江、钱塘江五大水系及若干大小水体，众多城乡聚落体系应运而兴。但受气候变化和人类活动、黄河改道等多方面因素的影响，自清末以来，黄河以北运河河道经常处于缺水甚至断流状态，部分区域水生态、水环境等问题较突出，严重制约了运河沿线生态功能的发挥。2022 年 4 月京杭大运河全线通水，生态效应初显，标志着运河生态建设进入新的里程。京杭大运河重新焕发生机，对于推动大运河文化带和大运河国家文化公园建设具有实质性意义。

从梗阻到整治

　　1855 年黄河第六次大改道，冲毁会通河中段堤岸、淤塞河道。而清末太平军、捻军起义以及华北地区水源短缺进一步加剧了漕运梗阻和漕务废弛。清政府内部兴起"有患莫大于漕"的观点，在尝试未果后，遂放弃了恢复大运河全线通航的努力。1901 年清政府宣布废止漕运，京杭大运河"舟车辐辏，万民攒集"的景象成为历史的记忆。

民国时期运河沿岸成为水旱灾害频发的地区,运河治理迫在眉睫。1918年,天津顺直水利委员会开展了北运河挽归工程;山东省政府组建山东南运湖河疏浚事宜筹办处,统筹办理山东水利。虽然相关工程并未达到预期效果,但与历史时期相比,民国时期运河治理的科学性、系统性、完备性都有所增强。1935年,国民政府聘请水利专家汪胡桢为总工程师,编制《整理运河工程计划》,试图全面治理运河,但因国际国内大环境制约,特别是全面抗战爆发,该计划未能有效实施。

中华人民共和国成立以后,先后对京杭大运河开展清淤扩挖与裁弯取直。在山东境内黄河南北先后开挖梁济运河与位临运河,形成当前河道走向。但由于京杭运河黄河以北段属资源性缺水区,并未实现复航,20世纪70年代以来,受水资源供需矛盾困扰,部分河道长期断流,基本丧失了生态调节功能。

活水润运

为有效解决我国北方地区水资源匮乏问题,2013年11月,南水北调东线一期工程正式通水,有效改善了苏北、鲁西南地区农业用水条件。为巩固前期调水成果,改善黄河以北运河沿线水资源条件,促进区域生态环境复苏,2022年制订补水方案,实现京杭大运河全线通水。

补水水源及通道。南水北调东线水源经一期北延工程—小运河(明清运道)—六分干—七一河—六五河为南运河补水;邯郸岳城水库经漳河向卫运河、南运河补水;黄河水经德州潘庄引黄渠首—潘庄总干渠—马颊河—沙杨河—头屯干渠—漳卫新河向南运河补水;密云水库经京密引水渠—温榆河等向北运河补水。需要指出的是,由于黄河以北地区运河河道的截弯取直,京杭运河新河道虽然总体走向与旧运道基本一致,佀受线路补水规划影响,部分旧运道并未补济水源。

补水量及用途。本次运河全线通水实行分段供水、分段使用原则,共补给水量8.4亿立方米。南水北调东线一期北延工程补水量为1.89亿立方米入京杭运河,主要为沿线生态供水;岳城水库调出3.47亿立方米;潘庄引黄河水0.72亿立方米;密云水库调出0.31亿立方米。其余调入水源为区域再生水及雨洪水等水源。本次通水将京杭大运河有水河道增加约163.4千米,水面增加16.6平方千米,不仅实现了断流河道的贯通,使大运河恢复了生机与活力,而且改善了区域水生态环境。

生态效应

大运河全线通水，使运河河道水系资源得到补充，改善了运河生态环境，溢出效应正在凸显。

缓解地下水超采。黄河以北运河流经区为资源性缺水地区，水资源供需严重失衡。据统计，本次补水将为天津滨海新区、河北沧州和衡水等市的60万亩耕地提供灌溉用水，极大地缓解了区域干旱，加快了超采区地下水水位回升。一般而言，地表水体输水过程中入渗补给量占11%～12%，结合本次输水时间节点，其中绝大部分回补地下水。2021年，六五河节制闸至潘庄引黄倒虹吸段调水结果显示，断面资料计算输水率为91.3%～94.6%，基本符合河道补给地下水的理论状态。外源输水是缓解华北地下水超采的重要手段，但本地区还需要通过调整工农业生产结构，推进地下水减采与生态补水等多项举措，切实改善地下水超采问题。

修复河湖生态系统。京杭大运河全线通水将有助于增加沿线河湖水量，改善河湖生态系统。以南四湖和东平湖为例，通过调水及专项治理，南四湖及周边生态和环境得到有效修复，区域生物种群数量和多样性明显恢复，湖区鱼类、底栖动物、浮游植物物种比2010年分别增加20.9%、48.6%、43.5%。目前，南四湖区域已建成人工湿地23.9万亩，修复自然湿地22.6万亩，基本构建了环湖沿河生态屏障；湖区水质达标率从3%提高到了100%。东平湖水生生物群落多样性指数显著增加，生物群落空间分布更加均匀。

改善水系水质。国家地表水质监测数据显示，近年来运河沿线湖泊水质基本稳定在地表水Ⅲ类水质以上，跻身全国水质优良湖泊行列。沿线湖泊水库（东平湖、南四湖）不仅设置禁渔期，还结束了围网养殖，完善生态养殖模式，由企业投入鱼苗，渔民进行捕捞作业，既实现了规模化养殖，改善了水环境，又增加了渔民养殖效益。此外，运河河道蒸发的部分水量还可以改变周围环境，在促进沿线地表植被生长的同时，有效改善局地小气候，改变大气中的水分含量，增加降水概率，进而形成良性循环。

大运河的文脉源于水脉。大运河国家文化公园建设最重要的思路是"联通、交流、融合、发展"。而水是联通的第一步，是实现物理空间有效联通的前提。当前大运河全线通水还需要正确处理运河水体与各自然水体交汇的关系，以实现人工工程与自然创造的有机结合，更好地发挥运河水道生态功能，促进地域生态文明的持续发展，为将来的常态化通水乃至通航提供有益借鉴。

以公园形式保护大运河非遗

胡梦飞　丁延峰

　　大运河非物质文化遗产凝结着大运河文化的精华,蕴含着丰富的历史、社会、精神、美学、科学和教育价值。科学保护、集中展示与合理利用大运河非物质文化遗产,对于弘扬和传承中华优秀传统文化具有重大而深远的意义。近年来,国家发展改革委会同有关部门和大运河沿线省、直辖市,扎实推进大运河文化保护传承利用与国家文化公园建设,取得了显著成效。政策规划方面,基本完成了大运河国家文化公园的顶层设计,构建了中央统筹、省负总责、分级管理、分段负责的工作格局;沿运各地先后制订了符合当地实际的大运河国家文化公园建设保护方案,初步形成了国家、省、市三级法律法规体系。项目建设方面,扬州中国大运河博物馆正式建成开放;沧州中国大运河非物质文化遗产展示中心、无锡江南运河文化公园、安徽柳孜运河遗址区建设等项目正在稳步推进;天津杨柳青、山东临清、枣庄台儿庄、徐州窑湾、江苏宿迁、无锡梁溪、杭州临平等地的大运河国家文化公园建设也在如火如荼地进行。大运河国家文化公园建设在理论体系构建与实践活动探索方面成就突出,但在具体建设过程中对运河非物质文化遗产的保护、展示与利用仍存在一些问题和不足。针对这些问题和不足,我们要深入挖掘运河非物质文化遗产的文化内涵,科学阐释非物质文化遗产文化的时代价值,不断丰富和创新非物质文化遗产展示手段,切实推动运河非物质文化遗产与大运河国家文化公园建设实现有机融合。

　　深入挖掘运河非物质文化遗产文化内涵。大运河作为活态的、线性的文化遗产廊道,在沿线地区留下了内涵深厚、外延广泛的非物质文化遗产。但由于长期以来沿运各地对运河非物质文化遗产不够重视,导致调查研究不够系统、全面;对运河非物质文化遗产的概念认识不清,对其范围和界限缺乏明确的界定,导致对运河非物质文化遗产内涵与特色的挖掘不够深入,大运河国家文化公园建设出现雷同现象,缺少精神文化元素与地域文化特色。这就需要在充分利用已有成果基础上,继续组织开展运河非物质文化遗产田野调查,全面了解和掌握运河非物质文化遗产资源的种类数量、分布状况、存续状态、传承机制、生存环境及存在的问题,为下一步的保护、展示与利用打下坚实的基础。同时,要根据大运河国家文化公园建设的实际情况及其与大运河文化的关联度,明确运河非物质文化遗产的范围和界限,科学划分其类别和层级。运河沿线高校和研究机构要充分发挥专业人才和学术优势，深入挖掘大运河沿线及周边地区的非物质文化遗产资源，为运河非物质文化遗产的保护、展示与利用提供理论依据和智力支撑。

科学阐释运河非物质文化遗产的当代价值。自 2014 年 6 月大运河成功申遗以来，大运河非物质文化遗产保护引起了全社会的关注和重视，在理论研究与实践探索方面取得了显著成绩，但对运河非物质文化遗产精神价值与时代意义的阐释仍有一定不足。现阶段对大运河非物质文化遗产的保护利用主要集中在本体保护和外在展示方面，对非物质文化遗产精神文化内核及其与运河文化的共生互动关系等缺乏深入研究和生动呈现，对其现实意义和时代价值仍有待进一步发掘和研究。这就需要进一步做好对运河非物质文化遗产精神内涵的阐释和解读，大力弘扬其时代意义和当代价值，进一步丰富和拓展大运河国家文化公园建设的文化内涵。一方面，要切实加大对大运河题材文艺作品的扶持引导力度，推出一批体现大运河文化特点、适合在大运河沿线城市开展的文艺作品和文艺活动，通过各种艺术形式讲好运河文化故事，加深民众对运河文化的了解和认识，提升运河非物质文化遗产的知名度和影响力。另一方面，要加大对运河沿线历史名人、传统技艺、民间戏曲、故事传说等文化资源的阐释和推介力度，深刻阐述其与运河文化之间的关系，对运河非物质文化遗产独特的历史背景和文化特征进行深入剖析，探讨其在当代社会的精神价值和时代意义，赋予运河非物质文化遗产以新的时代内涵和表达形式。

生动展示运河非物质文化遗产的文化元素。信息时代，新技术、新媒体在社会生活中发挥着越来越重要的作用。大运河非物质文化遗产的保护、传承与利用同样离不开现代信息技术手段和新媒体传播媒介的参与。以往沿线各地由于对运河非物质文化遗产的重视程度不够、资金投入不足，导致非物质文化遗产展示空间不足，手段较为单一，参与性、互动性和体验性较弱，运河非物质文化遗产的魅力和价值没有得到充分展现，其在沿线社会缺少群众基础。这就需要进一步丰富运河非物质文化遗产的展示和利用手段，根据资源禀赋与当地实际，在大运河国家文化公园内设立传习所、陈列馆、博物馆、体验中心等非物质文化遗产展示场所，积极探索物质文化遗产与非物质文化遗产相匹配的展示手段和模式；针对不同种类的非物质文化遗产项目，采取不同的展示方式与策略，打造多元立体、创新高效的运河非物质文化遗产数字化展示平台；有效整合文博单位、专业机构和市场的力量，通过全息影像、全景 VR、数字灯光秀等技术，打造数字非物质文化遗产体验场馆；借助短视频平台，发布运河非物质文化遗产相关短视频，拉近游客与公园的距离，使其真正走入社会、走进民众生活。

　　大运河国家文化公园建设的核心是运河文化遗产的保护、展示与利用。运河非物质文化遗产作为中华优秀传统文化的杰出代表，发挥着不可或缺的作用。沿运各省、市需要在深入挖掘非物质文化遗产文化内涵与价值的基础上，认真做好研究阐释工作，不断丰富展示和利用手段，把大运河国家文化公园建设成为文化内涵丰富、运河元素鲜明的高质量文化工程，推动运河非物质文化遗产元素与大运河国家文化公园建设实现有机融合，使古老而又灿烂的运河文化在新时代重新焕发生机和活力。

提升运河文献保护与整理水平

周广骞

　　古籍文献是中华传统文化的重要载体，也是中华民族精神的生动记述。2022 年 4 月 25 日，习近平总书记在中国人民大学考察调研时，就古籍保护利用和优秀文化传承提出了明确要求，指出要运用现代科技手段加强古籍典藏的保护修复和综合利用，深入挖掘古籍蕴含的哲学思想、人文精神、价值理念、道德规范，推动中华优秀传统文化创造性转化、创新性发展。运河文献是中国古代典籍的重要组成部分。伴随着中国大运河的开凿、通航与维护，与运河工程、漕粮运输、商贸流通、诗文创作、民俗文化等关系密切的史书、专书、奏议、笔记、方志、诗文、小说等各类文献大量出现。这些文献均从不同角度和层面对大运河做了详细深入的记述，为梳理运河历史脉络、保护运河水工遗产、再现运河商贸盛况、探究运河文化内涵提供了重要的基础资料。

　　经过多年来的不懈努力，运河文献的影印和整理工作取得了巨大成绩，《中国大运河历史文献集成》《中华水利志丛刊》等大型运河古籍影印丛书、《中国水利史典》《中国运河志·文献》等大型运河古籍整理专书，为运河古籍的使用与运河文化的挖掘提供了重要支撑。近年来，《大运河名胜图记》《明实录大运河史料》《清代河务档案》等一批特色鲜明的运河文献整理成果先后问世，显示出运河文献保护与整理工作的逐步细化和深入。但是随着调查的深入，运河古籍的整理与数字化仍有很大提升空间。在当下，做好运河文献整理工作，需要在"强基""拓展""融合""创新"上下大功夫。

　　"强基"，就是夯实运河文献保护与整理的基础。前不久，中共中央办公厅、国务院办公厅印发了《关于推进新时代古籍工作的意见》，明晰了古籍保护与利用的实践路径。要严格遵循古籍整理的基本原则，突出运河古籍在文化传承中的独特作用，切实做到保护与整理并重。既要充分运用现代科技手段，加强运河古籍的保护与修复，改善运河古籍存藏条件，延长运河文献寿命，也要组建专业团队，加快对运河典籍的编目与整理，摸清运河文献底数，影印和点校重要运河文献典籍，重点推出高水平、专业化的运河文献整理系列丛书，为中国大运河研究提供精准可靠、使用便捷的经典运河文献。

"拓展"，就是拓展运河文献保护、整理与研究的领域。运河的开凿与治理体现国家意志，维护国家统一，是重大的国家工程，同时也产生了数量巨大、内容丰富的运河档案文献，形成了运河文献的鲜明特色。目前，运河文献的研究以运河专书为主，运河档案文献研究还比较薄弱。这与运河档案查找使用难度较大有关，同时也显示出运河文献整理的巨大空间。应高度重视运河档案文献，系统搜集整理中国第一历史档案馆、中国第二历史档案馆和中国台湾"中央研究院"、台北"故宫博物院"及运河沿线各省市机构馆藏的运河档案，不断拓展运河文献整理与研究的领域，为运河疏浚与维护、运河漕运管理等专题研究提供有价值的第一手资料。

"融合"，就是保护搜集不同类型的运河文献，多角度、宽视野、立体化展现运河整体风貌。运河是历史的，也是活态的；运河文献既包括历史文献，也包括当代文献。对运河文献的整理不能仅囿于古代文献，而是要做到历史文献与当代文献兼顾，纸质文献与音像文献并重，实现对运河的全面、系统记述。要深入运河古村落、古河段开展田野调查，多方搜集民间契约、账簿、串票等民间文献，尽可能多地把保存不易、存在较大消亡风险的运河民间文献挖掘出来。要深入运河沿线群众中，科学设计问卷，深入细致做好访谈，充分挖掘、搜集、整理运河口述文献。要紧扣运河地理文化特色，拓展运河文献时空维度，积极搜集反映运河最新动态的影像文献资料，直观展现运河工程与航运的新进展、新变化。要采用地理信息技术，搜集汇总大运河水文、地质、植被与环保资料，重点搜集运河全线通水后沿线水文变化及生态改良数据，为充分发挥运河生态功能、改良沿运生态环境提供坚实的研究基础。

"创新"，就是打造高质量运河文献展示、推广与普及平台。数字化与新媒体为运河文献的整理和推广提供了强大动力，有力拓展了运河文献创新与发展的空间。目前，大运河文化数据平台、"映运而生——云上运河漫游"全媒体影像数据库等运河数字平台先后开通，为运河文献数字化存储、提取与使用提供了新的途径，但仍存在收录运河古籍文献不够完备、平台内容较为单一、媒体互动渠道不畅等问题。聊城大学运河学研究院依托 30 余年运河学研究积累，建成大运河文化数据平台，实现了文献整理和数字化的有机结合。通过对大运河各类文化资料的搜集、整理、分类、数据保存、资料共享，有效满足了政府、学者、公众进行地方文化建设、学术研究、资料查阅、旅游服务的需要，实现了文化传承与利用的功能。推动运河文献数字化任重道远，要突出运河文献保护与服务社会发展，进一步完善大运河文化数据平台，并逐步实现与各类运河文化数字平台的互补与对接，推动古老的运河文献走进百姓生活，融入民族血脉，开辟运河文献整理与数字化更加广阔的新天地。

运河文化助推乡村振兴

张晓冬

运河沿线乡村与大运河相伴相生。运河文化既包括运河河道水工遗存、农工遗产、聚落遗产、革命文物等物质文化遗产，也包括传统的工艺、曲艺、美术、音乐、舞蹈、杂技等非物质文化遗产。丰富的遗产和文化，具有历史、艺术、科学、经济价值，是新时代建设运河文化乡村记忆博物馆、发展运河乡村旅游、推进非遗产业化发展的重要资源。当前，我国已进入高质量发展阶段，充分发挥大运河在乡村振兴中的带动作用，把静态的遗存遗产和动态的乡村生活相结合、运河文化和日常生活相结合，为乡村发展提供新动能，是新时期助推乡村振兴的突破口与重要任务。

打造"大运河文化＋乡村记忆"博物馆。建设运河文化乡村博物馆有利于保护运河文化和乡村历史文化，让人们近距离感受身边的运河文化，留住乡村记忆。让优秀传统文化世代传承下去，沿线重点乡村要依托丰富的运河和乡村文化资源，在建设运河文化乡村博物馆中，将运河文化元素和乡村文化元素结合，凝练鲜明特色，突出体现运河之魂、运河之史、运河之忆、运河之景和乡村田园等不同主题，设计有深度、有内涵的展陈体系；把见证运河水工科技、运河文化、乡村传统文化及生产生活的文物、标本、资料、模型、器具及产品等，运用艺术装置、场景复原、数字交互等现代科技手段生动地展现出来，使观众真正感受到浓郁的运河文化、乡村文化气息；要讲好乡村中运河遗址遗存和生产生活老物件等背后的故事，收集和整理运河与乡村历史文献，编写运河乡村史志，展现运河与乡村发展的历史脉络和兴衰变迁；要梳理运河沿线乡村的语言、风俗、曲艺、技艺、传说等非物质文化遗产,通过文字、影像、现场演示等方式,展现非物质文化的时代风采和生活气息;要挖掘运河文化蕴含的勤劳勇敢、自强不息的民族精神,展示古人前贤治水的思想智慧,弘扬大运河工匠精神和艰苦奋斗精神;挖掘农耕文化中蕴含的优秀思想观念和道德规范,展现运河乡村优秀家训和向上向善的家风,弘扬社会主义核心价值观。

推进"大运河文化 + 乡村旅游"有机融合。乡村旅游具有一业兴百业旺的带动效应,是乡村振兴的重要突破口,可以带动乡村其他产业的发展。丰富的运河文化资源为乡村发展旅游业创造了有利条件,沿线适宜发展旅游的乡村要充分挖掘整合各类文化资源,统筹利用好运河沿线村史馆、古村、名人故居、会馆商号、革命文物、非遗项目等,串联大运河及周边区域的文化遗产,搭建"大运河文化 + 乡村旅游"融合平台,发展运河乡村文化遗产游;要突出运河的"水"与"文化"资源特色,依托运河沿线乡村中的水闸水门、堤堰、桥头、渡口等标志性水利工程和设施,展示古代水工科技的先进性,发展运河科技研学游;沿岸乡村依托通水优势,修复建设生态岸坡和乡村生态长廊、绿色长廊,贯通沿河道路,建造亲水观景休闲平台,构建乡村小桥流水、落日斜晖、鸟语花香、碧水蓝天的自然景观风貌特色,发展运河乡村水景游;依托运河沿岸乡村美食、民宿体验、农业生态采摘等乡村生活沉浸式体验项目,发展运河乡村休闲度假游;推出"乡村特色 + 运河文化元素"乡村旅游精品游览线路,不断提升运河乡村旅游品质,推动大运河文化与乡村旅游深度融合。把运河乡村中蕴藏的生态旅游资源、文化资源逐步转化为乡村发展的强劲动力,让大运河文化在乡村旅游中走向"远方"。

扶持"大运河文化 + 乡村非遗"传承发展。扶持大运河乡村非物质文化遗产代表性项目产业化发展,可以持续赋能乡村经济发展,对大运河非物质文化遗产传承保护具有重要意义。要结合运河乡村非物质文化遗产资源,充分挖掘其产业发展的潜力,坚持分门别类、试点先行、相互借鉴原则,围绕饮食、服饰、装饰等乡村传统技艺非物质文化遗产项目,做好帮扶对接,引导乡村非物质文化遗产传统手工项目积极与有关企业对接,通过传统工艺与现代技术融合的方式,推动各非物质文化遗产项目间的结合,提升产品制作水平和知名度,拓宽产品销售空间,推动传统工艺振兴。围绕音乐、体育、戏曲、杂技、民宿等传统项目,依托乡村传统演出团体,培养更多乡村演出人员,搭建与演出企业、艺术院校合作发展的平台,不断扩大演出范围,积极发展民宿演出产业。要加大对乡村传承人的政策扶持力度,鼓励传承人开展技艺传授与培训,扩大传承人群。按照表演类、手工技艺类、节庆民俗类等不同的乡村非物质文化遗产项目类型,统筹传承基地、传习所或工作室等保护利用设施建设。发展运河乡村非物质文化遗产项目产业,还需要充分发挥村党支部的重要带动作用,积极引入社会资本,汇集各类人才,创新"企业＋村党支部＋农户"经营模式,发挥农民合作社和产业联盟在资源整合、平台搭建方面的带动作用,让运河乡村非物质文化遗产产业兴起来,让古老的运河再次"活"起来。

（《中国社会科学报》2022 年 11 月 11 日第 9 版）

媒体报道

"运河地名文化数据库"将建

（《中国社会科学报》2013 年 3 月 29 日）

本报山东讯（记者：张清俐） 3 月 22 日，记者从民政部地名研究所获悉，该所运河地名文化研究课题组提出创建"运河地名文化数据库"设想，并邀请相关领域专家对数据库的设计框架、项目分期、数据范围、资料来源、后续发展等问题进行详细论证。论证会日前在山东聊城举行。

民政部地名研究所副所长宋久成表示，由"文化地名"到"地名文化"，实际代表着一个地域的历史文化特征，具有深厚的历史文化内涵。聊城大学运河学研究院院长李泉认为，"运河地名文化数据库"的创建对于历史时期运河河道变迁和沿岸环境变迁的研究将具有很高的学术参考价值。

关于运河地名文化研究的"区域选择"，李泉建议，数据库的范围最好是以明清以来的京杭大运河为准，"运河区域"的界定也要有一定的根据，不能单纯看距离运河的远近，应该以受运河文化、经济的辐射影响程度而定。

"运河地名文化数据库"的项目负责人、民政部地名研究所副研究员张清华介绍说，目前数据库的框架设计中，"数据范围"主要包含运河区域的人文地名，包括聚落（村、镇、城市）地名、较大聚落内具有代表性的街巷地名（如临清的竹竿巷、箍桶巷等地名景观）、碑刻、著名景观等；自然地名包括河、湖等。"数据属性"则包括地名的地理位置、形成年代、地名含义、罗马化拼写、突出意义、人口规模、多媒体信息等内容。与会学者认为，数据范围要充分考虑到环境变迁、移民问题与地名变化的关系。

关于数据库的"资料来源"问题，与会学者认为，数据收集需要大量的田野调查，在史料研究中除了地方志之外，还应重点关注明清文人的文集和笔记，特别是一些明清文人沿运河旅行的笔记，其中记录了沿岸村落名称和一些人文景观、建筑名称,反映了大量运河城镇带的历史文化。

北京大学城市与环境学院教授邓辉认为,"运河地名文化数据库"应该是一种"空间数据库",不是一条"线"上的几个点,甚至不仅仅是一个"带"。在数据库的具体制作上,要通过虚拟模型完成空间展示,其中包括自然成分和人为成分的河流变化,比如漕运的集散、输水工程、闸坝的修筑。

从碑刻中发掘更多新史料 研究方法需要多样化

(《中国社会科学报》2017 年 3 月 20 日)

(本报记者:张清俐、吴楠) 碑刻史料的发现与利用所产生的"新学问"常常给学术界带来惊喜。这些刻在石头上的"档案"保存着大量历史信息,社会史、经济史、民俗学、人类学等不同领域的学者总能在其中发掘出新的资料,但也因碑刻文献的特殊性,其研究和利用受到了很大限制。

提供第一手具体史料

"碑刻或碑铭,因在石头上铭刻文字、图像,也被称作石刻,形成特有的专门资料,人称碑刻文献。"南开大学社会史研究中心教授常建华告诉记者。据《碑刻文献学通论》,碑刻文献按形制可分为碑碣、石阙、摩崖、墓志、经幢与石柱铭刻、造像题记、画像题字等。聊城大学运河学研究院教授吴欣向记者介绍,"碑刻文献的历史信息与其在历史上发挥的作用有关,根据清代金石学家叶昌炽所著《语石》一书,碑刻具有四个方面的作用,即述德、铭功、纪事、纂言"。因此,碑刻蕴含着与政治、经济、文化等各层面紧密相关的信息,反映了社会民众的生活方式、组织方式等。

对碑刻的重视在我国由来已久。吴欣告诉记者,对碑刻的著录始于《史记》,利用则始于《说文解字》。传统的碑刻研究侧重于碑刻的搜访、拓片收藏、碑目编制、碑铭录读、书法艺术鉴赏、碑刻文例总结等方面。随着近代以来现代学术与学科的规范形成,碑刻研究逐渐走向科学化、系统化,学者们更加重视对碑刻内容的研读。

正是因为具有记事功能,包含人、事、时、地、物等多种信息的碑刻资料,对于地方史或区域史研究具有重要作用。在南开大学历史学院教授卞利看来,宏观的历史问题研究需要以微观史料作为依据，而碑刻为学者们提供的正是这样一种具体细微的第一手史料。吴欣认为，碑刻等民间文献是正史文献的补充，碑刻保留的新鲜可信的资料，为全面整体地解读历史提供了更完整的证据链。"尤其在传世文献不是很丰富的历史阶段，碑刻文献就是非常重要的史料依据。"南京大学历史学院教授杨晓春说。此外，碑刻文献的附属部分，比如题名，也往往是其他文献所不具备的。

填补传世文献缺漏

碑刻的保护、搜集和整理工作向来受历史学界重视，近年来学界相继出版了不少历代碑刻集。据介绍，陕西、山西、福建、广东等地不少断代性、地方性、专题性碑刻集陆续出版，如《山晋石刻大全》《山东省道教碑刻集》《明清苏州工商业碑刻集》；较有代表性的还有《北京图书馆藏中国历代石刻拓本汇编》。

不少学者立足地方对碑刻文献进行系统性收集和整理，如厦门大学民间历史文献研究中心教授郑振满专注于福建地区的碑刻文献整理，常建华利用碑刻对明清时期福建、山西的乡约制度进行考察。此外，不少机构还建立了碑刻资料数据库，将不同时代、地区的不同文献类型和来源的碑刻等民间文献资料进行系统化整理，为使用者提供最基本的资料分析和检索功能。

基于长期的徽学研究工作，卞利表示，"有些徽商人物在传世文献中并没有记载，即使有个别记录，也多语焉不详。但在墓志铭等碑刻中，我们却能够发现这些人物如生卒时间等非常细致的信息。甚至在一定程度上可以讲，某些碑刻具有填补空白的史料价值"。

在吴欣等受访学者看来，碑刻的意义不仅在于丰富了研究内容，更在于引发了方法论意义上的革命，使更多历史学者从书斋走向田野，推动了历史学与人类学、民俗学、社会学的交叉研究。以重视田野调查的历史人类学为例，利用碑刻研究基层社会卓有成效。"有人归纳这种研究路数为'进村找庙，进庙找碑'。虽然有简单化之嫌，但抓住了主要特征，足以显现碑刻资料的重要性。"常建华说。

注重碑刻研究的原生性

受访学者提出，由于碑刻分散各地，数量庞大，相关工作的开展还有待加强，如对碑刻文献的保护、收集、整理，以及对现有研究视角的拓展、研究方法的创新等。据吴欣观察，虽然部分重要碑刻已被收集和保存起来，但多数记录民众生活的碑刻仍散落野外,现状堪忧。对此,卞利建议,一方面希望文物界能将碑刻列为文物普查的重点,进行有效保护;另一方面需要史学界尽快通过拓片等方式将其记录的信息留存下来。对于各地已经搜集整理的碑刻,吴欣建议使用数字化技术管理共享碑刻资料,实现不同文献、不同学科之间的查询,最终促进对碑刻的利用和深化研究。

碑刻文献的运用首先建立在准确识读的基础上。卞利发现,由于时间久远,饱受风雨剥蚀,一些野外碑刻模糊不清,识读困难,导致目前学界整理的碑刻资料集或多或少地存在一些讹误。对此,杨晓春建议,研究者在使用已整理的碑刻文献时要注意辨析,注意运用同一碑刻的不同整理成果,并结合其他文献史料进行对比识读,对于仍无法厘清的问题,还有必要进行实地考察。吴欣也表示,碑刻资料在书写格式、书写目的和书写内容上具有一定局限性,因此研究过程中,不应该将其作为单独或者唯一史料,而应该与其他史料相配合,形成证据链,注重碑刻资料与其他资料的"互证"运用。

"值得注意的是,碑刻不仅是一种历史文献和历史文本,更是一种历史文物和历史行为,但学术研究中对碑刻作为'行为'方面的研究尚存不足。"吴欣强调,碑刻的原生性对于其研究非常重要,但目前很多碑刻被请进博物馆或者碑林之后,脱离原有的场域,就会造成研究不接地气。

受访学者表示,碑刻文献研究价值的挖掘仍有很大空间。常建华认为,研究方法需要多样化,不仅要继承传统金石学,还要积极吸收艺术史、历史人类学等学科的研究方法,利用好碑刻资料。

"大运河文化带建设"专题报道一:
运河学研究蓬勃发展

(《中国社会科学报》2018 年 8 月 31 日)

(本报记者:张清俐、张杰)《中国大运河蓝皮书:中国大运河发展报告》(简称《报告》)于 2018 年初问世。作为第一本大运河年度发展报告,《报告》对大运河水利工程、交通运输、旅游开发、学术文化、遗产保护、文化带建设、运河城镇等方面的发展状况进行了细致考察和梳理。报告所涉及的"大运河文化带"建设相关问题引发了持续关注。

充分认识大运河文化建设的意义

北京大学教授李孝聪认为,申遗成功是续写大运河当代故事的开端,接下来更为关键的是实现运河文化资源的科学保护、传承利用和运河沿线区域的全面发展。

世界运河历史文化城市合作组织(WCCO)专家委员会主任张跃进表示,包括中国大运河在内,列入世界遗产内的运河,全世界范围内共有6条。时至今日,中国大运河仍然持续在改善生态、美化环境、孕育文化、促进交流等多个层面承担着重要的功能。我们应充分认识大运河文化建设的重要意义,共同打造中华民族伟大复兴的文化标志品牌。

目前,大运河共有27段河道与58处遗产点列入了《世界遗产名录》,分布于两个直辖市、六个省和25个地级市。自申遗成功以来,各省市十分重视遗产点(段)的保护工作。"所谓大运河文化带是以运河文化保护、传承、利用为指导,以运河水工遗存、附属设施和相关遗存为基础,以运河物质遗产和非物质遗产为主要对象,以运河文化产业和文化事业为主要载体的带状功能区域。"聊城大学运河学研究院院长吴欣认为,大运河文化带建设的主要特点是:发展战略的首创性、规模形制上的大尺度、展示利用的多元化。建设大运河文化带是大运河线性遗产廊道建设的内在需要。

作为创新社会治理的改革试点

《报告》调查发现,目前各级政府部门已经出台各类大运河规划、规范、法规,内容涉及遗产保护、旅游规划、河道管理、交通运输等,为大运河文化的保护、利用及区域经济发展提供了目标和框架。

在国家和地方政策驱动下,大运河文化带建设步入快车道,许多城镇大运河文化带建设已经形成了一定的基础和规模。《报告》分析大运河浙江段时指出,浙江省及其运河沿线地区相关政府和部门,高度重视运河遗产的保护利用,按照国内外先进的保护理念,在运河遗产资源调研、世界遗产遴选申报、持续加大保护利用等方面,积极推动着运河沿线生态景观修复、文化遗产保护和传统文化复兴。

研究团队在调研中也发现,大运河文化带建设目前还存在一定制约因素,比如思想比较保守、"多龙"治理、规划难度大。《报告》指出,要通过建立良好的协调发展机制,共建大运河文化带,包括大运河流经区域政府间的协作、区域合作基础上的全线运河城市的合作、推动建立政府投入和社会力量协作机制三个层面。山东省政协副主席许立全表示,建设大运河文化带要处理好局部与全局、眼前与长远、目前可操作与未来可实施之间的关系。要用统筹、系统、科学的眼光来看问题,运河沿岸的经济文化发展要与社会现实、生态环境、民众生活结合起来。

中国文化遗产研究院文物研究所所长于冰认为,应从历史与现实相结合的维度来看大运河的遗产定位,将其看作与老百姓生活密切相关的家园,实现其历史价值的整体保护和可持续发展,为公共生活服务。中国文化遗产研究院原院长张廷皓表示,大运河的发生、发展是人类自然生态与文化生态结合的典型历史案例,应为大运河文化带营造自然生态与文化生态共生共存、同步优化的环境形态,把大运河及其生态保护作为创新社会治理的改革试点。

相关研究持续升温

大运河的保护、传承和利用与近年来运河学研究的蓬勃发展密切相关。《报告》对 2016 年和 2017 年上半年的运河学研究论著、学术会议、考古发掘、课题立项等方面进行了学术回顾。仅在 2016 年 1 月至 6 月间,国内共出版与运河相关的著作 23 部,共发表运河相关学术论文 300 余篇,内容涉及运河遗产与保护、运河科技与航运、运河旅游与开发、运河图像与档案、运河传说与口述史等方面。关于运河的学术会议丰富多彩,反映了运河学研究的持续升温。自2016 年至 2017 年,相关各类国家课题项目申报获批 10 余项。运河研究日益关注学术研究历史性与现实应用性的完美融合,如对"河长制"的研究成为新的学术热点,正凸显了运河研究中对历史性与现实性内在联系的重视。

将中国大运河研究上升到更具有共识性意义的运河学研究,既需要本土的中国问题意识,也需要世界视野。运河学研究不但需要中国大运河沿线城市的互联互通,更需要与世界运河城市的互动与共享。张跃进介绍说,据统计,全世界范围内共有 520 多条运河,分布在 50 多个国家,与运河关系密切的城市有近3000 座。运河的本质在于沟通,它具有促进交往、开发、融通的特质。WCCO努力在促进世界运河城市合作方面当好"使者",搭建机制性的交流平台,分享遗产保护、环境治理等方面的成功案例。这将为中国大运河文化带的建设集聚更多的世界目光,汇聚更多的全球智慧。

中国社会科学院世界历史研究所研究员汪朝光建议,运河学研究应拓宽视野,从时间的维度上来说,研究者应看到历史和现实全方位的大运河发展;从空间的维度来看,在全球史和人类命运共同体的视野下,可以从关注中国运河拓展到世界运河的研究。提升运河文化的传播影响力,可以考虑将学术研究的成果通过大众新媒体技术加以转化,从而讲活大运河历史和当代故事。

"大运河文化带建设"专题报道二:
为运河学研究打好文献基础
——访聊城大学运河学研究院院长吴欣

(《中国社会科学报》2018 年 8 月 31 日)

(本报记者:张清俐、张杰)　近年来,不少研究中国大运河的学者不仅深度发掘传世文献中有关的史料记载,还进一步将学术视野拓宽到民间文献,通过田野考察收集运河文献,为研究打下了扎实基础。这些历史文献为大运河研究提供了哪些宝贵信息? 文献建设方面,学界取得了怎样的成效? 针对相关问题,聊城大学运河学研究院院长吴欣接受了本报记者的采访。

大运河文献内容丰富

《中国社会科学报》:对于大运河的研究者来说,从大运河文献中可以获得有关我国大运河哪些方面的信息?

吴欣:大运河基本文献内容极为丰富,大致可分为七类。第一类是专书。元代以来,流传至今的运河专书有 100 余种,内容涉及治河治水理论、运河挖浚、建设维护、漕运及其管理体制、黄河与运河关系、运河区域生态环境与社会状况等多个方面。第二类是政书类书。明清时期官修政书中含有运河方面的资料。如《明会典》《清会典》《大清会典则例》,大都包括河工水利、漕粮征运、钞关仓储等类目,集中保存了与运河有关的史料。以上两类文献为研究者提供了大量的有关运河本体、运河水利、区域生态环境及政治制度的历史信息。第三类是史书方志。二十五史的《河渠志》《食货志》《地理志》,明、清实录中散落着大量"治运"人物事迹及河政河务方面的材料。运河流经区域的省志、府志、州志、县志、镇志、乡土志、山水志、榷关志等,总量有数百种之多,内容涉及运河修治、河道变迁、漕粮征运、河务漕务管理等各个方面。第四类是文集笔记。明清时期的文人笔记常见的有五六百种之多,其中所记多与运河有关。第五类是外国史料。元代以后,亚洲各国的使者商团,欧洲各国的传教士、商人、使臣,经常沿大运河往返北京与沿海港口之间,留下了大量关于运河及运河区域社会的记述。第六类是档案资料。丰富的运河档案资料是研究历朝历代治水思想、河道工程、河务管理、漕粮运输、运河区域社会发展状况的第一手资料。第七类是民间文献。契约、碑刻、家谱以及民歌、民谣、民间文学、传说故事等文本资料,记载了运河流经区域社会民众的生活方式、民间文化艺术等,这些资料既可以与正史资料相互佐证,又反映了运河区域社会生动的生活图景。

全面开展大运河文献收集整理工作

《中国社会科学报》:目前学界在大运河文献工作方面取得了怎样的成效?

吴欣:学界近年来十分重视运河文献工作,在运河文献的搜集整理过程中也出版了相关文献资料。比如杭州和淮安已经出版了《杭州运河文献集成》《淮安文献丛刻》,这两套书都选取了当地与运河相关的部分内容进行刊刻、点校。江苏广陵书社于2006年出版的《中国水利志丛刊》,共辑录水利典籍70种,其中部分涉及运河志书。2004年线装书局出版的《中华山水志丛刊》也有相关文献资料。朱偰先生选编的《中国运河史料选辑》,1962年由中华书局出版,全书选取了先秦至清代不同时代的运河史料,共12.4万字。

聊城大学运河学研究院在运河文献的收集整理工作方面完成了"京杭运河文献整理与研究""海源阁藏书研究""民间文献与京杭运河区域社会研究""民国时期的古籍丛书研究"等一批文献类课题,同时主持了《中国运河志》大型工程中的《中国运河志·文献》《中国运河志·人物》出版和民政部运河地名文化数据库建设等工作,建立了自己的运河文献展览馆。通过多年积累,已经收集整理了大量运河文献资料,建立了包括专书、政书、地方志、文集笔记、现代人著作等为主要内容的大运河文献数据库;完成了80册的《中国大运河历史文献集成》,该套书汇集元、明、清三代关于运河的专门著作130种,分成"治黄保运""运河水利""河道工程""漕运关志"四大类,为研究者提供了便利,也是迄今最完整的运河专书集成。近些年,在完成已有的大运河文献数据库的基础之上,通过大量田野调查,获取了一批民间文献资料和其他影像及录音资料,目前我们在建的大运河文化数据平台,将进一步扩大文献资料的种类及数量,同时补充图片、影像等资料。

推进文献收集整理基础上的研究工作

《中国社会科学报》:学界如何开展大运河文献调查与收集整理研究方面的工作?

吴欣:大运河文献调查与收集整理研究的路径较多。所谓"调查",就是结合文献资料内容,深入档案馆、图书馆及民间调查文献的种类、数量及保存情况。由于内容庞大,档案馆、图书馆方面尚且能够获取相关的数量及保存情况,但民间文献的调查则是一个长期的工作。运河文献收集整理的方法较为复杂,一方面,有些运河资料并不是独立存在的,而是被"隐含"于其他文献中,比如政书类、地方志及档案中的运河资料,不仅需要整理,更需要挖掘;另一方面,由于资料来源复杂,需要通过购买、复制、捐献、共享等多种收集渠道,才可能最大程度上获取相关资料。整理的方式主要包括对已收集到的资料进行校勘、标点、注释、辨伪、辑佚、编纂等。

《中国社会科学报》:未来对于推动运河学研究,需要学界在大运河文献研究上做哪些工作?

吴欣:文献资料是运河学研究的基础,目前文献资料的收集整理工作已经取得了一些成果。在未来的研究中,一方面,应进一步加大文献收集的力度与广度,同时建立数据平台,实现资料科学整理与共享;另一方面,需对这些资料进行细致、深入的解读,强调文献自身的系统性和"地点感",摆脱研究滞后于收集整理的现状,以实现运河学研究的新突破。

"大运河文化带建设"专题报道三:京杭大运河的重要一环

(《中国社会科学报》2018 年 8 月 31 日)

(本报记者:张清俐、张杰)　2014 年,中国大运河项目成功入选《世界遗产名录》。大运河沿线分布的大量物质文化群,见证了中国古代高超的水利工程成就,讲述着数百年间不同文化在此交汇的故事。

大运河山东段是中国大运河的重要组成部分,位于京杭大运河中段,全长 643 公里,由南向北流经枣庄、济宁、泰安、聊城、临清和德州等市县,因纵贯山

东境内，又被称为鲁运河。大运河山东段尤其是会通河的开凿，是隋唐大运河由"弃弓走弦"演变为京杭大运河的重要一环，是海拔最高、船闸密度最大、水利工程成就最突出的河段。因此，历史上大运河山东段是确保京杭大运河水道顺利通航的重要河段。如今鲁运河虽已失去昔日光彩，却依然保存了丰富的运河文化遗产。入选《世界遗产名录》的大运河山东段包括南运河德州段、会通河临清段、会通河阳谷段、会通河南旺枢纽段、小汶河、会通河微山段、中河台儿庄段等八段运河以及 15 处遗产点，总长近 200 公里。

临清：因运河而兴衰

临清，是一座位于山东西北一隅的县级市。在大运河诸多遗产点中，"会通河临清段"赫然入列，再次唤醒了人们对临清古城应运河而兴的记忆。运河的开凿造就了众多沿河商埠重镇，其时"南有苏杭，北有临张"之说中的"临"，指的便是临清。过去"富庶甲齐郡"，而如今繁华落寞。古城中留下的与运河有关的物质文化遗迹，依然可以清晰勾勒出临清曾经繁荣的运河风光。

据史载，临清因临近清河而得名，清河即卫河的古称。元代会通河的开通，大大节省了大运河的航程，而位于会通河与卫河交界处的临清，遂成为"挽漕之咽喉，舟车水陆之冲"的要地。明永乐年间重新开凿会通河南支，作为主要河道，与元代会通河北支分流分别汇入卫河。如今，在古城中依然可见一段"原汁原味"的元代会通河，这段会通河仅存的原始河段长近 2 公里，成为现今研究元代会通河的珍贵实物资料。故道上的问津桥和会通桥（明代时由原河道的临清闸与会通闸改建），与清人所建的月径桥，仿佛会通河北支的三条玉带，俨然一派南方小桥流水人家的水乡景象，时人称此三桥为"玉带三桥"。

值得一提的是，明代重新开凿会通河南支时，在会通河南北两河分叉处砌以石坝，防止冲刷，由此也为临清古城留下一处佳境，即当地人称的"鳌矶凝秀"。因该石坝形如鳌头，而原北河上的临清闸、会通闸和南河上的头闸、二闸列其左右，似为四个鳌足。明代正德年间，知州马纶因见石坝系鳌形，故题名"鳌头矶"。

现存的鳌头矶古建群小巧玲珑，错落有致，布局紧凑，且紧傍运河，视野开阔。遥想当年，登楼当可见远处碧波荡漾，景色绮丽，粮艘云集，帆樯如林，近处市肆栉比，一派繁荣景象。明文渊阁大学士李东阳过鳌头矶时曾赋诗抒发感受：十里人家两岸分，层楼高栋入青云。官船贾舶纷纷过，击鼓鸣锣处处闻。临清市博物馆副馆长李赛南介绍说，如果鸟瞰临清城，会发现被鳌头矶分为"人"字形顶端的会通河,像脊梁一样穿临清而过。两岸出现很多街市,或两面靠河,或四面临运,形成傍河而设的商业区。现今古城区保留的马市街、锅市街、竹竿巷等街巷,反映出过去手工业、商业的繁荣。

临清最具代表性的是制砖业。当地流传着一句话:临清砖,北京城。意指临清贡砖在北京城兴建过程中,发挥着举足轻重的作用。李赛南介绍说,自明永乐年间临清被定为供应京师建设用砖基地后,制砖业大规模发展。至清乾隆年间,临清大小砖窑发展到近 400 座,工匠近万人。砖窑分布在会通河、卫河沿岸,绵延 60 余里。在临清市博物馆可见珍藏着一批刻印有"大工""内工""寿工"等字样的各式临清贡砖,这些都是当年供给故宫、皇陵、太和殿、天坛等用的贡砖。临清砖以"击之有声,断之无孔,不碱不蚀"而著称于世。为确保品质,每一块砖上都详细标明了产地、年代、窑户、工匠等信息。

会通河临清段因其在京杭大运河中处于重要位置,在明清两代被赋予了运河管理的重要功能。扮演运河上的"海关"角色的临清运河钞关,始设于明宣德年间,地处明代会通河河道西岸。据悉,临清运河钞关在明万历年间征收税银最多一年为 11 万余两,居全国八大钞关之首。直至清光绪二十七年(1901),运河漕运停止,钞关署治逐渐荒废。

临清运河钞关为一组建筑群,自运河而西依次为河口正关、阅货厅、国计民生坊、关堞、仪门、正堂等,南北三进院落,占地 4 万平方米,厅堂坊舍室 400 余间。现存遗址在原两进院落的基础上进行了一定程度的重建,前院为公署办公区,后院为仓储区,南部住宅区现大部分成为民居。主要古建筑为仪门、南北穿厅、科房、船料房等,面积为 6000 多平方米。此外,还有原钞关官员住宅若干,保存较好。建筑大都为硬山建筑,青色灰瓦屋面。

聊城大学运河学研究院院长吴欣表示,临清运河钞关作为目前国内仅存的一处钞关遗址,对研究当时的历史、政治、经济、文化及城市发展均有重要价值,是研究漕运历史、封建社会经济关系、社会形态的重要实物资料。

南旺分水枢纽:核心工程

考察京杭大运河,南旺是一个必去的地方,该地位于山东省济宁市境内的汶上县。本报记者日前赶赴南旺,对京杭大运河遗迹进行探访。如今的京杭大运河南旺段河道断流,泥沙淤积,早已不复当年风采。然而,对于历史上的京杭大运河而言,南旺的重要性不言而喻。南旺的地理位置决定了它的重要性:南旺是京杭大运河全线地势最高的地方,素有"水脊"之称,南旺分水枢纽工程关系着京杭大运河的南北畅通。

　　南旺分水枢纽工程经历了一个认识、实践、再认识、再实践的过程。南旺分水枢纽工程的前身，是元代修建的会通河济宁天井闸分水工程。元代初期，伯颜向元世祖忽必烈提出开凿纵穿华北平原的运河之策，得到忽必烈的认可。元代先后开挖了济州河和会通河，将位于临清的御河与经过鲁桥的泗水连接起来，忽必烈赐名"会通河"。为了解决大运河跨越"水脊"难题，后修建了济宁天井闸分水工程，引汶河等河水由南旺以南的济宁附近汇入运河。但济宁地势低于南旺，造成济宁至南旺一段运河供水不足，导致运河时常淤塞，难以行船。明洪武二十四年（1391），黄河决口，会通河完全淤塞。

　　南旺分水枢纽工程建于明初，主要由戴村坝、小汶河（引水河）、南旺水柜、分水口和节制闸组成。明成祖朱棣定都北京后，恢复京杭大运河南北漕运，成为当时的一件大事。永乐九年（1411），朱棣采纳济宁州同知潘叔正浚通会通河的谏言，命工部尚书宋礼等人主持疏浚会通河。宋礼采纳汶上民间水利专家白英的建议，修筑戴村坝遏汶水，开挖小汶河引汶水至南旺入大运河，在汶、运交汇处修筑了一条200余米长的石护坡，以迎挡小汶河水的冲击，在汶运交汇口中间建造一鱼嘴形"水拨剌"，将汶水分流转向南北。此后相继兴建了挖泉集流、设立水柜、建湖泄涨、防河保运及建闸节流等一系列结构缜密的配套工程。该工程起到了向两侧调配供水水量的作用，实现了会通河南北段的分水比例定量控制，达到了有效控制水道航深的目的。南旺分水枢纽工程的建设解决了京杭大运河"水脊"难题，保障了京航大运河南北畅通600余年。宋公祠两侧的对联概括了宋礼和白英二人的功绩："凭宋尚书，用白老人，才有这黄金水道三千里；筑戴村坝，分南旺水，造就了帆樯如林六百年。"

　　2008年，山东省文物考古研究所（现山东省文物考古研究院）、中国文化遗产研究院、济宁市文物局等单位对南旺分水枢纽工程进行了考古调查、勘探和发掘。同时，对汶、运交汇口，"分水嘴"和石护坡等枢纽重点区域进行了重点勘探和局部解剖，全面摸清了南旺分水枢纽工程的分布范围、结构布局及保存状况。

　　南旺分水枢纽工程体现了我国古人因地制宜、因势利导的设计理念，是历代工程技术人员不断加深对气候变迁、生态环境保护、水土保持与流失、地形地貌等重要问题认识的必然结果。泉源的开发、水柜闸坝斗门的建设，围绕"引""蓄""分""排"四大重要环节，有效地解决了运河缺水易淤的难题。

　　无论是从水源、河道、水工设施的地理选址，还是从运河调水、漕运通航等科学管理来看，南旺分水枢纽工程都是京杭大运河的缩影，在相当程度上体现了运河的复杂程度和重要地位。作为一处系统的运河分水和航运工程，南旺分水枢纽工程在运河畅通600余年的历史中,扮演了极其重要的角色。有学者认为,南旺分水枢纽工程为保障京杭大运河的正常运行发挥了重要作用,是京杭大运河的核心工程,代表了中国水利史上较高的科学技术成就。

事实上,南旺分水枢纽工程不仅是京杭大运河上的重要枢纽,还具有重要的文化遗产价值。在南旺分水枢纽工程遗址,记者看到了数十座庙宇楼亭。据介绍,这是南旺分水龙王建筑群,迎面正对着汶、运分水口。据考证,建筑群始建于明洪武初年,经明、清两代不断增建和维修,形成了东、西、中三路,庙祠楼亭多达15座的建筑群,是南旺分水枢纽工程附近重要的文化遗产。

南旺分水枢纽工程不仅保证了京杭大运河的全线畅通,在明、清两代漕运和南北物资文化交流中发挥了重要作用,同时极大地带动了南旺、济宁、汶上、东平等附近地区的经济发展和社会繁荣。有民谣唱道"济宁州,赛银窝,南门外枕着运粮河,商业兴旺买卖多"。由此可见,当时济宁、南旺一带的繁荣和富裕。南旺分水枢纽工程附近的村庄都烙着大运河的印记,如开河、湖口村、柳林闸等村名,都是与大运河遗产景观背景环境密切相关的村落景观要素。南旺分水枢纽工程已超越了水利设施的范畴,成为具有重要历史、艺术、科学价值的文化遗产和文化景观。

首部中国大运河年度发展报告发布
记录大运河当代故事

(《中国社会科学报》2018 年 3 月 5 日)

中国社会科学报讯(记者:张清俐) 2 月 28 日,由聊城大学运河学研究院、世界运河历史文化城市合作组织、社会科学文献出版社共同主办的"《中国大运河蓝皮书:中国大运河发展报告(2018)》发布会暨大运河文化带研讨会"在京举行。作为第一部中国大运河年度发展报告,《中国大运河蓝皮书:中国大运河发展报告(2018)》(简称《报告》)对中国大运河水利工程、交通运输、旅游开发、学术文化、遗产保护、文化带建设、运河城镇等方面的发展状况做出了细致考察和梳理。

《报告》利用官方数据和实地调查资料,对申遗成功以来中国大运河各项事业的发展状况进行了分析与比较。目前大运河共有 27 段河道与 58 处遗产点列入了《世界遗产名录》,分布于两个直辖市、六个省和 25 个地级市。自申遗成功以来,各省市十分重视遗产点(段)的保护工作。"所谓大运河文化带是以运河文化保护、传承、利用为指导,以运河水工遗存、附属设施和相关遗存为基础,以运河物质遗产和非物质遗产为主要对象,以运河文化产业和文化事业为主要载体的带状功能区域。"聊城大学运河学研究院院长吴欣认为,大运河文化带建设的主要特点是发展战略的首创性、规模形制上的大尺度、展示利用的多元化。建设大运河文化带是大运河线性遗产廊道建设的内在需要。

《报告》调查发现,目前各级政府部门已经出台各类大运河规划、规范、法规,内容涉及遗产保护、旅游规划、河道管理、交通运输等,为大运河文化的保护、利用及区域经济发展提供了目标和框架。目前,大运河文化带建设步入快车道,许多城镇大运河文化带建设已经形成了一定的基础和规模。

研究团队在调研中也发现,大运河文化带建设目前还存在一些制约因素,如思想比较保守、"多龙"治理、规划难度大。《报告》建议,通过建立良好的协调发展机制,共建大运河文化带。

世界运河历史文化城市合作组织专家委员会主任张跃进表示,包括中国大运河在内列入世界遗产的运河全世界范围内共有六条。中国大运河目前仍然承担交通、水利、灌溉、南水北调等功能,在改善生态、美化环境、孕育文化、促进交流等多个层面发挥重要作用。

中国大运河的保护、传承和利用离不开近年来运河学研究的蓬勃发展。《报告》对2016年和2017年上半年的运河学研究论著、学术会议、考古发掘、课题立项等进行了学术回顾。2016年1月至2017年6月,国内共出版与运河相关的著作23部,发表与运河相关的学术论文300余篇,内容涉及运河遗产与保护、运河科技与航运、运河旅游与开发、运河图像与档案、运河传说与口述等方面。当前关于运河的学术会议丰富多彩,反映了运河学研究的持续升温。2016—2017年,运河学相关各类国家课题项目申报获批10余项。

中国运河学研究进入新阶段

(《中国社会科学报》2018年6月5日)

本报聊城5月28日电(记者:张清俐　通讯员:罗衍军)　5月26日,由聊城大学运河学研究院主办的第五届运河学论坛暨《运河学研究》辑刊首发仪式在山东聊城举行。与会学者围绕"文化视野下的大运河研究"会议主题进行了深入研讨。

中国社会科学院研究员傅崇兰认为，国际上对中国运河的研究经历了三个阶段：第一阶段可以追溯到 13—14 世纪的欧洲，具有代表性的是马可·波罗将其在中国的见闻写成《马可·波罗游记》一书，对中国运河进行了介绍。第二阶段是 18 世纪后期，英国人马嘎尔尼出版《英使谒见乾隆纪实》以及英使访华团报告等，将沿大运河的见闻作为当时的中国国情来描写。第三阶段是 20 世纪上半叶至今，中国运河研究进入一个新的阶段。尤其是 2014 年 6 月中国大运河成功申遗，标志着对中国运河的研究迈向了新阶段。

山东运河经济文化研究中心顾问李殿魁认为，京杭大运河是一条运输的河、文化的河、生态的河，更是一条科技的河。其中历时八年建成的戴村坝—南旺闸，成为大运河上最具科技含量的工程，是中国古代水利科技成果的集中体现，被称为古代京杭大运河的心脏和灵魂，保证了京杭大运河明清两代全线畅通了 500 多年。未来应发挥山东的自然地理优势，科学设计梁济运河段；恢复戴村坝—南旺闸，是京杭大运河文物保护的一项紧迫性抢救任务。

中国运河在历史上所发挥的经济、社会作用，体现了公共水利工程与不同历史时期的政治、经济、社会的互动关系。浙江大学江南区域史研究中心主任孙竞昊认为，在中国古代社会，运河是公共水利工程的重要组成部分，与国家政权、政治变迁紧密联系在一起。以浙东运河为例，隋唐全国性大运河以杭州为南端，也带动了杭州以东、以南运道的整治和规范化。两宋时期，特别在偏安东南的南宋，浙东运河走向鼎盛。但同时也应看到，水利工程的发生与发展受到区域自然结构、经济发展和政治气候的制约与影响。

此外，中国运河沿线的地域文化研究日益受到学界的关注。江苏省大运河文化带建设研究院副院长王健认为，历史上大运河沿岸是城镇的重要发祥地，江苏、浙江、山东、河北、河南、安徽等地均有大量运河古镇。运河古镇在中外文化交流中也发挥着重要功能。当前，运河古镇的发展繁荣可从以下几个方面着手：建立行之有效的沿岸城镇合作协调机制；突出特色，建设运河古镇；注重运河古镇建设的多功能性；重点恢复古镇河道水系，激活古镇乡村间的联系。

聊城大学运河学研究院院长吴欣梳理了近年来运河学研究的进展。运河学学科的创建在学界达成共识，在运河学的内涵、知识体系及研究方法等方面取得重大突破；运河文献收集整理工作成效显著，已建立运河文献数据库，出版《运河志》《运河文献集成》等；田野考察工作有序推进；运河文化及区域社会的研究迈向新台阶，取得了众多研究成果，为运河研究奠定了基础；运河史、运河区域生态环境变迁研究风生水起，将生态主题引入研究之中，解决了诸多现实问题。

对于运河学的发展，吴欣认为，应当完善和发展运河文献数据库建设，促进学科建设与社会发展的进一步结合。在坚实学术研究的基础上，构建完整的运河学学科体系。在研究的方法与路径上，注重跨学科研究的方法，将文献整理与田野调查相结合，区域与跨区域、整体研究相结合，聚焦整体史视野下的区域史研究。

"山东社科论坛——大运河山东段建设研讨会"举行

（中国社会科学网　http://www.cssn.cn/gd/gd_rwhd/xslt/202009/t20200927_5188852.shtml）

中国社会科学网讯（记者：张杰）　9 月 25—26 日，"山东社科论坛——大运河山东段建设研讨会"在临清市举行。与会学者围绕大运河国家文化公园（山东段）建设研究、建立大运河文化保护传承利用示范区可行性研究、大运河文化带与山东区域发展战略研究等议题展开交流研讨，山东省社会社会科学界联合会党组书记、副主席刘致福，聊城大学党委副书记、校长王昭风，临清市委副书记、市长祁学兰出席会议并致辞。开幕式由聊城市委宣传部一级调研员任银平主持。

祁学兰代表临清市委、市政府向出席论坛的专家学者表示欢迎，并介绍了临清市的悠久历史和经济发展建设情况。她表示，明清时期，山东临清因运河漕运而崛起，享有"繁华压两京""富庶甲齐郡"之誉，是当时重要的交通枢纽城市和商业都会。会通河临清段、临清运河钞关入选《世界遗产名录》。在2020 年 3 月山东省政府办公厅发布的《山东省大运河文化保护传承利用实施规划》中，临清作为运河主河道流经的 18 个县（市、区）之一被纳入核心区，为临清挖掘运河文化资源、打造国家历史文化名城提供了难得机遇。临清市委、市政府也将以此次研讨会为契机，认真吸收各位专家学者的真知灼见，积极融入大运河山东段建设，力争把大运河临清段打造成示范区、先导段。

王昭风在致辞中表示，坐落在古运河河畔的聊城大学紧密对接国家战略区域经济社会需求，特别是聊城大学运河学研究院已经成为聊城大学的闪亮名片。聊城大学运河学研究院目前已经形成了科研力量雄厚、研究特色鲜明、学科优势突出的多学科交叉科研平台，建有全国唯一的中国运河文献数据库和运河民间文献数据库，每年发布《中国大运河蓝皮书》，填补了我国运河研究的空白,为运河文化保护提供了强有力的智力支持。他希望,未来要充分发挥运河研究团队学科平台优势,聚焦聚力山东大运河文化带以及临清运河文化的创新发展,共同将大运河山东段真正打造为大运河文化保护传承利用的示范区。

刘致福在讲话中提出,大运河是中国古代劳动人民建造的一项伟大工程,是世界上开凿最早、距离最长、规模最大的人工运河,是世界上最宏伟的四大古代工程之一,是一部书写在华夏大地上的宏伟篇章,充分展现了我国古代劳动人民的智慧和勇气。它贯通南北,连通古今,沟通内外,有力地推动了中华民族政治、经济、文化大一统的发展,绵延不断地传承着中华民族悠久的历史和文明。大运河作为活着的、流动的人类遗产,蕴含着丰富的历史文化资源,具有独特的历史文化价值,折射出中华精神的内核特质,堪称中华文明的壮丽瑰宝,成为中华最具代表性的重要标识之一。

刘致福表示,历史上,大运河山东段是大运河的中枢河段,是经济往来、商贾流通、军事调配的交通动脉,在国家漕运和战略实施中一度发挥着不可替代的重要作用。大运河山东段沿线地区地缘优势明显,世界遗产众多,文化底蕴深厚,是运河文化融合性的典型代表,是全方位展现中华文化多样性的代表性区域之一,在大运河文化保护、传承与利用中具有重要地位。开展大运河山东段研究与建设是一项关系国计民生的重大现实命题,也是全省社科界的重要职责。全省广大社科工作者,要以本次论坛为契机,深入研究大运河山东段建设存在的一系列难点、堵点,找出破题的思路,拿出管用的实招硬招,真正为党委和政府决策服好务。要紧紧围绕《山东省大运河文化保护传承利用实施规划》,深入研究如何搞好文化遗产的系统保护、大运河文化创新发展、河道水系治理保护、文化旅游融合发展等,切实保护、传承、利用好大运河这一祖先留给我们的宝贵遗产。要深入研究如何加强大运河山东段生态环境保护修复,落实环境质量底线、生态保护红线、资源利用上线和生态环境准入清单等要求,进一步强化生态空间管控,补齐生态环境短板。在搞好社科研究的同时,也要加强对大运河相关知识的宣传普及,善于结合时代要求,讲述运河故事,弘扬运河精神,激活运河记忆,让大运河文化闪耀齐鲁大地,让千年文脉流淌不息。

开幕式结束后,论坛进入主题发言阶段。主题发言由烟台大学教授、《中国大运河蓝皮书》主编吴欣主持。山东省委原常委、山东军区原政委、运河研究专家南兵军,山东省政协原副主席、水利专家李殿魁,中央财经大学绿色金融国际研究院健康金融实验室主任、研究员任国征,临清市委宣传部副部长、史志研究中心主任井扬,聊城市社科联秘书长史晓玲分别以"关于把会通河故道作为大运河文化保护传承利用示范区的可行性分析""论当代黄河京杭运河恢复航运的必然性和可行性""打造'运河商都'品牌,建设保护传承示范区""从乡村到国际:清末民国鲁西运河区域棉花市场的重组与建构""从临清看新时代山东大运河发展的机遇与对策"为题进行了主题发言。

与会学者还围绕"大运河文化保护传承利用示范区与国家文化公园建设""大运河文化建设与山东区域发展战略""大运河历史文化研究与立法保护"等议题进行了分组讨论。

本次会议由山东省社会科学界联合会、聊城市委宣传部、聊城大学、山东省运河经济文化研究中心主办,临清市委市政府、聊城市社科联、聊城大学运河学研究院承办,临清市委宣传部、临清市史志研究中心、临清市社科联协办。

全面呈现存世宋刻本的"前世今生"

(《中国社会科学报》2021 年 8 月 11 日)

(本报记者:张清俐) 中国古代的典籍文化为后世留下了大量古籍善本珍品。其中,宋刻本可谓存世古籍珍品中的极品,具有独特的文物价值和文献价值。明代学者高濂所说的"开卷一种书香",指的就是宋刻本。然而,长期以来,要弄清楚宋刻本存世现状,以及历经千年的传承源流,却被学界视为"不可能完成"又亟待完成的任务。

7 月 30 日,国家社科基金重大项目"存世宋刻本叙录"开题论证会暨学术研讨会在山东曲阜举行。与会评审专家期待看到,课题组为这项有着"为往圣继绝学"意义的研究准备了怎样的实施方案,未来实现的可行性如何。对于丁延峰教授领衔的课题组成员而言,则亟须业内专家为课题研究的开展"把脉会诊"。

多渠道普查存世总目

此次研究首先要对宋刻本存藏现状进行调查,概述海内外宋刻本存藏状况及历史渊源,从总体上掌握其存世总量、种类分布、各藏所特点及递藏源流。《中国古籍善本书目》是国内颇具权威性的综合性善本书目,其中著录全国各馆收藏的宋刻本 1208 部,包括经部 157 部、史部 438 部、子部 369 部、集部 244 部,是目前著录中国大陆宋刻本数量最多的书目。根据团队前期的调查,现存世的宋刻本尚有 3500 余部,中国大陆藏 1800 余部,海外 1700 余部,分藏于 150 余家机构,包括宋刻本、宋元递修本、宋元明递修本、残本等。据国家图书馆研究馆员李际宁介绍,随着古籍普查的深入,考古发现公布的新资料中也含有一些宋刻本。同时,海外披露的新资料也不断涌现,增加了研究的难度。

丁延峰给研究定下的第一个目标是对存世宋刻本"竭泽而渔、一网打尽"。近年来,他跑遍可能藏有宋刻本的国内外图书馆,关注宋刻本考古资料公布,不放过存世宋刻本的一丝信息。例如,谈到对西夏黑水城、敦煌、吐鲁番等出土文献中宋椠残叶的追踪时,他表示,"这些出土宋刻本有150余种,多为孤本"。此外,丁延峰发现,一些佚失已久、不为人知的宋刻本偶尔出现在拍卖会上,这一途径也受到课题组的重视。

统一叙录体例

"对宋刻本的著录可以有多种方式,如简目、书录或书志、个案研究,叙录一体则是一种集客观著录与主观考释于一体的著录方式,更适合规模性展示每种版本全貌,更能够充分揭示宋刻本这种特种文献的版本状况与学术价值。"丁延峰介绍说,以往对宋刻本书目的著录不足2000部,与上述前期调查所得的3500余部尚有很大差距。其中,做过叙录的仅有800余部,不足1/4。

宋刻本已有千年历史,能够流传至今实属不易,而附丽于原书中的诸多题跋、题诗、题款、印章以及大量的名家校勘记、批注等,构成了一部部曲折复杂的"活"的流传史。叙录体可以更好地呈现古籍的流传史。以叙录体著录版本,在我国古代学术史上源远流长,存世善本叙录兴起于20世纪30—40年代。较之一般简目,叙录更详细,内容较丰富,著录项较多,一般包括版本、版框尺寸、行款、书口、牌记、刻工、讳字、藏书印、修补、序跋、题跋等。有的还进行了深入考证,包括编撰原委、刊梓时间地点及过程、价值等。

历史上,叙录并无统一体例。一方面,这为当代学者做存世宋刻本叙录提供了开放的空间;另一方面,选择采用何种体例更为科学合理,需要进行更多的探索。评审专家认为,叙录以经、史、子、集作为框架安排,比较合理。可以参考《钦定四库全书总目提要》的体例格式,详略得当,将新的研究与原书序、跋、引言做合理安排,避免烦琐芜杂。叙录与图录也可以考虑用文图结合的方式。山东大学文学院教授杜泽逊建议,历史上记录的宋版书信息同样非常重要,需要将这些积累的材料作为参考,适当予以引用。

丁延峰表示,鉴于以往客观著录中存在各种各样的问题,如体例不一、著录项缺失,课题组将遵循统一性、完整性、准确性、精细化的原则予以著录。

考辨源流　校勘文字

版本鉴定、版本源流、版本校勘通常被视为版本学三大重点任务。其中，版本鉴定是存世宋刻本叙录过程中对专业性要求极高的难点任务之一。丁延峰在研究中发现，历史上，有的版本关于版刻的时间、地点、刊梓原委等做了较清晰的交代，但绝大部分没有直接信息可参。有些后出的覆刻本摹写酷肖，难以分辨原刻、覆刻。还有些书贾作伪，造成有的版本不是宋椠，却蒙骗世人数百年，同时也有原为宋椠，却埋没不识的情况。此外，修版也是一个极为复杂的难题。北京师范大学历史学院研究馆员汪桂海建议，要更准确地判断版本信息，需争取看到实物，只靠影印和图录并不足够。杜泽逊提出，宋刻本的鉴定一定要把鉴定的依据写明白，从而推动下一步研究创新。

在叙录中，版本源流的考释是不能越过的难题，对于宋刻本而言，更是如此。据天津师范大学古籍保护研究院教授姚伯岳介绍，宋刻本的递藏源流更为复杂，其源流、书品、装帧甚至材料等各方面在流传过程中都会发生很大变化。存世的宋版书很多都不是原装，而是后来改装，兼有残缺的问题。

校勘是凸显该项研究学术价值的关键，也是最为艰深繁重的任务。丁延峰表示，宋刻本在现存诸种刻本中是较早的刻本，很多传刻本据此而出。由于一再传刻，舛误难免。有些传刻本与宋刻本相差越来越远，甚至失去了本来面目。唯有进行细致的对勘，才能还原底本真实的学术价值。尽管这项工作将耗费大量时间和精力，但别无捷径可走。此外，版本校勘及利用也是学术创新的重要基础。要将版本学研究引向深入，必须借助校勘，只有通过校勘异同、深入文本内部的文字中，才能判断出诸本学术价值的高低。

"《中国大运河年鉴(2022)》《中国大运河发展报告(2022)》新书发布会暨大运河文化研讨会"在聊城大学举行

（中国社会科学网　http://news.cssn.cn/zx/bwyc/202211/t20221114_5563939.shtml）

中国社会科学网讯（记者：张清俐　罗衍军）　2022年11月5日，"《中国大运河年鉴(2022)》《中国大运河发展报告(2022)》新书发布会暨大运河文化研讨会"在聊城大学举行，活动由聊城大学、社会科学文献出版社、世界运河历史文化城市合作组织（WCCO）共同主办。

助力大运河发展

聊城大学党委副书记、校长王昭风在致辞中表示，《中国大运河年鉴（2022）》（简称《年鉴》）、《中国大运河发展报告（2022）》（简称《发展报告》）的出版发行，可谓恰逢其时，对于弘扬和传承运河文化、促进运河文化遗产的科学保护与合理利用具有重要而深远的意义。聊城大学党委常委、副校长白成林主持第一阶段会议。

社会科学文献出版社社长王利民在讲话中认为，《发展报告》课题组以发展大运河文化事业为己任，通过翔实的一手调查数据全面刻画了中国大运河的建设，对中国大运河各项事业的发展状况做出细致的考量和梳理，提出相应的发展思路和建议。《年鉴》全面细致地反映了中国大运河的年度总体情况，采用了专业年鉴的常用框架，全面展现各类运河资料。未来，《年鉴》《发展报告》系列必定会继续以更宽广的视野、更长远的眼光，围绕大运河发展开展前瞻性、针对性、储备性建设研究，为助力大运河发展推出更多新时代的精品力作。

国家文化公园专家咨询委员会专家兼大运河组协调人、中国文化传媒集团党委副书记周泓洋表示，《年鉴》是我国首部以大运河为主题的年鉴，填补了该领域的专题研究与社会服务空白，《发展报告》则从七个方面分别阐述了近一年发生大运河相关事件，对大运河的研究具有极高的学术和应用价值。

《年鉴》《发展报告》全方位展现运河学最新动态

会议第二阶段为《年鉴》《发展报告》解读与研讨，由聊城大学党委常委、组织部部长、聊城大学运河学研究院院长庄波主持。《年鉴》主编、聊城大学运河学研究院执行院长丁延峰和《发展报告》主编、烟台大学教授吴欣分别对《年鉴》《发展报告》做了解读，与会专家学者围绕《年鉴》《发展报告》及大运河文化研究相关问题进行专题研讨。

《年鉴》通过年鉴的形式，集中反映年度内与大运河有关的各类动态，展现大运河当下的鲜活面貌，可为社会各界了解大运河、关注大运河提供有价值的文献资料，具备重要的意义和价值。据丁延峰介绍，在内容与编排上，《年鉴》设定了政策法规、水利工程、航道运输、文化旅游、生态保护、学术研究、大事记七个板块，在板块之下再编排相关条目。他指出，《年鉴》具有重要的文献价值，主要体现在内容丰富全面、便于量化分析、记述真实可靠等多个方面。

吴欣介绍说，《发展报告》的编纂，把大运河国家文化公园作为一个重点，重视黄运地区的高质量发展。她认为，从 2021 年 9 月到 2022 年的 9 月，中国大运河的整体发展趋势,主要表现为三个方面:第一个方面是顶层设计基本完成,即国家政策方面的顶层设计基本完成。第二个方面是大运河文化公园建设是这一年的文化带建设的重点。第三个方面是在学术研究层面,黄运关系成为新的学术研究热点。她对这三个方面进行了详细解读,同时认为在大运河文化带的建设和大运河国家文化公园的推进方面,还存在着一些问题,主要表现为:① 条块分割,协同推进缓慢。② 大运河宣传质量和水平有待提高。③ 文旅融合的水平也有待提高。④ 大运河国家文化公园的理论研究相对滞后。对此,她提出了关于大运河文化带建设、大运河文化公园建设的对策建议:① 提升文化带建设的辐射带动力。② 建立良好的协调发展机制,共建大运河文化带。③ 加强大运河学术研究和宣传,讲好运河故事。④ 拓展融资渠道,增强发展动力。

为大运河研究提供扎实基础

全国政协委员、南京大学文化与自然遗产研究所所长贺云翱在发言中把大运河文化划分为文献中的大运河文化、考古中的大运河文化、文物中的大运河文化、文化遗产中的大运河文化、现代建设中的大运河文化等多个方面,指出从事运河考古文化研究的重要性,强调在运河文化研究中,必须以内容为王,聚焦于实实在在的学术研究。

国家文化公园专家咨询委员会专家兼大运河组顾问、中国水利水电科学研究院水利史研究所所长吕娟在发言中认为,《年鉴》和《发展报告》既是大运河的百科全书,也是大运河的发展史书。

清华大学历史系教授倪玉平在发言中认为,聊城大学运河学研究院在"一书一刊一平台"的基础上,出现了四个矩阵,即"大运河文化数据平台"为学界提供史料支撑,《年鉴》为学界提供工具书,《发展报告》为学界提供学界前沿,《运河学研究》为学界提供发表平台,形成了一个完整的从史料阅读到内容发表的全学术链条。

浙江大学历史学院教授孙竞昊在发言中认为,聊城大学的运河学研究有着重文献材料的优秀传统,使得宏大叙事有坚实的基础,可有意识地在理论与方法上深入探讨。《年鉴》《发展报告》与更专业化的学术研究相得益彰,互为基础,势必会进一步推动相关学术研究。

北京联合大学北京学研究所教授陈喜波从实例出发,阐明在运河学研究中"内容为王"的重要性,指出今后运河研究的一个重要方向,就是要转向关注社会现实,发挥学术研究在经济建设中的基础性作用。

江苏省大运河文化带建设研究院副院长王健指对《年鉴》和《发展报告》给予高度评价,同时在内容编排、研究对象等方面提出了进一步完善的建议。他对当前大运河文化的理论和实践提出了自己的思考,认为应正确处理"保护好""传承好""利用好"之间的关系,对大运河文化带和大运河国家文化公园建设实践给予及时调研评估,加强对国家文化公园的比较研究。

扬州大学中国大运河研究院常务副院长黄杰论述了加强对《年鉴》《发展报告》进行宣传的重要性。国家文化公园专家咨询委员会专家、聊城大学运河学研究院教授王云在发言中回顾了聊城大学运河学研究院的学术发展历程,提出《年鉴》《发展报告》的出版是学术研究为现实服务、为社会服务、为国家服务的鲜明佐证。

据悉,《中国大运河年鉴(2022)》为国内首次编纂的大运河年鉴,填补了国内大运河专题年鉴的空白。《年鉴》系统反映了 2021 年中国大运河政策法规、水利、航运、文化、环保及学术研究方面的资料。《年鉴》编纂过程中,突出"权威性""全面性""时效性"。《年鉴》的出版,为学术界的运河学研究及各级政府部门的运河文化传承、保护、开发提供了重要借鉴。《中国大运河发展报告(2022)》由聊城大学运河学研究院教师及大运河沿线各研究机构的相关领域专家共同组成专家团队编纂完成,汇集专题调查及研究报告 18 篇,分为总报告、黄运地区高质量发展篇、大运河国家文化公园建设篇、文旅融合篇、运河城镇与乡村振兴篇、运河交通及港口建设篇、世界运河篇七大篇章。《发展报告》对中国大运河各项事业未来的发展路径及"黄运地区高质量发展""大运河国家文化公园"建设等重大议题进行了深入探讨,具有很高的学术价值和现实应用价值。

附　录

人员简介

　　李泉（1949—　　），男，山东嘉祥人。教授、硕士生导师、《运河学研究》主编。1982 年 1 月毕业于聊城师范学院，留校后历任历史系主任、聊城大学教务处处长、党委统战部部长、运河学研究院院长。主要研究方向为中国古代史、中国史学史。曾主持山东省教学研究项目多项，获国家优秀教学成果二等奖一项，山东省优秀教学成果一等奖一项，二、三等奖多项。先后主持和参与运河相关的国家社科基金课题多项。出版《傅斯年学术评传》《山东运河文化研究》《运河文化》《一本书读懂中国史》《一本书读懂中国运河》《中国大运河历史文献集成》《中国运河志·大事记》《中国运河志·文献》等著作 10 余部，在《中国史研究》《文献》等刊物发表论文 60 余篇，获得山东省优秀社科成果奖多项。

　　王云（1957—　　），女，山东阳谷人。教授，博士，硕士生导师。山东省社科规划重点研究基地"山东省运河文化研究基地"主任。历任聊城大学历史系副主任、图书馆馆长、党委统战部部长、运河文化研究中心主任、运河学研究院首席专家。先后毕业于聊城师范学院、南京大学，主要研究方向为中国古代社会史、明清经济史、运河文化史。长期专注于中国大运河研究，在运河区域社会研究方面取得突出成果。先后主持"明清运河区域社会变迁""京杭运河文献整理与研究" 2 项国家社会科学基金项目，出版《明清山东运河区域社会变迁》《山东运河文化研究》《中国运河文献书目提要》《中国大运河历史文献集成》《中国运河志·人物》等学术著作 10 余部，在《安徽史学》《光明日报》《东岳论丛》等核心期刊发表论文 40 余篇，获得山东省社科优秀成果二等奖 2 项，山东省高校人文社科优秀成果一等奖 1 项、二等奖 1 项，聊城市社会科学重大成果奖 1 项。

　　马亮宽（1959—　　），男，山东菏泽人。历史学博士。聊城大学二级教授，硕士生导师，入选聊城大学"百人计划"第二层次，2016 年被聘为山东省人民政府参事，2018 年获评国务院政府特殊津贴专家。1983 年本科毕业于山东师范大学历史系，获学士学位。1988 年、2005 年先后毕业于南开大学历史学院，获历史学硕士、博士学位。1988 年来聊城大学任教，分别于 1993 年、1996 年破格晋升为副教授、教授，历任文科学报主编、图书馆馆长等职务。主要研究方向是中国社会史、中国近现代思想文化史，出版《齐鲁士人与秦汉政治》《傅斯年评传》《傅斯年教育思想研究》《大家精要·陈寅恪》等学术专著 15 部。先后在《近代史研究》《光明日报》等报刊发表论文 60 余篇。主持国家社科基金项目 2 项，论著获评山东省社科优秀成果奖一等奖 2 项、二等奖 4 项。

庄波（1976—　），男，山东青岛人。历史学硕士。现任聊城大学党委常委、组织部部长、运河学研究院院长，兼任山东省高校党建工作研究基地副主任。1999 年 7 月毕业于聊城师范学院思想政治教育专业，先后从事学生教育管理、共青团、党务等方面工作。主要从事高校党建和思想政治教育理论研究，发表学术论文 10 余篇，主编《高校党建理论与实务研究》，获山东省高校思想政治教育优秀研究成果二等奖，聊城大学人文社会科学优秀成果二、三等奖，聊城大学思想政治教育成果创新奖等。曾获"山东省新长征突击手"、聊城大学优秀共产党员、聊城大学思想政治教育工作创新先进个人等荣誉称号。

丁延峰（1963—　），男，山东聊城人。山东师范大学中文系本科学士，南京大学中文系文学博士，中国国家图书馆博士后。中国历史文献研究学会理事，中国史记研究会理事，"山东省有突出贡献的中青年专家"，国家社科基金项目、"长江学者"等评审专家。现为聊城大学运河学研究院二级教授，执行院长，硕士生导师。研究方向为中国古典文献学暨版本目录典藏学、运河文献整理与研究。先后在《文学遗产》《文献》《中华文史论丛》等刊物上发表论文 80 余篇。出版专著《古籍文献丛考》《海源阁善本叙录》《杨以增年谱》等 8 部。主持国家社科基金重大项目 1 项、国家社科基金项目 2 项，全国高校古委会、国家古籍专项资助、博士后特别资助、国家重点文化工程"全球汉籍合璧工程"后期资助等部省级项目 10 余项。获省社科一、二等奖多次；博士论文获评江苏省优秀博士论文；博士后出站报告《存世宋刻本书录》入选第二批"中国社会科学博士后文库"，获全国博士后管理委员会"优秀博士后学术成果"奖；《海源阁藏书研究》入选 2011 年度"国家哲学社会科学成果文库"，并获得 2012 年山东省社科重大成果奖。

吴欣（1972—　），女，山东陵县人。南开大学历史学硕士、博士，山东大学博士后，香港中文大学访问学者。聊城大学运河学研究院原院长、首席专家，山东省人文社科基地首席专家，"山东省有突出贡献的中青年专家"。现为烟台大学二级教授、硕士生导师,《中国大运河蓝皮书》主编。主要研究方向为明清社会史、运河区域社会史。先后主持国家社科基金项目 2 项(含重点项目 1 项)、司法部项目、山东省社科规划项目各 1 项。出版专著《清代民事诉讼与社会秩序》《大运河商业市镇地名》《鲁商与运河商业文化》。在《文史哲》《史林》《光明日报》等报刊发表学术论文 30 余篇。获得山东省社会科学优秀成果一等奖、二等奖各 1 项,山东高校优秀科研成果一等奖 2 项,山东省文化和旅游厅优秀成果二等奖 1 项。

　　杜宏春(1965—　　),男,安徽滁州人。安徽师范大学文学学士,兰州大学文学硕士,中央民族大学文学博士。现为聊城大学运河学研究院教授、硕士生导师,教育部哲学社会科学重大项目首席专家,聊城大学"光岳英才"第一层次。主要研究方向为中国古典文献学、晚清历史文献整理与研究。先后主持完成国家社科基金 6 项(含重点项目 2 项)、国家古籍整理出版专项基金 3 项(含重点项目 1 项)、教育部社科基金重大项目 2 项、省部级以上项目 14 项(含重点项目 2 项),参与完成省部级课题 2 项,出版学术专著 14 部,获省部厅级奖励 9 项。

　　崔建利(1969—　　),男,山东苍山人。文学硕士。研究馆员。入选 2020 年度、2022 年度聊城大学"光岳英才"支持计划。在《文献》《光明日报》《中国教育报》《民国档案》《历史档案》《图书馆杂志》《图书馆论坛》《人民政协报》等报刊公开发表论文 60 余篇。出版著作《民国时期的古籍丛书研究》《柯劭忞诗集校注》。主持国家社科基金一般项目 2 项、国家古籍整理出版资助及全国高校古委会直接资助项目 1 项、教育部人文社会科学规划基金项目 1 项。获山东省哲学社会科学优秀成果三等奖、山东省高校优秀科研成果三等奖各 1 项。

　　罗衍军(1977—　　),男,山东郓城人。浙江大学历史学博士、山东大学历史学博士后、英国切斯特大学访问学者。聊城大学学术委员会委员,聊城大学"光岳英才",聊城大学运河学研究院、中国乡村研究院教授,聊城市铸牢中华民族共同体意识研究基地主任,聊城市社会科学院智库专家,山东省电力系统党建专家,国家社科基金通讯评审和鉴定专家,教育部全国研究生教育评估监测专家库专家。主要从事运河区域经济与社会、中共党史、中国近现代乡村社会变迁和山东乡村振兴研究。在《历史研究》《浙江社会科学》《苏州大学学报》《历史教学》《华南农业大学学报》《中国社会历史评论》《江苏师范大学学报》等期刊发表学术论文 40 余篇。出版专著《革命与秩序:以山东省郓城县乡村社会为中心》《衿式百世:绍兴史学史》。主持国家哲学社会科学规划基金项目 1 项,山东省社科规划基金研究项目 3 项,山东省高等学校青创科技项目 1 项,其他厅市级项目 6 项。获山东省社科优秀成果二等奖 1 项、市校级社科优秀成果奖 10 余项。

郑民德(1982—　　),男,山东五莲人。历史学博士,现为聊城大学运河学研究院副院长、教授、硕士生导师,入选聊城市"羡林学者培育工程"、聊城大学"百人计划"与"光岳英才"等人才工程,兼任中国商业史学会中国大运河专业委员会副主任委员。主持并完成国家社会科学基金、教育部人文社科基金、山东省高等学校青创发展项目等课题多项,出版专著《明清京杭运河沿线漕运仓储系统研究》《明清运河漕运仓储与区域社会研究》,担任《山东运河文化丛书》《运河名城聊城》《中国大运河文化》《中国运河志·人物》主编或副主编。在《明清小说研究》《北京社会科学》《城市史研究》《中国道教》《中华文化论坛》等刊物发表论文 100 余篇。获山东省社会科学优秀成果二等奖 2 项,聊城大学社科优秀成果一等奖 2 项,聊城市社科优秀成果二、三等奖 8 项,其他奖励 10 余项。连续五年学校考核优秀,多次接受中央电视台、山东电视台、齐鲁电视台、浙江电视台、河北电视台采访。

胡克诚(1981—　　),男,辽宁沈阳人。东北师范大学历史学博士,第六届历史人类学高级研修班学员,香港中文大学访问学者。现为聊城大学运河学研究院副院长、副教授、硕士生导师,《运河学研究》(集刊)副主编,兼任中国商业史学会理事、中国明史学会会员。入选聊城大学"光岳英才"工程计划。主要研究方向为明清史、运河史。主持国家社科基金一般项目、教育部人文社科基金青年项目和全国高校古委会直接资助项目各 1 项。出版《通赋治理与明代江南财赋管理体制的变迁》《京杭运河桥梁遗产与地名》《大运之旅:运河学研究论集(初编)》,在《古代文明》《中国历史地理论丛》《浙江社会科学》等刊物发表学术论文 20 余篇,其中多篇被人大报刊复印资料、中国社会科学网全文转载,获山东省高校社科优秀成果奖等各类奖励多项。

裴一璞(1982—　　),男,山东安丘人。西南大学历史地理学博士,北京大学访问学者。现为聊城大学运河学研究院副教授、硕士生导师,中国宋史研究会会员,四川省人文社科重点研究基地中国盐文化研究中心客座研究员,《中国大运河蓝皮书》副主编。入选聊城大学"光岳英才"第二层次。主要从事宋元史及盐业史研究。著有《宋元四川盐业地理与区域社会研究》《山东运河区域的老店铺》,参著《宋代巴蜀政治与社会研究》《聊城市志(1997—2015)》《中国运河志·人物》等,在《文献》《中国社会经济史研究》《中国边疆史地研究》《思想战线》《四川师范大学学报》《盐业史研究》等刊物发表学术论文 40 余篇。主持国家社科基金项目 1 项、省部级项目 3 项、厅级项目 5 项,获省级优秀博士学位论文及多项地市级优秀科研成果奖。

　　周嘉（1983—　　），男，山东莱西人。上海大学人类学博士，山东大学中国史博士后。聊城大学光岳新秀，聊城市羡林学者青年计划层次人才。聊城大学运河学研究院副教授、硕士生导师，运河文化研究中心主任。研究方向为历史人类学、区域社会史、运河文化史等。在《民俗研究》《中国农史》《史林》等 CSSCI 来源期刊上发表学术论文多篇，出版专著《共有产权与乡村协作机制——山西"四社五村"水资源管理研究》。主持教育部、古委会、山东省社科等多项课题。荣获山东省社科优秀成果三等奖 1 项，山东省民政厅研究成果二、三等奖 3 项，聊城市社科优秀成果二、三等奖 5 项，聊城大学优秀成果三等奖 4 项。

　　胡梦飞（1985—　　），男，山东临沂人。南京大学历史学博士，山东大学历史文化学院博士后。聊城大学运河学研究院副教授、硕士生导师。主要研究方向为明清史、运河文化史、文化遗产保护。主持并完成山东省社会科学规划项目 2 项，山东省艺术科学重点课题 2 项，聊城市哲学社会科学重点课题 2 项，中国博士后科学基金面上资助项目、聊城市城校融合文旅项目、聊城市文旅局委托项目各 1 项。出版《明清时期山东运河区域民间信仰研究》《山东运河文化遗产保护、传承与利用研究》等著作 8 部。在《历史教学问题》《江苏社会科学》《中国道教》《档案与建设》等刊物发表论文 100 余篇，成果多次获聊城大学及聊城市社科优秀成果奖。

　　刘玉梅（1978—　　），女，河南柘城人。南开大学美学博士。聊城大学运河学研究院副教授，硕士生导师。主要研究方向为大运河区域民间文化、民间艺术。在《前沿》《美食研究》《名作欣赏》《艺术探索》等刊物发表论文 10 多篇。出版专著两部，参编、合著多部。主持并完成国家民委民族研究委托项目、山东省社会科学规划项目、山东省高等学校人文社会科学研究项目、山东省文化和旅游厅项目等近 10 项。获山东省第三十五届社科优秀成果三等奖一项，山东省高等学校人文社会科学优秀成果奖一等奖 1 项，聊城大学社科优秀成果一等奖 1 项、三等奖 1 项，聊城市社科优秀成果二等奖 2 项、三等奖 1 项。

　　朱年志（1977—　　），男，山东曲阜人。中国人民大学历史学博士。聊城大学运河学研究院副教授、硕士生导师，《运河学研究》执行编辑，聊城大学"光岳英才"第三层次。主要研究方向为明清经济史、区域社会史。在《北京档案》《北方文物》《档案与建设》《农业考古》《兰州学刊》等刊物发表学术论文 20 余篇，出版学术专著 1 部，参著《中国运河志·文献》《中国运河志·人物》《中国运河志·大事记》《京杭运河山东段志》等多部。主持全国高校古委会直接资助项目、山东省社科规划研究项目、山东省社科普及与应用重点项目、山东省艺术科学重点课题项目等近 10 项。获聊城市和聊城大学社科优秀成果二、三等奖多项。

高元杰（1988—　），男，山东济南人。南开大学历史学博士。现为聊城大学运河学研究院副教授、硕士生导师，中国环境科学学会环境史专业委员会会员，入选聊城大学"光岳英才"和聊城市"羡林学者培育工程"。主要研究方向为明清运河史、环境史。在《史学月刊》《中国社会经济史研究》《中国农史》《历史地理研究》《中国国家博物馆馆刊》《国家航海》等刊物发表论文 10 余篇。出版专著《大运河图志》，参著《中国运河志·文献》《中国运河志·人物》《中国运河志·大事记》《京杭运河山东段志》《中国大运河文明史资料选编》《中国生态环境史》（多卷本）等多部。主持国家社科后期资助项目、教育部人文社科青年项目、山东省社科党史专项各 1 项，参与国家社科重大项目、一般项目多项。获山东省社会科学优秀成果三等奖 1 项，聊城市、聊城大学优秀成果奖 3 项。

苏新红（1972—　），女，山东利津人。北京师范大学英语专业本科学士，东北师范大学历史学硕士、博士，南开大学博士后。为聊城大学运河学研究院副教授。主要研究方向为明代财税史。出版专著《太仓库与明代财政制度演变研究》，在《中国经济史研究》《古代文明》《贵州社会科学》《东北师大学报》等刊物发表学术论文 10 余篇，其中 2 篇被人大复印资料全文转载。主持并完成国家社科基金项目 1 项。曾任贵州省黔西南州义龙新区管委会挂职副主任（副县级），获九三学社贵州省"参政议政先进个人""先进社员"等称号。

王玉朋（1986—　），男，山东肥城人。南京大学历史学博士。现为聊城大学运河学研究院副教授，运河史研究中心主任兼数字运河中心主任，《运河学研究》执行编辑，入选聊城大学"光岳英才"和聊城市"羡林学者青年计划"。主要从事明清黄运史及区域社会史研究。在《中国社会经济史研究》《中国国家博物馆馆刊》等期刊发表学术论文 20 余篇。出版《清代山东运河河工经费研究》《明清山东运河区域社会生态变迁研究》等学术专著 3 部；参著《中国运河志·人物》《中国运河志·文献》《京杭运河山东段志》《中国大运河蓝皮书》《南京通史·清代卷》等多部。主持国家社科基金青年项目、国家社科基金重大项目子课题、山东省社科规划项目等多项。多次获聊城大学及聊城市人文社科优秀成果奖。

吕德廷（1986—　），男，山东聊城人。兰州大学历史文献学博士。现为聊城大学运河学研究院讲师。入选聊城大学"光岳英才"第三层次。主要研究方向为隋唐史、历史文献学。在《民族艺术》《中国比较文学》《敦煌研究》《敦煌学辑刊》《四川文物》等刊物发表论文 10 余篇，其中 1 篇被《人大复印资料·宗教》全文转载。主持教育部、中央高校基金项目、国家社科基金艺术学项目各 1 项。获聊城大学社科优秀成果三等奖 2 项。

　　周广骞（1977—　），男，山东聊城人。上海大学文学博士。现为聊城大学运河学研究院讲师，入选聊城大学"光岳英才"第三层次，聊城传统文化研究会副会长。主要从事明清地域文献整理与研究。主持国家社科基金后期资助项目 1 项、全国高校古籍整理委员会直接资助项目 2 项、山东省社会科学规划项目 1 项，出版《杨以增奏稿校注》《杨以增年谱》《山东方志运河文献研究》《海源阁杨氏诗文校注》等专著 6 部，参编著作多部。先后在《文献》《文史知识》《中国地方志》《古籍研究》《山东图书馆学刊》《中国社会科学报》等刊物上发表论文 20 余篇。

　　吴金甲（1987—　），男，山东嘉祥人。兰州大学理学博士。现为聊城大学运河学研究院讲师。主要从事气候变化政策与环境管理研究。在 *Sustainability*、*Environmental Science and Pollution Research*、《生态经济》《湿地科学》《人民黄河》《干旱区地理》《生态与农村环境学报》《中国社会科学报》等刊物上发表学术论文多篇。主持聊城大学博士基金项目 1 项，参与国家重点研发计划 2 项、国家社会科学基金 2 项。获聊城市社科优秀成果三等奖 1 项。

　　张熙勤（1990—　），女，山西临汾人。先后就读于湛江师范学院、暨南大学、中国社会科学院研究生院，分别获历史学学士、硕士、博士学位。现为聊城大学运河学研究院讲师。主要研究方向为元史、民族史、土官土司制度等。在《中国史研究动态》《青海民族研究》《贵州民族研究》等刊物发表论文多篇。参与国家社科基金重大项目"中国古代民族志文献整理与研究"，负责西南民族志文献和东南亚民族志文献的整理与研究。

　　张晓冬（1986—　），男，山东冠县人。教育硕士。现为聊城大学运河学研究院办公室主任（正科级），讲师。主要研究领域为创新创业、乡村振兴。主持山东省青少年教育科学研究院课题 1 项，参与厅级课题 2 项。在《中国社会科学报》《中国教育技术装备》《中学地理教学参考》等刊物上发表论文 7 篇。

　　徐艳芹（1991—　），女，河北衡水人。中央民族大学历史学博士。现为聊城大学运河学研究院讲师。主要研究方向为隋唐史、妇女史等。在《北京档案》《宁夏大学学报》《唐都学刊》《商丘师范学院学报》《山东女子学院学报》等刊物发表论文多篇。参与国家社科基金项目"唐后期河朔军镇胡汉员属本土化现象研究"。

调离人员:

陈诗越,2003 年 7 月至 2014 年 1 月在聊城大学工作,曾任运河学研究院教授。现任江苏师范大学地理测绘与城乡规划学院教授,硕士生导师。

李德楠,2008 年 7 月至 2013 年 8 月在聊城大学工作,曾任运河学研究院副教授。现任淮阴师范学院历史文化旅游学院教授。

郭福亮,2012 年 7 月至 2016 年 3 月在聊城大学工作,曾任运河学研究院讲师。现任山东女子学院旅游学院副教授。

陈丹阳,2013 年 7 月至 2019 年 9 月在聊城大学工作,曾任运河学研究院讲师。现任山东艺术学院艺术管理学院兼职教师。

孙凤娟,2017 年 7 月至 2018 年 7 月在聊城大学工作,曾任运河学研究院讲师。现任江苏大学文学院讲师。

孙元国,2013 年 6 月至 2019 年 6 月曾任聊城大学运河学研究院办公室主任。现任聊城大学传媒技术学院组织员。

顾问:

许立全　山东省十一届政协原副主席

于茂阳　山东工艺美术学院原党委书记

李　喆　聊城大学党委书记、临沂大学原党委书记

马荣锁　聊城市政协原副主席

蔡同民　聊城市政府原副市长

兼职教授:

朱士光　陕西师范大学西北历史环境与经济社会发展研究院教授　博士生导师

李孝聪　北京大学历史学系教授　博士生导师

赵　毅　辽宁师范大学历史文化学院教授　博士生导师

赵世瑜　北京大学历史学系教授　博士生导师

马俊亚　南京大学历史学院教授　博士生导师

孙竞昊　浙江大学历史学系教授　博士生导师

吴　滔　中山大学历史学系教授　博士生导师

樊如森　复旦大学历史地理研究中心教授　博士生导师

路伟东　复旦大学历史地理研究中心教授　博士生导师

李德楠　淮阴师范学院历史文化旅游学院教授

组织机构

院党委

支部书记：郑民德

副 书 记：王玉朋

组织委员：张晓冬

宣传委员：吕德廷

纪检委员：周广骞

院行政

院　　　长：庄　波（校党委常委、组织部部长）

执行院长：丁延峰

副 院 长：郑民德

副 院 长：胡克诚

办公室主任：张晓冬

科研秘书：张熙勤

教学秘书：周　嘉

运河史研究中心

王玉朋（主任）

运河区域社会经济发展研究中心

罗衍军（主任）

运河文化研究中心

周　嘉（主任）

社会服务研究中心

周广骞（主任）

《中国大运河蓝皮书》编辑部

吴　欣（主编）、郑民德（常务副主编）、裴一璞（副主编）、吴金甲（副主编）

《中国大运河年鉴》编辑部

丁延峰（主编）、周广骞（副主编）、胡梦飞（副主编）

《运河学研究》编辑部

李　泉(主编)、胡克诚(常务副主编)、朱年志、王玉朋

数字运河研究中心(大运河文化数据平台、民间文献整理室)

王玉朋(主任)、高元杰(副主任)、吴金甲(副主任)

图书资料管理

崔建利

运河文物文献展览馆讲解

郑民德、周广骞

附：历任领导

党支部书记

吴　欣(2013 年至 2017 年 8 月)
孙元国(2017 年 9 月至 2019 年 10 月)
胡梦飞(2019 年 10 月至 2022 年 9 月)
郑民德(2022 年 9 月至今)

院长(含运河文化研究中心主任)

王　云(2008 年至 2012 年)
李　泉(2013 年至 2017 年 8 月)
吴　欣(2017 年 9 月至 2019 年 12 月)
庄　波(2022 年 4 月至今)
丁延峰(2022 年 4 月至今,执行院长)

副院长

吴　欣(2013 年至 2017 年 8 月,常务副院长)
丁延峰(2013 年至 2020 年 1 月,2020 年 1 月至 2022 年 3 月为常务副院长,主持工作)
郑民德(2017 年 10 月至今)
胡克诚(2022 年 4 月至今)

后　记

在漫长的历史长河中,十年不过是一瞬间。但在聊城大学运河学研究院历史上,这十年是极不平凡的十年。十年来,伴随着运河学研究从无到有,从有到强大,研究院作为一个集体团队,也逐渐成长为在全国有重要影响的运河研究高地。

研究院取得今天的成绩,离不开聊城大学历届党委的关心与呵护。在建院之初,聊城大学领导着眼于运河学的长远规划,把研究院定位为独立的院级科研实体,夯实了研究院的发展基础。经过多年努力,研究院队伍不断壮大,目前在编专职科研人员有 20 余人,为今后更好地发展提供了强有力的人才支撑。这一点非常难得,全国各大学和地方成立的各类运河机构可谓不少,但几乎全为挂靠的虚职单位。研究院之所以近十年来发展进入快车道,与其是独立实体密不可分,其最大优势就是工作效率高,出成果快。研究方向上,其他单位皆关注于现实研究,而研究院则以基础学术研究为本,同时服务于现实社会,坚持历史与现实"两条腿"走路,全面、立体地研究运河,为运河学研究开辟了广阔的空间。

研究院始终坚守这样一种理念:打造一支纯学术的科研团队,秉持"惟实、励新、奋楫、笃行"(院训)治学理念;营造温馨和谐、紧张活泼、积极向上、愉快融洽的人文环境。在此引录一段李泉院长在《蓦然回首已十年——聊城大学运河学研究院学术研究的回顾与展望》中的一段话:"专心治学。很多人说,运河学研究院是个适合做学问的地方。在这里,虽然也存在着领导和群众、老师和学生、同门和好友等各种复杂的社会关系,但各人只要用心做学问就行了,根本不用花费心思协调人际关系,根本没有人为生活琐事花费精力。这里没有人拉帮结派,没有人遇事搞小动作,也没有什么暗箱操作,几乎所有的事情都摆在桌面上。坦坦荡荡,正气充盈,团结一致,共同努力,这是学术研究机构中最应倡导的风气。"我们深知,只有心无旁骛,一心向学,消除任何内耗,才能更好地挖掘青年学者的学术潜力,才能更有效地培养人才,进而形成良性循环。研究院的人才结构以中青年为主,三四十岁的占了 70% 以上。如何使年轻人尽快成长,科研立身,独当一面,是我们几任领导始终关注的问题。

研究院除了专设办公室主任外,其余全部为科研人员。平时科研任务繁重,几乎每人都肩负两三个省部及国家级课题。截至目前,研究院设有四个中心、三个编辑部、一个数据平台、一个展览馆。在做好科研的同时,每位老师都承担了不同的院务工作。十余年来,正是依靠大家的不懈努力与无私付出,研究院才有今天蓬勃发展的大好局面。

值此建院十周年之际,我们觉得应该有一个回顾与总结,因此编辑这部《应运而生　奋楫远航——聊城大学运河学研究院建院十周年年鉴(2012—2022)》以做纪念。具体分工如下:《蓦然回首已十年——聊城大学运河学研究院学术研究的回顾与展望》由李泉执笔,胡克诚、丁延锋校稿;研究院简介由丁延峰撰写;大事记部分由胡梦飞整理;学术沙龙、田野考察部分由周嘉整理;举办会议部分由周广骞整理,胡梦飞、周广骞协助统稿;成果统计部分,论文由高元杰整理,著作由裴一璞整理,项目由吕德廷整理,获奖与荣誉称号由吴金甲整理,罗衍军负责统稿;媒体报道由胡克诚整理;附录中的人员简介部分由朱年志整理;丁延峰负责全书统稿,胡克诚协助统稿。

丁延峰

于运河学研究院

2023 年 2 月 10 日